4차 산업혁명은

일자리를 어떻게 바꾸는가

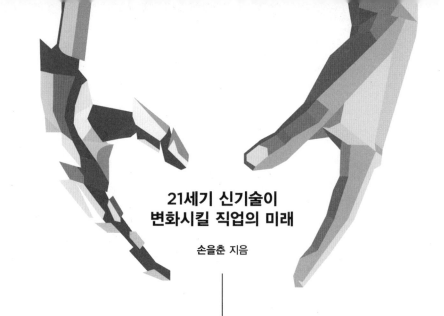

21세기 신기술이
변화시킬 직업의 미래

손을춘 지음

4차 산업혁명은
일자리를 어떻게 바꾸는가

을유문화사

4차 산업혁명은
일자리를 어떻게 바꾸는가

발행일
2018년 3월 30일   초판 1쇄
2018년 9월 10일   초판 2쇄

지은이 | 손을춘
펴낸이 | 정무영
펴낸곳 | (주)을유문화사

창립일 | 1945년 12월 1일
주소 | 서울시 마포구 월드컵로16길 52-7
전화 | 02-733-8153
팩스 | 02-732-9154
홈페이지 | www.eulyoo.co.kr

ISBN 978-89-324-7375-8   03320

4차 산업혁명 시대와 직업의 미래

바야흐로 4차 산업혁명 시대이다. 이제 4차 산업혁명은 더 이상 미래의 이야기가 아니다. SF 작가 윌리엄 깁슨William Gibson의 말을 빌리면 4차 산업혁명은 아직 널리 퍼져 있지 않았을 뿐, 이미 우리 곁에 와 있다. 이 책은 바로 이 현실이 된 미래를 얘기하려고 한다.

4차 산업혁명이 2016년 세계경제포럼WEF의 주제로 다루어질 때만 해도 사람들은 먼 미래의 일처럼 생각했다. 하지만 불과 2년밖에 안 지났는데도 사람들은 벌써 4차 산업혁명이라는 말이 식상하다고까지 한다. 알파고와 인공지능으로 온 나라가 떠들썩했고, 누구나 4차 산업혁명에 대해 말 한마디쯤은 할 수 있을 만큼 회자되고 있으니 그럴 만도 하다.

그렇지만 4차 산업혁명이 몰고 올 변화에 대하여 정확하게 이해하고 대비하는 사람들은 많지 않은 것 같다. 다들 4차 산업혁명이 코앞에 왔다고 외치지만 지금까지 해 왔던 사고와 행동, 조직 문화, 입시 위주 교육은 여전히 과거와 다르지 않다. 큰 변화의 물결이 다가오고 있는데 그에 맞춰 우리를 변화시키고 대비하지 않는다면 우리가 원하는 4차 산업혁명의 승자는 될 수 없을 것이다.

과거 산업혁명과 비교하면 격세지감을 느낄 만한 변화가 일어나고 있다. 1760년경 시작된 산업혁명 시기, 당대를 살았던 사람들은 그것이 산업혁명인지도 몰랐고 그런 용어도 없었다. 그 후 100년이 훨씬 넘은 1881년에 가서야 아놀드 토인비Arnold Toynbee*가 처음으로 그 시대의 변화를 '산업혁명'이었다고 불렀다. 그런데 우리는 벌써 미래에 다가올 변화를 두고 이를 '4차 산업혁명'이라고 부르고 있으니 세상이 빠르게 변하고 있다는 생각이 들지 않을 수 없다.

이 점이 과거의 산업혁명과 4차 산업혁명의 가장 큰 차이점이다. 한마디로 변화의 속도가 다르다. 지금의 기술 혁신과 발전은 과거의 산업혁명 시기와는 비교할 수 없을 만큼 광범위한 분야에서 빠르게 진행되고 있다. 이는 지금이 4차 산업혁명 시기이냐 아니냐는 논쟁을 무색하게 만들어 버리고 있다. 이러한 논쟁을 하는 사이에 이미 우리가 4차 산업혁명의 문턱을 넘고 있기 때문이다.

실제로 요즘 기술적인 측면에서 보면 매일매일 혁명이 일어나고 있다고 해도 과언이 아니다. 오히려 급속한 기술 변화에 비해 우리의 인식이

....
* 1852년~1883년 영국의 경제학자이면서 사회개혁가. 1881년 대학 강의에서 '산업혁명'이라는 용어를 사용했으며, 사후 『18세기 영국 산업혁명 강의』가 출간됨.

따라가지 못하고, 적응하지 못하는 것이 문제이다. 이 책을 쓰기 시작한 때부터 마무리하는 때까지 1년이 안 되는 사이에도 하루가 다르게 새로운 기술 혁신이 일어났다. 최신 기술이라고 소개한 지 얼마 안 돼 더 새로운 기술이 나타나 업데이트를 해야 될 만큼 기술 변화가 급속하게 이루어지고 있다. 이를 지켜보면서 기술 변화의 속도가 너무나 빨라 놀라움을 넘어 두려움마저 느끼게 되는 것이 사실이다.

이 같은 빠른 변화의 속도에서 4차 산업혁명의 중요한 특징이 나타나게 된다. 그중 하나는 빠르기 때문에 변화에 대한 예측이 어렵다는 점을 들 수 있다. 이세돌 9단과 알파고가 대국을 치르기 바로 직전까지도 대다수의 전문가들은 이세돌 9단의 승리를 점쳤던 것이 단적인 예이다. 2018년 1월에 미국 라스베이거스에서 열린 국제전자제품박람회CES에는 로봇과 자동차, 텔레비전, 냉장고 등 가전제품은 물론 거울, 샤워기, 수도꼭지까지 사물 인터넷과 인공지능이 탑재된 제품들이 대거 쏟아져 나왔다. 한 자동차 업체는 차량이 운전자의 뇌파를 감지해 스스로 운전자가 의도한 대로 작동하는 자율 주행차를 시연하기도 했다. 운전자가 뇌파 측정기를 착용한 뒤 핸들을 돌리거나 액셀을 밟으려고 하면 차량이 이를 감지하고 해석해서 운전자보다 먼저 그 기능을 수행한 것이다.

빠른 기술 변화는 직업에도 영향을 미쳐 미래 직업의 예측을 어렵게 하고 있다. 스티브 잡스가 아이폰을 세상에 내놓을 순간까지도 약 150만 명이 넘는 애플리케이션 개발자가 생겨날 것이라고 예측한 사람은 단 한 명도 없었다. 불과 몇 년 전만 하더라도 수십만 달러의 몸값을 자랑하는 인공지능과 빅데이터 등의 전문가가 미래의 유망 직업이라고 말하는 사람은 거의 없었다. 당장 1년 후 또 어떤 유망 직업이 생겨날지 누가 예측할 수 있겠는가.

이렇게 4차 산업혁명은 사람들의 예측을 뛰어넘는 속도로 매우 빠르게 우리 곁으로 다가오고 있다. 여기에는 기회와 위기라는 보따리가 양손에 쥐어져 있다. 새로운 산업이 등장하여 경제와 산업을 성장시키고 인류에게 한 단계 높은 생활의 편리함과 풍요로움을 제공하는 것이 기회의 보따리라면, 로봇과 인공지능으로 대표되는 신기술들이 인간의 일자리를 빼앗고 대량 실업을 야기할 수도 있다는 사실이 위기의 보따리이다.

일각에서는 과거의 산업혁명이 기존의 직업과 일자리를 사라지게 하면서도 더 많은 직업과 일자리를 만들어 냈듯이, 4차 산업혁명 시대에도 일자리 문제는 너무 걱정할 일이 아니라고 말한다. 또 어떤 이는 앞으로 청소년 인구가 급감하기 때문에 청년 실업 문제가 시간이 가면 일본처럼 자연스럽게 해결될 것이라고 예상한다. 그렇게 되기를 바라고, 그렇게 되도록 모두가 노력해야 할 일이다.

하지만 이는 어디까지나 과거와 현재에 근거한 판단이다. 4차 산업혁명의 신기술들은 이전의 신기술들과는 다르다는 점에 주목해야 한다. 자율 주행차, 로봇, 3D 프린터, 사물 인터넷, 가상현실, 인공지능 등 4차 산업혁명 기술들은 서로 융합하고, 특히 인공지능이 다른 기술들과 결합하면서 이전 기술들과는 확연히 달라지고 있다. 지금까지 산업 현장에서 인간을 도와주던 기계들이 지능을 갖게 되고 자신들끼리 소통하면서 스스로 업무를 수행하게 되었다.

이러한 기계들이 이제 기존의 산업과 직업을 파괴하는 속성을 가지면서 사람에게 일자리를 내놓을 것을 요구하고 있다. 인간의 고유한 영역이라 여겨 왔던 지식과 정신노동 일자리마저 넘보고 그동안 전문 분야로 알려진 법률, 금융, 회계, 의료 등의 분야뿐 아니라 각종 분석 업무 분야마저도 자신의 영역이라 주장하고 있다.

이 책은 이같이 4차 산업혁명과 일자리라는 화두를 안고 출발하여 이에 대해 일관되게 다루었다. 4차 산업혁명 시대가 오면 많은 일자리가 사라지거나 축소될 것이다. 그런데 시중에 나와 있는 4차 산업혁명 관련 책들은 대부분 신기술이나 기업들의 경영 전략에 필요한 내용들 위주다. 개인에게는 멀게 느껴지는 이야기일 수밖에 없다. 반면 이 책에서는 4차 산업혁명 시대의 변화무쌍한 환경에서 개인이 무엇을 해야 하는지를 본격적으로 제시한다.

대량 실업이 발생하거나 직업 세계에 커다란 변화가 오면 많은 국민들이 영향을 받게 된다. 직업과 일자리는 국민 개개인의 생존과 삶의 질을 결정하는 가장 중요한 요소이다. 직장이나 직업을 잃게 되면 한 개인과 가족을 위험에 빠뜨리는 것은 물론 결국 사회적 부담으로 작용한다. 당연히 직업과 일자리가 국가적으로 최우선 정책이 될 수밖에 없는 이유다.

그래서 이 책은 4차 산업혁명이 직업이나 일자리에 어떤 영향을 미칠 것인지에 관한 내용을 주로 다루었다. 4차 산업혁명 시대에 직업 세계는 어떻게 변할 것인가, 인공지능, 로봇 같은 혁신 기술들은 개별 직업들에 어떤 위협을 가할 것인가, 그로 인해 어떤 직업이 왜 사라질 위기에 처하게 될 것인가, 그리고 개인과 기업, 국가는 어떻게 대응하고 준비할 것인가 등에 관한 내용들이다.

이제 또 한 번의 산업혁명이 시작되고 있으며 우물쭈물할 시간이 없다. 대내외적 위기를 돌파할 기회이므로 새로운 성장과 도약의 모멘텀으로 삼아야 한다. 연애, 결혼, 출산, 내 집 마련을 포기하고 꿈과 희망마저 잃어버린 청년들에게 미래에 대한 비전을 심어 주고 도전의 기회를 제공해 주어야 한다. 산업화에 기여하고 자녀 교육에 열중했지만 정작 자신의 노후 준비는 제대로 못한 노년층과 중장년층에게는 행복한 노후를 보장해 주어야 한다. 이번 산업혁명은 우리도 해 볼 만하다. 우리 민족은 과거 오랜 역사 동안 많은 국가적 위기 속에서도 이를 극복해 온 저력이 있고, 자원 빈국이면서도 높은 교육열로 급속하게 경제를 성장시켜 한강의 기적을 이룬 경험이 있다. 거기에다 4차 산업혁명의 기반이 되는 정보화에 성공하여 IT 강국으로서의 인프라도 가지고 있다.

하지만 4차 산업혁명은 일부 기업의 기술 혁신이나 정부의 몇 가지 지원 정책만으로 실현될 수는 없다. 국가의 지원은 당연히 필요하겠지만 기업과 개인의 적극적인 이해와 참여를 통해서 대응하고 준비해야 성공할 수 있다. 특히 우선 필요하다고 생각되는 것은 기성세대의 인식 전환이다. 기술은 빠른 속도로 저만치 앞서 달려가고 있는데, 기존의 법과 제도, 관행과 인식이 이를 따라가지 못하고 있다. 기존의 사고와 과거의 경험만으로는 4차 산업혁명에 대비할 수도 없고 따라갈 수도 없다. 앨빈 토플러Alvin Toffler도 "빠르게 변하는 사회에서 과거의 지식과 경험은 현재의 의사 결정과 미래의 가능성에 대해 좋은 지침이 되지 못할

앨빈 토플러

것"이라고 지적한 바 있다. 하루가 다르게 새로운 기술이 나타나고 새로운 사고와 업무 방식이 요구되고 있다. 그렇기 때문에 앞으로는 코딩과 디지털 기술로 무장하고 유연하면서 융합적 사고 능력을 가져야 하며 공유·협력적 인성이 필요하다.

이 책은 직장인, 학생, 학부모 등 우리 주변의 평범한 사람들에게 읽히고 싶은 마음에서 쓴 책이다. 현재 직장인들이 당장 몇 년 후 밀어닥칠 산업과 직업의 변화를 정확히 이해하고 업무에 참고가 될 수 있기를 바란다. 또 재취업이나 창업을 미리 준비하는 데에도 도움이 되었으면 좋겠다. 학생들은 자신이 살아갈 미래에는 지금과는 너무나 다른 직업의 세계가 펼쳐지리라는 점을 확인하고 스스로 진로를 선택할 수 있기를 바란다. 학부모들 또한 과거의 사고 틀에서 벗어나 우리 아이들이 살아갈 미래 사회를 생각하면서 자녀의 진로를 함께 고민해야 한다.

많은 사람들이 4차 산업혁명이 몰고 올 사회와 직업 세계의 변화를 정확히 알고 미리 준비하겠다는 생각을 조금이라도 갖게 된다면 그것으로 이 책은 소임을 다하는 것이다.

손을춘

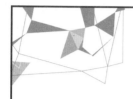

2부
4차 산업혁명 시대의 일자리, 어떻게 대응할 것인가

4부

4차 산업혁명과 그 혁신 기술들

1부

4차 산업혁명이 몰고 올
직업 세계의 변화

1.
대량 실업이 몰려온다

4차 산업혁명에서 가장 우려되는 부분은 대량 실업이다. 산업혁명의 혁신 기술들은 대부분 파괴적 속성을 가지고 있다. 그 결과 새로운 기술이 적용되는 산업의 직업이 사라지거나 일자리를 감소시키게 된다. 세계적인 신발 업체인 아디다스가 신발 제조 공장을 사물 인터넷과 인공지능 등이 접목된 스마트 공장으로 전환하자 600명이 하던 일을 고작 10명이 하게 된 것만 봐도 충분히 이러한 우려를 낳게 한다.

인공지능으로 대체될 확률이 가장 높은 직업으로는 텔레마케터를 꼽는다. 인공지능 챗봇이 고객 상담 업무에 투입될 경우 텔레마케터 일자리가 사라질 것이라는 예상은 누구나 쉽게 할 수 있다.

사람 대신 운전을 하는 자율 주행차도 많은 사람들의 일자리를 빼앗는 파괴적 기술이다. 자율 주행차로 인하여 2030년까지 미국과 유럽의

트럭 운전자 약 640만 명 가운데 200만 명이 실업의 위기에 처할 것이라는 전망도 나오고 있다.[1]

현재 미국의 마트나 백화점 등에서 일하는 종업원은 대략 1,600만 명인데, 이들 중 약 38퍼센트가 향후 10년간 로봇으로 대체될 것이라는 예측도 있다. 이미 아마존고 같은 무인 매장이 실제로 운영되고 있어 이러한 예측이 터무니없지 않음을 보여 주고 있다.

임금을 올리느니 로봇을 쓰겠다

과거의 경험으로 볼 때, 신기술의 개발은 거의 항상 기존의 일자리를 사라지게 하면서도 더 많은 일자리를 만들어 왔던 것이 사실이다. 이를 근거로 4차 산업혁명 시대의 일자리 걱정은 기우에 그칠 것이라는 주장이 제기되기도 한다. 하지만 4차 산업혁명 시대에 등장하는 인공지능과 로봇 등의 신기술들은 이전 산업혁명 때 등장한 기계들과는 근본적으로 다르다는 점을 알 필요가 있다. 이전의 기계는 인간의 지배 하에서 보조적인 역할을 하였기 때문에 오히려 인간에게 많은 일자리를 제공했다. 그 결과 인간이 해야 할 일자리가 많이 생겨났던 것이다. 그러나 4차 산업혁명 기술들은 그렇지 않다. 로봇과 인공지능은 인간의 간섭 없이도 스스로 일을 해낸다. 로봇이 점점 똑똑해지고 여러 사람이 하던 일을 혼자서 하게 된다. 고용주들이 "임금을 올리느니 로봇을 쓰는 게 낫다"*고 큰소리를 칠 정도가 되어 버렸다.

스마트 공장

잇따르는 대량 실업 전망들

곳곳에서 4차 산업혁명이 도래하면 대량 실업이 발생할 것이라는 전망들이 쏟아져 나오고 있다. 가장 잘 알려진 전망은 2016년 세계경제포럼에서 발표한 미래 고용 보고서이다.** 이 보고서에 따르면 4차 산업혁

....

* 맥도날드 전 CEO 에드렌시가 2016년 최저임금을 인상해 달라는 맥도날드 근로자들의 요구에 대해서 "시급 15달러를 주고 프렌치 프라이를 포장하는 직원을 고용하느니 3만 5,000달러(약 4,135만 원) 로봇을 쓰는 것이 낫다"고 하였다.

** 세계경제포럼이 미국, 영국, 프랑스, 독일, 일본, 중국, 호주 등 15개국 370여 개 기업의 인사 담당자들을 대상으로 조사·분석하여 예측한 결과이다.

명으로 200만 개의 새로운 일자리가 생겨나지만 710만 개의 기존 일자리가 사라진다. 결국 510만 개의 일자리가 순수하게 사라지는 셈이다.

영국 옥스퍼드대학의 칼 베네딕트 프레이와 마이클 오스본은 앞으로 미국 근로자의 47퍼센트에 달하는 일자리가 로봇으로 대체될 수 있다고 분석하였다. 또 시장 조사 업체 포레스터리서치 보고서는 향후 10년간 인공지능의 발전과 산업의 자동화로 미국에서 1,500만 개의 일자리가 새로 생겨나지만 동시에 2,500만 개의 일자리는 사라질 것이라고 전망했다.

국제 회계 컨설팅 그룹 프라이스워터하우스쿠퍼스PwC는 영국의 일자리 3분의 1이 향후 15년 안에 자동화될 것으로 전망하면서 특히 창고업과 제조업에 종사하는 인력들이 가장 큰 위험에 처할 것이라고도 예측했다.[2] 또 일본의 미쓰비시종합연구소는 인공지능과 로봇으로 2030년까지 일본의 관련 분야 일자리 500만 개가 새로 창출되지만 이로 인해 740만 개가 대체되어 결과적으로 240만 개의 일자리가 없어질 것으로 보고 있다. 미래학자 토마스 프레이Thomas Frey는 전 세계적으로 20억 개의 일자리가 사라질 수 있다는 예측도 하고 있다.

개발도상국이 더 문제다

4차 산업혁명을 선도하는 선진국은 사라지는 일자리가 있더라도 그나마 신기술로 인하여 새로운 직업과 일자리가 생긴다. 그러나 개발도상국은 이 같은 신규 일자리마저 창출될 가능성이 많지 않은 것이 더 큰 문제이다. 그렇기 때문에 유엔에서는 개발도상국의 일자리 감소를 더 크게 우려하고 있다. 2016년 11월 유엔이 발표한 자료에 따르면 신흥국 일자리의 3분의 2가 자동화로 대체될 가능성이 있다고 전망하였다.[3] 국제노동기구(ILO)에서는 앞으로 로봇의 가격이 더 싸지고 사람과 협업도 수월해지기 때문에 값싼 노동력을 경쟁력으로 삼고 있는 동남아 국가 노동자들의 일자리가 로봇으로 대체될 수 있음을 지적하고 있다. 태국, 캄보디아, 인도네시아, 필리핀, 베트남 등 5개 동남아 국가의 임금 노동자의 56퍼센트인 1억 3,700만 명이 일자리 위협을 받게 될 것이다.[4]

우리나라도 대량의 고용 위협 가능성에 대한 전망이 나와 있다. 지난해 한국고용정보원은 우리나라의 각 직종에 대해 인공지능과 로봇으로 대체될 가능성을 조사한 결과를 발표하였다.[5] 이에 따르면 2016년 기준으로 우리나라 전체 근로자 2,560만 명의 70퍼센트에 달하는 1,800만 명 가량이 인공지능과 로봇으로 고용의 위협을 받을 수 있다고 전망하였다. 단순 노무직은 대체될 확률이 90퍼센트가 넘었는데 특히 청소원과 주방 보조원은 이 대체율이 100퍼센트로 가장 높았고 단일 직업으로 종사자 수가 가장 많은 상품 판매원도 대체율이 85퍼센트나 되었다.*

....
* 한국고용정보원의 조사 결과에 대해서는 제3부에서 좀 더 구체적인 내용을 소개할 것이다.

고도의 전문적인 일자리도 위험하다

4차 산업혁명의 신기술들은 기존의 농업, 제조업, 서비스업 등 모든 산업의 일자리에 영향을 줄 것으로 예상된다. 노동 집약적인 제조업 일자리들은 상당 부분 자동화나 로봇으로 대체될 것이다. 대부분의 국가에서 일자리 비중이 70~80퍼센트에 달하는 서비스업에서도 사물 인터넷, 로봇, 인공지능 등의 기술들이 파고들 것이다. 여기에는 단순 반복적인 기능의 일자리부터 고도의 전문적인 지식과 정신노동 일자리까지 해당된다. 2016년 10월, 세계적인 리서치 업체 가트너는 2023년 무렵에 가면 의사, 변호사, 중개인, 교수 등 전문직 업무의 3분의 1을 스마트 기계가 대체할 것이라고까지 예측했다. 이렇게 사라질 일자리의 양이 국가마다 수백만에서 수천만 개에 달할 것이라는 게 전문가들의 예측이다. 미국의 경우 GDP의 80퍼센트를 차지하는 서비스 산업에 심각한 붕괴 현상이 일어날 수가 있으므로 새로운 산업을 창조하지 않을 경우 고용과 성장률에 큰 문제가 발생할 것이라는 전망도 있다.[6]

기술은 계속해서 진화할 것이고 인공지능과 로봇이 인간을 대체할 만한 수준으로 발전해 가는 만큼 인간이 해야 할 영역은 점차 줄어들게 될 것이다. 이제 대량 실업은 앞으로 모든 국가의 가장 큰 현안이고 해결해야 할 과제이다.

직업의 대이동이 일어난다

많은 사람들이 우려하고 있는 대량 실업은 사실 발생할 수도 있고, 발생하지 않을 수도 있다. 미래의 일이기 때문에 모든 가능성은 열려 있다. 그래서 실제 이를 두고 찬반 논쟁이 있는 것도 사실이다. 4차 산업혁명으로 인해 생겨나는 일자리보다 훨씬 더 많은 일자리가 사라진다면 대량 실업이 발생할 것이다. 하지만 우려하는 만큼 기존 일자리가 사라지지 않거나 새로운 일자리가 더 많이 생긴다면 대량 실업은 기우에 그치게 될 것이다.

그런데 이러한 논쟁은 어떤 국가나 지역 등의 전체 일자리 총량을 두고 하는 말이다. 분명한 것은 기존의 일자리들이 사라지고 새로운 일자리가 생겨난다는 점이다. 이 부분은 비관론자든 낙관론자든 모두가 인정한다. 사라지거나 축소되는 일자리에 종사하는 사람들은 새로운 일자리를 찾아 이동을 해야만 한다. 신기술의 출현은 항상 이런 과정을 거쳐 왔다는 것을 우리는 잘 알고 있다.

과거의 산업 혁명기에 있었던 직업의 이동을 한번 살펴보자. 산업혁명이 시작되면서 농사를 짓던 사람들이 공장 노동자나 도시의 임금 근로자로 대거 이동하였다. 1750년대에 영국 인구의 80퍼센트가 시골에서 농사를 짓고 살았지만 1900년대에는 이 비율이 30퍼센트로 감소하였다.[7] 미국의 경우도 1800년대 전체 인구의 90퍼센트에 달했던 농업 종사자 인구가 1900년대에는 41퍼센트 수준으로 낮아졌다.[8] 지금 이들 국가의 농림·어업 종사자 인구는 어느 정도로 줄어 있을까. 2016년 기준으로 영국은 1.1퍼센트, 미국은 1.6퍼센트에 불과하다.[9] 트랙터 발명 등 농기계 혁명과 작물 종의 개선, 관개 기술과 농약의 발달, 화학 비료 등으로 농업 생산량은 비약적으로 증가했지만 과거의 농업 인력은 대부분 필요 없게 되었다. 이렇게 이전까지 농업에 종사하던 인력은 산업화와 도시화 과정을 거치면서 제조업이나 서비스업 종사자로 직업의 대이동이 이루어진 것이다.

정보화 시대: 제조업에서 서비스업으로 대이동

정보화 물결이 몰려오자 이제는 제조업에 종사하던 인력이 다시 새로운 직업을 찾아 이동하였다. 즉, 정보통신기술이 도입되고 기술 혁신과 자동화가 확산되자 기존의 제조업 근로자가 화이트칼라 근로자와 서비스업*으로 옮겨 간 것이다. 1973년부터 2010년까지 37년간 주요 선진국의 제조업 종사자 수는 절대 규모 기준으로 약 19퍼센트가 감소하였다.[10] 미국의 경우는 26퍼센트나 감소했다. 2016년 미국은 전체 취업자 중 제조업 종사자 비중이 10.1퍼센트로 줄어든 반면 서비스업 종사자 비중은 80.9퍼센트까지 확대되었다. 영국의 경우도 제조업 종사자 비중이 9.5퍼센트이고 서비스업 종사자 비중은 80.2퍼센트에 달한다. 제조업이 발달한 독일도 미국과 영국보다는 다소 높은 편이지만 제조업 종사자 비중이 19.2퍼센트이고 서비스업 종사자 비중은 70.8퍼센트를 차지하고 있다.[11]

이들 선진국보다 산업화가 크게 늦은 우리나라는 1960년대 이후가 돼서야 농업 인구가 제조업으로 본격 이동하였다. 1963년에 전체 취업자 중 63퍼센트를 차지하던 농림·어업 인구가 지속적으로 감소하여 2016년 현재 그 비중이 4.9퍼센트로 줄어들었다. 반면 1980년에 37퍼센트였던 서비스업 종사자 비중은 2016년에는 70.6퍼센트까지 확대되었다.[12] 우리나라 역시 1차 및 2차 산업혁명을 거치면서 농업 종사자가 제조업으로 이동하였고, 3차 산업혁명으로 접어들면서 다시 제조업 종사자가 서비스업으로 이동하게 된 것이다.

....
* 서비스업에는 도소매 및 음식·숙박업, 운수·창고 및 통신업, 금융·보험업, 부동산 및 사업 서비스업, 공공 행정·국방 및 사회 보장, 교육 서비스업, 보건 및 사회 복지 사업, 기타 서비스업 등을 포함한다.

4차 산업혁명 시대: 어디로 이동할 것인가

────

그러면 4차 산업혁명이 본격적으로 도래하게 될 경우 직업의 이동은 어떻게 이루어질 것인가. 어떤 산업의 일자리가 줄어들고 어떤 일자리가 증가할까. 4차 산업혁명은 농업과 제조업뿐만 아니라 서비스업 일자리까지 영향을 줄 것이라는데, 어디에서 일자리가 만들어질까.

새로 만들어질 직업과 일자리 분야는 몇 가지로 나눠 볼 수 있다. 먼저 4차 산업혁명의 신기술과 관련된 분야에서 신직업이 창출될 것이다. 사물 인터넷, 인공지능, 빅데이터, 로봇, 3D 프린터, 드론, 가상현실 등의 신기술로부터 생겨나는 직업들이다. 그러나 이는 저절로 생겨나는 것이 아니고 그 기술 분야를 선도하는 국가나 기업, 이러한 기술과 재능을 갖춘 개인에 한정되는 얘기다. 또한 4차 산업혁명 시대에 나타날 삶의 질과 자아실현 욕구의 증대, 건강과 질병 예방을 위한 헬스케어, 신 여가 문화의 확산 등으로 서비스업에서 새로운 산업과 일자리가 대거 등장할 것이다. 한편으로는 어느 분야에서든 개인의 역량에 기초한 일 중심으로 많은 일자리가 등장할 것이다. 1인 제조업자인 메이커나 공유 경제 공급자처럼 독립 노동자 또는 1인 기업 등이 많이 생겨날 것으로 보인다.

4차 산업혁명 시대에는 철저하게 준비한 국가나 기업, 개인에게는 새로운 직업과 일자리로 이동할 수 있는 기회가 주어지겠지만 이를 소홀히 한 국가, 기업, 개인은 이러한 기회마저 얻지 못하고 대량 실업 앞에 노출될 수밖에 없을 것이다.

3.
무인화 시대가 도래한다

4차 산업혁명이라는 태풍은 무인화라는 먹구름을 앞세워 다가오고 있다. 아직 본격적으로 태풍이 닥치진 않았지만 그에 앞서 심상치 않은 그림자가 드리워지고 있는 것이다. 우리 생활 주변을 조금만 유심히 보면 무인화가 되어 가는 시설들을 어렵지 않게 찾아볼 수 있다.

굳이 4차 산업혁명과 연관 짓지 않더라도 기술 진보로 인한 기계화와 자동화는 무인화의 방향으로 나아가고 있다. 주차장에 자동 계산기가 설치되면서 주차장 관리원이 보이지 않기 시작하였고, 고속도로 톨게이트에 하이패스가 늘어나면서 고속도로 요금 징수원이 사라져 가고 있다. 2017년 1월에는 미국의 무인 식당과 무인 맥줏집이 방송에 소개된 적도 있다.[13] 음식 주문은 종업원이 아닌 태블릿 PC나 스마트폰으로 받고 결제는 신용카드로 한다. 주문한 음식이 준비되면 안내 메시지가 나온다. 그러면 고객은 음식 용기를 가져와 식사를 하면 된다. 어떤 고객은 "종업원이 없어도 불편하지 않아요. 빨리 식사하려고 오는 거지 누구 말상대 해 주러 오는 건 아니잖아요"라고 말하기도 했다. 무인 맥줏집도 종업원은 없고 손님이 다양한 종류의 맥주를 직접 따라 마신다. 이 맥줏집 사장은 일주일에 40시간 고용하는 바텐더 인건비를 연 2만 1천 달러나 절약할 수 있다고 말한다. 당시만 해도 낯선 장면이었지만 요즘은 우리 주변 일상에서도 흔히 볼 수 있다. 무인 택배, 무인 경비, 무인 발급기, 무인 호텔, 무인 점포, 무인 단말기, 무인 매장, 무인 카페 등 어느새 우리는 무인화라는 말에 익숙해져 가고 있다.

4차 산업혁명은 무인화를 가속화시킨다

이러한 무인화는 4차 산업혁명으로 인해 더욱 가속화될 것으로 보인다. 이전까지의 기술들은 주로 인간을 도와주는 보조자로서 역할을 해 왔다. 어떤 일이든 인간이 주도적으로 작동하고 조작하고 마무리까지 해야 끝이 났다. 그러나 4차 산업혁명 기술들은 사람의 개입 없이도 스스로 자신의 역할을 수행한다. 이제는 가스 검침원이 집집마다 방문하여 사용량을 확인할 필요가 없다. 정교한 센서 기반의 사물 인터넷 기술은 스스로 데이터를 측정하고 수집하여 전송하기 때문이다. 소비자가 사용하는 부품에 부착된 센서가 고장 여부를 확인하여 부품 교체를 하도록 미리 조치도 취한다. 수명이 다해 가는 부품은 미리 알려 줘 교체하도록 하고, 사물끼리 정보를 주고받으면서 문제를 해결해 버린다. 지금까지는 모두 사람들이 나눠서 해 왔던 일들이다. 이제 그런 일을 하던 사람들은 필요 없게 된 것이다. 결국 그 일을 해 오던 사람들은 회사에서 다른 역할을 찾던지 아니면 회사를 떠나야 한다.

물건을 제조하는 3D 프린터는 모든 제조 과정에서 사람이 개입하지 않는다. 설계도를 내려받아 실행 버튼만 누르면 완성된 제품이 나온다. 단추만 눌러 놓으면 외출 중이나 밤중에도 스스로 작업을 한다. 어떤 제품이 3D 프린팅 제품으로 대체된다면 이전까지 이 제품의 제조 과정에 종사하고 있었던 사람들은 대부분 필요 없게 된다.

예전에는 지하철역이나 영화관에서나 볼 수 있었던 키오스크가 이제는 은행, 쇼핑 센터, 식당, 프랜차이즈 업체, 커피숍 등 우리 주변 곳곳으로 확산되고 있다. 키오스크를 통해 주문과 결제까지 이루어지고 동시에 주방에서는 바로 음식을 조리해 내놓는다. 소비자 입장에서는 줄서는 시간이 줄고 뒷사람을 신경 쓸 필요가 없어서 좋다는 반응이다. 업체 입장에서도 계산원이 필요 없기 때문에 인건비를 절감할 수 있다. 맥도날드는 2017년에 우리나라 250개 매장에 무인 주문 시스템을 설치한다는 계획을 내놓은 바 있다. 일본은 한 발 더 나가 있다. 일본의 5대 편의점(세븐일레븐, 패밀리마트, 미니스톱, 로손, 뉴데이즈)들은 무인 계산대를 2018년부터 수도권 지역 점포부터 도입하여 2025년에는 일본 전역의 점포로 확대한다는 방침이다.[14]

제조업에서는 더욱 거센 무인화 바람이 불 것이다. 로봇이 제조 공장 안에서 사람을 몰아내고 그 자리를 차지하고 있다. 대만의 폭스콘은 세

맥도날드 키오스크

계 최대 스마트폰 생산 공장을 보유하고 있는 기업이다. 아이폰, 마이크로소프트의 엑스박스, 소프트뱅크의 휴먼 로봇 페퍼pepper도 위탁 생산하고 있다. 생산직 직원만 수십만 명에 달한다. 이러한 폭스콘이 인간의 노동을 대체할 생산 로봇 폭스봇FoxBot을 공장으로 들여보내기 시작하였다. 이 로봇은 이미 5만 대

가 투입되어 6만 명의 직원을 대체했다. 폭스콘은 2020년까지 조립 공정의 30퍼센트를 자동화하고 향후 중국 공장의 거의 모든 직원을 로봇으로 대체해 무인 자동화 공장을 만든다는 계획이다.[15] 열악한 노동환경 등으로 2010년에 16명의 직원이 자살하여 사회문제가 되기도 했던 폭스콘이 공장 무인화의 선두에 나선 것이다. 로봇은 노동문제가 발생하지 않는다는 것이 폭스봇을 도입하는 이유 중 하나이다. 로봇은 하루 24시간 계속해서 일을 하면서도 불평불만을 하지 않고, 임금을 올려 달라고 시위나 파업을 하지도 않기 때문이다.

물류·운송 분야에서도 무인화를 위한 기술 개발이 한창이다. 아마존은 키바 시스템Kiva System으로 물류 창고의 무인화를 구축했고 드론을 이용한 택배 서비스인 '아마존 프라임 에어Amazon Prime Air'는 다른 경

쟁 기업들과 함께 택배업의 무인화를 가속할 것으로 보인다. 우버, 리프트 등 공유 기업뿐 아니라 GM 등 완성차 업체까지 가세하여 무인 택시 개발 경쟁이 치열하고, 군집 주행으로 인력을 10분의 1 이상 줄일 것이라는 자율 주행 트럭 개발 업체들은 벌써 시험 주행을 하고 있다.

4차 산업혁명 시대의 무인화는 위에 열거한 분야뿐 아니라 금융, 농업, 군사 등 거의 모든 분야로 확대될 것이다.

4.
1인 기업의 시대로
접어들다

"19세기는 민족 국가의 시대, 20세기는 기업과 기구organization의 시대, 21세기는 1인 기업의 시대가 될 것이다." 세계 경영전문대학원 협의체인 GMAC(경영대학원입학위원회)의 산기트 초우플라 회장의 말이다.[16] 2015년도 세계과학정상회의에서 테크숍의 뉴턴 회장도 "앞으로는 1인 기업 시대가 올 것"이라고 전망했다.* 1인 기업이란 한 회사나 조직에 소속되지 않고 자신이 스스로 수익 활동을 영위하는 개인 사업자 또는 독립 노동자라 할 수 있다. 이들은 자신이 원하는 시간과 장소에서, 자신이

....
* 제조업 혁신의 대표 주자로 불리는 뉴턴 회장은 2006년 미국에서 공장 대여 서비스 기업 테크숍을 설립했다. 테크숍은 용접 장비와 선반, 레이저 절삭기 등의 기계를 갖추고 있다.

원하는 사람을 위해, 원하는 만큼의 일을 한다. 현재도 1인 기업들이 많이 생겨나고 있지만 4차 산업혁명 시대에는 이러한 1인 기업 형태의 일자리가 더욱 확대될 것이다. 그 이유를 좀 더 구체적으로 살펴보자.

1인 기업은 변화에 빠르게 대응할 수 있다

4차 산업혁명 시대에는 변화의 속도가 더 빨라질 것이다. 빠르게 변하는 환경에서는 신속하게 대응하는 기업이나 개인이 살아남기에 유리하다. 덩치보다 민첩성이 더 중요하다는 이야기다. 어제까지 잘나가던 상품 수요가 어느 날 갑자기 새로운 수요로 대체되기도 한다. 이에 대응해 기업 입장에서는 빠르게 생산 라인을 바꾸고 조직을 개편하고, 이 업무를 수행할 새로운 사람을 찾아야 한다. 기존 인력은 다른 업무를 맡거나 아니면 새로운 직장을 찾아야 할 수도 있다. 기술 개발이나 프로젝트 팀을 임시로 운영하다 그 업무가 종료되면 해체하고 다시 새로운 프로젝트 팀을 꾸리는 일이 다반사가 될 것이다. 특정 기술을 가진 한 명의 근로자가 여러 사업주와 업무 계약을 체결하는 방식도 생겨날 것이다. 야구와 축구 등 프로 스포츠 분야에서 자유 계약 선수로 활동하는 프리 에이전트처럼 이러한 형태의 일들이 산업 현장에서도 빈번하게 일어나게 되는 것이다.

개인 맞춤형 시대, 1인 제작자가 뜬다

4차 산업혁명 시대는 다품종 소량 생산, 개인 맞춤형 생산 시대가 될 것이다. 아직까지도 제조업은 소품종 대량 생산이 주된 방식이다. 소비자는 생산자가 만들어 낸 상품 중에서 자신에게 맞는 제품을 고르는 정도다. 하지만 사람들의 니즈가 다양해지고 개인화가 확대되면서 이제는 소비자 맞춤형 소량 생산 방식으로 바뀌고 있다. 독일 등 일부 국가에서는 이러한 변화에 대응하여 한 생산 라인에서도 개인이 주문한 다양한 제품을 생산할 수 있는 스마트 공장으로 전환하고 있다.

이를 가능하게 하는 또 다른 기술이 3D 프린터다. 아이디어의 발 빠른 제품화가 중요해진 시대에 3D 프린터는 아이디어를 즉시 상품화할 수 있게 해 준다. 세계 어디에서든 주문만 하면 제조해서 택배로 받을 있는 시대가 되었다. 누구든 아이디어와 개인적 역량만 있으면 그걸 실현할 수 있는 제작 기반이 갖춰진 세상이 되고 있다. 이들이 만든 제품은 엣시Etsy, 아마존, 알리바바 같은 온라인 시장을 통해 팔 수 있다. 4차 산업혁명 시대에는 이러한 메이커Maker*들의 활동이 활발할 것이다. "메이커 운동 없이 미국의 4차 산업혁명은 존재할 수 없다"**고 말할 정도로

....
* 기술의 발달과 공유 문화를 통해 손쉬워진 기술을 응용해 개개인의 아이디어로 제작을 하는 대중(1인 제작자)
** 미국의 '메이커 스페이스' 대표 진 셔먼이 한 말이다("4차 산업혁명 위기인가 기회인가", EBS, 2017. 1. 7.)

미국은 메이커들의 역할을 중시하고 있다. 지난 2014년 미국에서 제1회 메이커 페어Maker Faire에 참가한 오바마 전 대통령은 "오늘의 DIY(자체 생산)가 내일의 메이드 인 아메리카를 만든다"고 말하며 1인 제작자의 중요성을 강조한 바 있다.

공유 플랫폼, 1인 기업가의 활동 무대를 제공하다

앞으로는 공유 플랫폼 경제가 1인 기업가들의 활동 무대를 제공할 것이다. 공유 경제 모델이 빠르게 확산되면서 지금까지는 경제 활동에 참가하지 않았던 재화와 용역을 가진 개인을 경제 영역으로 끌어들이고 있다. 모바일과 앱 기반의 플랫폼을 통해 이들이 재화 또는 서비스의 공급자로서 활동하게 만드는 것이다. 에어비엔비Airbnb, 우버Uber, 탑코더TopCoder, 피버Fiverr, 테스크래빗TaskRabbit*** 등과 같은 다양한 공유 경제 플랫폼을 통해 자신이 소유한 자산이나 지식, 노동력을 공급하는 사람들이 늘어나고 있다.

이전에는 개인이 수익 활동을 하려면 사업자 등록을 하고, 매장을 차

....

*** 탑코더는 앱 개발 등 다양한 프로그램에 대한 수요자와 프로그래머를 매칭해 주는 플랫폼이고, 피버는 음악, 그래픽, 번역, 디자인, 웹 분석 등 각종 분야의 전문가들이 서비스를 제공하는 플랫폼이다. 테스크래빗은 청소, 이사, 배달, 줄 서기, 각종 수리 서비스 등 인력 매칭 플랫폼이다.

리고, 홈페이지를 구축하고, 판촉이나 광고도 직접 해야만 소비자를 만날 수 있었다. 하지만 이제는 이런 어려운 과정이 필요 없다. 그저 구축되어 있는 플랫폼에 간단하게 등록하고 일정 수수료만 지불하면 영업 활동을 바로 할 수 있다. 예전 같으면 그냥 집에서 가정주부나 실업자로 남아 있을 사람들조차도 1인 기업가로 활동할 수 있는 시대가 된 것이다. 이들은 플랫폼에 참여하여 돈을 벌 뿐 그 플랫폼 회사 소속도 아니다. 독립 사업자 또는 노동자일 뿐이다.

유연화되는 노동시장, 1인 기업가를 양산한다

4차 산업혁명 시대에는 지금보다 더 유연화된 형태의 노동자들이 나타날 것이다. 4차 산업혁명의 기술이나 기업 환경은 정규직 근로자에게 우호적이지 않다. 기업들은 핵심 인력을 제외한 인력들은 프로젝트 팀이나 위탁 방식으로 전환하려 하고, 공유 경제 형태의 신생 기업들은 정규직이 아닌 많은 독립 노동자들을 양산하고 있다.

『긱 이코노미』의 저자 다이앤 멀케이는 '정규직이 사라지고 있다는 것'과 '기업이 정규직을 꺼리는 것'이 미국의 긱 이코노미Gig Economy*가

....
* 다이앤 멀케이는 "긱 이코노미는 (…) 우버나 에어비앤비와 같은 온라인 중개 플랫폼을 통해 단기로 전문적인 서비스를 중개하고 가치를 창출하는 독립형 일자리 경제를 뜻한

성장하는 두 가지 트렌드라고 말하고 있다. 현재도 미국은 전체 인구의 34퍼센트가 자영업자와 프리랜서로서 기업 혹은 프로젝트에 몸담고 있는데 2020년이 되면 미국 인구의 절반을 차지할 것이라는 예측도 있다.[17] 이들은 기업에 고용되어 월급을 받기보다는 프리랜서, 즉 1인 기업으로서 프로젝트를 수주하러 다닐 것이다. 「포브스」도 긱 이코노미에서 활동하는 프리랜서들이 2020년에는 전체 직업의 43퍼센트가 될 것으로 추정하고 있다.[18] 따라서 유연화된 노동시장과 1인 기업은 하나의 큰 흐름으로 자리 잡게 될 것이다.

1인 기업가를 양성하는 개인화 경향

개인화 경향도 1인 기업의 확대 요인이 되고 있다. 1인 가구가 증가하는 가운데, 혼자서 밥을 먹는 혼밥족과 혼자 술을 즐기는 혼술족, 혼자서 여행을 다니는 혼행족이 유행하고 있다. 개인 단위의 소비와 생활이 일상화되어 가는 추세다. 젊은 세대를 중심으로, 추구하는 삶의 가치가 다양해지고 취미 생활을 직장 생활만큼이나 소중히 여기는 사람들도 점점 늘어나고 있다. 이들은 브랜드 제품보다는 가성비 좋은 제품을 선

··········
다"고 정의했다.

유튜브 유명 게임 리뷰 채널 '퓨디 파이'의 운영자인 펠리스 아르비드 울프 셸버그

호하고 집단주의적 규범보다는 개인주의적 가치를 지향한다.

특히 인터넷과 SNS가 일상화되면서 다양하고 개성 넘치는 1인 미디어 시대가 열리고 있다. 참여적이고 개방적인 미디어 환경 속에서 개인들의 다양한 수요를 충족시키는 콘텐츠를 기획하고 제작하여 블로그, 페이스북, 트위터, 인터넷 방송 등을 통해 유통시키고 있다. 게임, 패션, 먹방, 쿡방, 외국어 강의, 뷰티 등 분야도 다양하다. 개인의 SNS, 1인 방송이 주류 매체보다 더 인기를 얻는 현상이 속출하고 있다. 2015년 미국의 버라이어티Variety라는 연애 매체가 조사한 바에 따르면 청소년에게 가장 영향력 있는 인물 상위 1위에서 5위까지가 모두 유튜브 스타들이 차지하기도 했다. 그래서 유튜버, 콘텐츠 크리에이터가 요즘 초등학생들의 장래 희망 직업으로까지 떠오르고 있다. 실제로 스웨덴의 1인 게임 방송인 퓨디파이PewDiePie는 수년째 연간 100억 원이 훨씬 넘는 수입을 올리고 있고, 영국의 게임 방송인 대니얼 미들턴Daniel Middleton은 2017년에만 무려 179억 원이 넘는 돈을 벌었다. 이처럼 최근 유튜브, 아프리카TV, 트위치 등 인터넷 방송을 통해 많은 1인 미디어 제작자들이 취미를 넘어 이제 직업으로 자리를 잡아가는 모양새이다. 앞으로 개인화와 디지털화의 상승 작용으로 개인들의 소비 패턴은 더욱 다양해질 것이고 이를 충족시키기 위한 1인 기업들은 더욱 많아질 것이다.

개인에게 쥐어진
골리앗을 쓰러뜨린 다윗의 무릿매

그렇다고 대기업이 모두 사라지고 그 자리를 중소기업이나 1인 기업이 대체한다는 의미는 아니다. 4차 산업혁명 시대에는 기존의 대기업 위주의 성장이나 일자리 창출에는 한계가 있기 때문에 소기업은 물론 1인 기업도 동시에 필요하다. 4차 산업혁명 시대에는 1인 기업이 어느 날 갑자기 스타트업이나 중소기업이 되고 더 나아가 글로벌 기업도 될 수 있다. 구글, 애플, 소프트뱅크. 페이스북, 알리바바도 조그만 창고에서 시작해서 세계 최고의 기업이 되었다. 글로벌 기업들이 활발하게 M&A를 통해 수백 억을 들여 사들이고 있는 기업들은 대부분 1인 기업에서 출발한 스타트업이다. 대기업은 규모의 경제와 효율을 추구할 수 있지만, 소기업과 개인은 변화에 빠르게 적응할 수 있고 혁신에 강하다는 장점을 가지고 있다. 산업화 시대에는 대기업에 절대적으로 유리했지만 앞으로는 중소기업이나 1인 기업에게도 많은 기회의 문이 열릴 것이다. 골리앗을 쓰러뜨린 다윗의 무릿매와 돌멩이가 이제 개인들에게 쥐어졌다. 앞으로는 거대한 기업이나 조직에 맞설 수 있는 개인의 시대가 다가올 것이다.

5.
양극화가 더욱 심화된다

양극화 문제는 사실 어제오늘의 일이 아니다. 지난 수십 년 동안 자본가와 노동자, 고학력자와 저학력자, 고숙련자와 저숙련자, 선진국과 후진국 간 소득의 양극화와 부의 불평등이 지속적으로 심화되어 왔다. 특히 정보화 시대를 거치면서 이런 양상은 더욱 뚜렷해졌다. 포드의 컨베이어 시스템과 대량 생산 방식의 확산 등으로 제조업이 발달하면서 형성되었던 중산층은 정보화와 디지털 시대를 맞으면서 점차 무너지기 시작하였다. 빠르게 발전하는 디지털 기술은 경제 전체의 생산성을 향상시키는 데는 기여했지만 그로부터 나온 이익은 소수에게 집중시켰다. 이익을 골고루 분배받지 못한 대부분의 사람들은 소득과 고용의 기회가 오히려 줄어들었다.

미국 MIT대학의 에릭 브리뇰프슨Erik Brynjolfsson 교수와 앤드루 매카피Andrew McAfee 교수가 분석한 바에 따르면 1940년 이래 최소한 2000년까지는 생산성이 고용 증가율과 밀접하게 연계되어 있었다.[19] 경제가 성장하면 고용이 증가했다는 이야기이다. 그러나 인터넷 시대에 들어서면서 생산성과 GDP는 증가해도 중산층의 소득과 고용은 그다지 증가하지 않는 '고용 없는 성장' 시대가 열렸다.

그 결과 경제 성장의 과실이 자본가 등 소수에게만 돌아가게 되었다. 미국의 경제학자 에드 울프Ed Wolff도 미국의 상위 20퍼센트가 1983년부터 2009년 사이에 증가한 미국 전체 부의 100퍼센트를 챙겨 왔다고 지적했다. 나머지 80퍼센트의 국민은 부가 거의 증가하지 않았다는 것이다. 좀 더 정확하게는 상위 5퍼센트가 80퍼센트를, 그중에서도 다시 상위 1퍼센트가 전체 부의 40퍼센트를 가져갔다.[20] 이러한 소득 양극화는 대부분의 국가에서 나타나는 공통적인 현상이다. 이를 뒷받침하는 경제협력개발기구OECD의 발표 내용도 있다. OECD 회원국 인구의 상위 10퍼센트 평균 소득이 하위 10퍼센트 평균 소득보다 9배나 높은 수준이다.[21]

2016년 세계경제포럼에 참석한 조 바이든Joe Biden 전 미국 부통령도 같은 맥락의 이야기를 하였다. 그는 "지난 수십 년 동안 생산성과 임금의 격차는 커져 가고 있다. 특히 디지털 혁명은 이런 현상을 더욱 심화시키고 있다"면서 양극화 문제를 지적하였다.[22]

4차 산업혁명으로 더욱 심화되는
기업-개인-국가 간 양극화

우려되는 것은 이런 양극화가 4차 산업혁명 시대에 더욱 심화될 것이라는 점이다. 기술 진보가 빠르게 일어나고 새로운 기술들이 하루가 다르게 나오고 있다. 인터넷과 모바일 보급의 확산으로 전 지구가 하나로 연결되고 세계는 하나의 시장으로 변했다. 이러한 환경을 기반으로 4차 산업혁명 시대가 열리는 중이다.

파괴적 혁신 기술이 기존의 산업과 경제 질서를 빠르게 재편하면서 승자와 패자가 갈리고 그 결과는 승자 독식으로 귀결될 것이다. 4차 산업혁명 시대에 혁신으로 승자가 된 기업이나 지배적인 플랫폼을 선점한 기업은 엄청난 이익을 갖게 되지만 경쟁에서 패한 기업은 살아남기가 힘들게 된다. 경쟁력 있는 제품을 가진 기업은 순식간에 기존 제품을 몰아내고 세계 시장을 독점할 수 있다. 이는 디지털 환경에서 나타난 플랫폼 효과 때문이다. 플랫폼 효과는 시장을 지배하는 강력한 소수 플랫폼으로 모든 것이 집중되는 현상이다. 애플과 삼성전자가 세계 스마트폰 시장을 장악하고, 구글과 네이버, 페이스북과 카카오톡이 검색과 SNS의 지배적인 플랫폼으로 자리를 잡은 것이 이 플랫폼 효과의 대표적 예이다.

개인 간 양극화도 더욱 확대될 것이다. 핵심 기술이나 재능을 보유한 소수의 개인에게는 많은 혜택과 보상이 주어진다. 지금도 인공지능이나 빅데이터 전문가들은 연봉이 수십만 달러에 달할 만큼 몸값이 높다. 반면 대부분의 개인들은 신기술로 인해 일자리를 잃거나 이전보다 못한 일자리로 옮겨 갈 가능성이 높다.

4차 산업혁명 기술들은 단순직 근로자뿐만 아니라 지식 근로자의 일자리마저 위협하고 있다. 변호사, 회계사, 은행원 등 지금까지 전문 지식을 활용하여 높은 소득을 얻었던 화이트칼라 일자리도 인공지능과 핀테크 기술 등으로 대체될 가능성이 커지고 있다.

또한 4차 산업혁명 기술은 대형 마트나 프랜차이즈로 인해 가뜩이나 영업이 어려운 자영업자에 대해서도 우호적이지 않다. 가상현실 기술 등이 적용된 온라인 쇼핑몰은 자영업 매장으로 향하는 소비자의 발길을 더욱 뜸하게 할 것이다. 이러한 예측들은 그렇지 않아도 옅어져 가는 중산층을 무너뜨리고 소수의 고소득자와 다수의 저소득자로 양분되는 불안한 사회 구조를 만들 수 있다.

또한 4차 산업혁명은 국가 간 양극화도 확대시킬 것이다. 적극적으로 4차 산업혁명을 이끄는 선진국은 그 혜택을 보게 되겠지만 개발도상국은 오히려 피해를 볼 수 있다. 그동안 개발도상국은 값싼 노동력을 무기로 노동 집약적인 산업에 경쟁력을 가지고 있었다. 그 결과 미국, 일본, 유럽연합, 한국 등 인건비가 높은 국가들은 중국이나 동남아시아 등지에 공장을 이전하여 제품을 생산함으로써 해당 국가의 경제 발전과 일자리 제공에 기여해 왔다. 그러나 개발도상국의 저임금 노동자를 로봇이 대체하면서 선진국과 개발도상국 간의 생산비 격차가 줄어들고 있다. 선진국들이 사물 인터넷과 인공지능, 로봇 등 첨단 기술들을 적용함에 따라 개발도상국에 나가 있는 자국 기업을 불러들일 가능성이 커지고 있다. 개발도상국에서 운영되는 제조업이 다시 선진국으로 회귀하는 리쇼어링re-shoring 현상이 그것이다.

특히 신보호주의로 돌아선 미국의 경우 정부가 적극적으로 기업들의 미국 회귀를 유도하고 있다. 신흥국의 저임금 비숙련 노동을 활용했던 기업들을 끌어들이는 것이다. 이로 인해 신흥국의 제조업은 취약해지는 반면 미국은 제조업 일자리가 늘어나는 현상이 나타나고 있다. 미국의 비영리기관인 리쇼어링 이니셔티브Reshoring Initiative는 리쇼어링과 해외 기업들의 미국 본토 투자로 2014년에만 총 6만 개가 넘는 일자리가 생겨난 것으로 추산했다.[23] 이 때문에 유엔이나 국제노동기구에서도 개발도상국 노동자들이 로봇 등으로 인하여 대량 실업의 위기에 직면할 것이라고 경고하고 있다. 개발도상국은 제조업의 비교 우위마저 상실할 가능성이 높을 뿐 아니라 세계의 단일 시장화로 인해 선진국의 상품 및 서비스의 소비 시장이 될 가능성은 더욱 커지고 있다. 이로 인해 개발도상국은 새로운 경제 식민지가 될 수도 있다.

로봇과 공존하는
시대가 된다

'로봇이나 인공지능 영화'라고 하면 보통은 「터미네이터」나 「매트릭스」, 「트랜스포머」와 같은 영화를 먼저 떠올린다. 모두 강력한 힘과 능력을 지니고 인간 사회를 위협하는 로봇들이다. 최근 무서운 속도로 진화하는 인공지능을 보면서 느끼는 두려움 때문일까. 인공지능을 걱정하는 목소리가 나오고 있는 것도 사실이다. 빌 게이츠는 "인공지능의 힘이 너무 세지면 인류에게 위협이 될 수 있다"고 했고, 테슬라의 일론 머스크도 "인공지능 연구는 우리가 악마를 소환하는 것이나 마찬가지다"고 말한 바 있다. 심지어 스티브 호킹 박사는 완전한 인공지능의 개발이 결국 인류를 멸망에 이르게 할 것이라는 극단적인 예언까지 하고 있다.

앤드류의 꿈이 아닌
인간의 꿈이 이루어지다

─

하지만 인간을 돕고 존중하며 따뜻한 감정을 나누는 로봇 영화도 있다. 1999에 만들어진 영화 「바이센테니얼 맨」에는 '앤드류 마틴'이라는 로봇이 주인공으로 등장한다. 제작자의 어떤 실수로 인해 감정과 호기심을 갖게 된 앤드류는 인간이 되고 싶어 하는데 영화는 이를 모티브로 전개된다. 하지만 우리의 관심은 그의 역할이다. 앤드류는 설거지, 청소, 요리, 정원 가꾸기 등 집안일을 도맡아 하는 가사 도우미 로봇이다. 뿐만 아니라 아이들과 놀아 주고 사람들과 지식도 나누며 소통하고 감정까지 교류한다. 그를 구입한 리처드를 주인님으로 대하고 그의 아내를 마님으로 부르면서 부지런하고 공손하게 착한 로봇의 역할을 다한다.

우리는 이런 SF 영화를 보면서 저런 로봇이 집에 한 대쯤 있으면 좋겠다는 생각을 하곤 했다. 인류는 두려운 존재로서의 로봇이 아니라 따뜻한 동반자로서의 로봇을 만들려는 노력을 오늘날까지 계속해 왔다. 그런데 이러한 노력의 성과가 요즘 하나 둘 나타나기 시작하고 있다.

정밀한 센서와 블라인드 그라스핑* 기술 등으로 오늘날 로봇의 움직임은 정교해지고 섬세해졌다. 더구나 인공지능과 결합하면서 로봇은 뇌를 가지게 되었다. 사물 인터넷과 연결되면서 지식과 정보를 얻고 데이

....
* 블라인드 그라스핑(Blind grasping)이란 로봇의 손가락과 팔 관절 마디에서 발생하는 전류량을 계산해 힘을 제어하는 기술이다.

터를 수집하고 학습하면서 스스로 진화하는 수준으로까지 발전하고 있다. 인간의 감정을 읽고 그에 맞춰 대응하는 능력까지 갖춘 로봇도 개발 중이다.

주방에서부터
병원 침대에 이르기까지

인간의 재능과 감성을 닮은 로봇, 영화 속의 앤드류가 현실로 우리 앞에 나타나고 있다. 이제까지 공장 안에서 주로 산업용으로 쓰이던 로봇이 이제 밖으로 나와 식당 주방으로, 커피숍으로, 병원으로, 학교로, 가정으로 들어오고 있다.

미국 샌프란시스코의 한 패스트푸드 매장에서는 플리피Flippy라는 로봇이 햄버거 패티를 굽고 인간과 협업하면서 햄버거를 만들어 낸다. 주메피자Zume Piazza는 사람이 도우를 만들면 로봇 팔이 그 위에 소스를 바르고 사람이 다시 토핑하면 로봇 팔이 피자를 담아 오븐에 넣는 등 인간과 로봇이 손발을 척척 맞추면서 일을 한다.[24]

미국의 법률 자문 회사 '로스 인텔리전스'가 IBM의 인공지능 '왓슨'을 기반으로 개발한 로스Ross는 사람을 도와 법률과 판례를 정리한다. 보조 변호사 역할을 하는 것이다. 미국 코넬대학과 스탠퍼드대학 합동 연구팀이 개발한 '와치봇Watch-Bot'이라는 로봇은 사무실이나 가정에서 주인이 컴퓨터 모니터를 끄지 않거나 전자레인지에 물건을 그대로 남겨

됐을 때 잔소리까지 하고 있다.[25]

　일본의 인공지능 로봇 페퍼는 벌써 다양한 장소에서 활발한 활동을 하고 있다. 병원에서는 치매 예방에 도움이 되도록 환자들과 춤을 추고, 게임을 하고, 환자의 상태를 관찰하면서 간병인 역할도 한다. 아이스크림 전문점, 회전 초밥집, 커피숍, 옷가게, 은행 등에서 손님을 안내하거나 상품을 홍보하기도 한다. 또 페퍼는 일반 가정으로 들어가 아이들과 놀아 주고 노인들의 말벗도 되어 준다. 페퍼를 집에 들여 온 일본의 한 노인은 "1년 이상 집에서 말을 안 해 봤다. 그래서 먼저 말을 걸어 주는 페퍼가 참 좋다"고 맘에 들어 한다.[26]

　프랑스의 로봇 스타트업인 블루 프로그 로보틱스Blue Frog Robotics 가 개발한 '버디Buddy'라는 로봇은 집 안 위치와 모든 사물들을 파악하여 자유자재로 이동한다. 가족을 모두 구분하여 인식하고 각 개인마다 필요한 것을 제공해 주기도 한다. 어머니에게는 요리 래시피를 보여 주거나 전화를 대신 받아 주고, 아이에게는 교육용 자료를 제공한다. 할아버지에게는 약 복용 시간을 알려주기도 한다. 혼자서 집 안을 돌아다니면서 잠잘 시간이 되면 블라인드를 내리고 불을 꺼 주고 온도를 조절한다. 이런 로봇이 750유로(약 96만 원) 정도밖에 안 한다.[27]

　최근에는 일본의 소니가 지난 2006년에 판매를 중단했던 반려견 로봇 '아이보'를 다시 출시했다. 외부 환경을 인식하는 것은 물론 인공지능이 탑재되어 주인과 소통도 하고 시간이 지날수록 주인과의 유대 관계도 더욱 깊어진다.

　아직 우리 주변에 일상화된 모습들은 아니지만 멀지 않은 장래에 이

소니 아이보

런 모습들이 우리 앞에 펼쳐질 것이다. 집집마다 텔레비전이나 냉장고가 있듯이 각 가정에 로봇 1대는 기본으로 놓이게 될 것이다. 페퍼나 버디처럼 인간의 감정을 인식하는 휴머노이드 로봇이 머잖아 반려 로봇으로 자리를 잡을 것으로 예상된다. 그럴 경우 반려견의 자리를 위협할 수 있다. 반려견들은 이런 사실을 알기나 할까.

국제적으로도 이러한 로봇의 미래를 예견하고 제도적 준비를 하고 있다. 2017년 1월 유럽연합에서는 인간과 함께 살아갈 인공지능 로봇의 법적 지위를 '전자 인간electronic personhood'으로 지정하는 결의안을 통과시키기도 하였다. 인공지능 로봇을 전자 인간으로 인정함과 동시에 로봇은 인간에게 도움을 주는 존재라는 것을 법적으로 명확히 한 것이다.[28]

4차 산업혁명 시대에 로봇은 때로는 인간의 일자리를 빼앗는 경쟁자가 되기도 하지만, 인간의 부족한 부분을 채워 주고 도와주는 친근한 동료이고 친구로서 우리와 함께 살아갈 가능성이 더 크다.

7.
공유 경제가 확산된다

　공유 경제Sharing Economy란 '사용하지 않는 재화나 용역를 필요한 사람과 나누어 사용함으로써 자원 활용의 효율성을 극대화하는 경제 활동'이라 할 수 있다. 2008년 미국 하버드대학 로렌스 레식Lawrence Lessig 교수에 의해 쓰이기 시작한 말이지만, 알고 보면 전혀 새로운 개념은 아니다. 인류가 원시 시대부터 공동체 생활을 해 오면서 공동으로 노동하고 토지나 물품을 공동 관리해 온 역사적 유래가 많기 때문이다.

　중세 유럽에서는 교회나 농민들이 토지 등을 공동으로 관리했다. 우리나라의 문중 소유 토지나 두레, 품앗이 같은 풍습도 이에 해당한다고 볼 수 있다. 산업화 이후에 생겨난 노동조합이나 협동조합, 자선단체, 학교 등과 같은 자치적 비영리 부문과 시민 사회의 활동들도 공유 사회의 모습들이다. 지금도 우리 주변에 흔히 볼 수 있는 아나바다 운동, 중고

장터, 길거리 공연 등도 공유의 가치가 들어 있는 활동들이다.

공유 사회는 대부분 공동으로 참여하고 민주적 관리 방식으로 운영된다. 불과 몇 백 년밖에 되지 않은 자본주의 시장경제나 민주주의보다 훨씬 오래된 인류의 공동체적 삶의 방식이라 할 수 있다.

공유의 가치가 신기술을 만나 새로운 비즈니스 모델로 재탄생하다

그런데 왜 요즘 공유 경제의 바람이 거세게 불고 있는 것일까. 결론부터 말하자면 그것은 공유적 가치가 4차 산업혁명 기술들과 결합하고 있기 때문이다. 예전에는 작은 동네나 지역에서만 이루어지던 공유와 나눔의 방식이 인터넷과 IT 기술을 만나면서 전 세계 모든 사람들과 함께 할 수 있게 되었다. 저비용으로 자신의 물건을 온라인 시장(플랫폼)에 내놓고 저렴한 가격으로 이를 사거나 이용할 수 있게 된 것이다.

소유를 근간으로 하는 자본주의는 현재 세계 경제를 움직이는 지배적인 경제 모델이다. 하지만 소유로 인하여 자원은 비효율적으로 활용되고 낭비되고 있는 것이 사실이다. 부는 소수에 집중되고 소득은 양극화되면서 사회의 불평등은 날로 심화되어 가고 있다. 소유는 탐욕을 낳고 사회를 물질과 황금만능주의로 만들어 간다. 그렇기 때문에 이러한 자본주의의 부작용을 극복할 새로운 대안적 경제 모델을 찾는 사람들이 늘고 있다. 그 결과 나온 것이 예전의 공유적 가치를 되살리는 공유 경제라 할 수 있다. 미래학자 제러미 리프킨Jeremy Rifkin은 이미 16년 전에 소유의 종말을 외쳤다. 그가 2012년에 쓴 『한계비용 제로 사회』에서는 "자본주의 시스템은 서서히 막이 내려가고 그 대신 협력적 공유 사회가 부상하는 중대한 변화가 이제 막 시작되었다"고 적었다.

협력적 공유 사회는 서로 연결하고 개방하고 공유하여 공동의 이익을 추구하는 경제 활동 모델이다. 그의 말대로 현재 우리는 '자본주의 시장과 정부 조직에 너무나 익숙한 나머지 시장이나 정부가 제공하지 않는 방식으로 재화와 서비스를 공급하는 다른 모델이 존재한다'는 사실을 간과하고 있는지도 모른다.

공유 경제가 소유 경제를
얼마나 대체할까

이제 경쟁과 효율의 논리로만 운영되는 자본주의 시장경제를 협력과 공유의 모델로 바꿔야 한다는 목소리들이 나오고 있다. 지금의 자본주의 폐단을 극복할 대안으로 삼자는 것이다. 그렇다고 자본주의나 소유 경제가 사라지거나 공유 경제로 대체되지는 않을 것이다. 역사 이래 인간 사회와 개인의 경제 생활은 여전히 소유적 본능에 기초해서 살아왔고 앞으로도 그럴 것이기 때문이다. 공유 경제 전문가로 유명한 레이철 보츠먼Rachel Botsman도 "이제 협력하고 공유하는 문화가 이 시대의 문화가 될 것이다. 그렇지만 우리는 소유와 공유 중에서 하나를 선택해야 한다고 단정 짓지 않는다. 미래에 우리는 소유도 하고 공유도 할 것이다"**29**
고 말하고 있다.

기존의 소유 경제를 공유 경제가 어느 정도 대체할지는 정확히 알 수
는 없다. 하지만 공유 경제 모델을 기반으로 하는 스타트업 기업들이 속
속 등장하고 있고 이들 기업들이 급속도로 성장하고 있는 것을 보면 공
유 경제가 빠르게 확산될 것이라는 짐작은 능히 할 수 있다.

"우리는 자동차에 많은 돈을 들이지만, 96퍼센트의 시간은 주차장에
두고 4퍼센트의 시간만 사용한다. 이는 자동차를 매우 비효율적으로 사
용하는 것이다. 그래서 4퍼센트의 이용률을 20퍼센트, 60퍼센트, 80퍼
센트로 올릴 수 있는 자동차 공유 기업이 성공할 수 있었다."*는 말은
공유의 가치와 차량 공유 기업 우버의 성공 요인을 쉽게 이해할 수 있게
해 주는 말이다.

그러나 공유 가치의 명분만으로는 성공할 수 없다. 우버는 모바일 앱
과 핀테크를 결합하여 탑승과 결제를 쉽게 하고 차량 제공자의 수익성
을 동시에 보장하는 비즈니스 모델을 갖춤으로써 성공할 수 있었다. 우
버 앱을 실행하고 현재 위치와 목적지만 입력하면 차량과 기사, 가격 정
보까지 제공되고, 컨펌 단추를 누르면 바로 등록 차량이 나타난다. 그곳
지리를 잘 모르는 사람, 그 나라 말을 잘 하지 못하는 사람, 장애를 가
진 사람도 편리하게 이용할 수 있다. 버스표나 열차표를 끊을 필요도 없

....
* 스탠퍼드대학교 경영학 교수 토니세바가 한 말이다. TV조선 스페셜(2016. 3. 23.), "부의
  창조 1부, 공유경제 세상을 바꾸다"

우버 택시

고, 택시를 타면서 어디를 간다고 말로 설명하지 않아도 되고, 버스 정류장이나 기차역까지 갈 필요도 없다. 기존의 택시, 버스, 기차를 이용하는 것보다 훨씬 쉽고 빠르고 값싸게 서비스를 이용할 수 있다. 또 누구나 차량과 스마트폰만 있으면 우버 기사라는 일자리를 가질 수 있다. 집에서 놀고 있는 차를 활용하여 자신이 원하는 시간에 원하는 만큼만 일을 하고 소득을 올릴 수 있다. 수요와 공급 모두에 대해 공유가 만들어 낸 새로운 가치들이다. 창업한 지 5년 만에 우버의 회사 가치가 680억 달러(약 70조 원)에 달한 이유가 여기에 있다.

또 하나 공유 경제의 대표 기업인 에어비엔비는 숙박 공유 플랫폼이다. 따지고 보면 그냥 개인 소유 주택의 이용을 도와주는 중개업 정도에 불과하다. 그런데 2008년 창업한 후 2010년까지 집세를 내고 겨우 끼니를 때울 수 있을 정도였던 기업이 세계 최고 호텔인 힐튼의 기업 가치와 맞먹을 정도로 성장한 비결은 무엇일까. 여기에도 공유가 만들어 낸 새로운 가치들이 있기 때문이다.

호텔은 가격은 비싸면서 세계 어디에서나 똑같은 모습에 획일적인 서비스를 제공한다. 고객은 호텔이 제공하지 못하는 다양한 가치를 숙박 공유를 통해 얻을 수 있다. 세계 각지 여행 지역의 현지인이 사는 집에서 그들의 삶을 직접 보고 체험할 수 있다는 것은 큰 장점이다. 숙박할 수 있는 집은 여행지 도심 한복판에도 있고, 한적한 시골 마을에도 있다. 그 지역의 일상 안에 들어가 집주인과 대화를 나눌 수 있고, 그 지역에 대한 정보를 얻을 수도 있다. 여행자들은 여행지를 있는 그대로 보고 그곳 사람들의 사는 모습을 그대로 느끼고 싶어 한다. 여러 명의 일행이 갈 때에는 한 집에서 같이 어울려 즐길 수 있는 기회도 제공한다. 모두 호텔에서는 얻을 수 없는 것들이다.

호스트들은 대체로 친절하고 개인적인 환대를 주고 싶어 한다. 이들은 자신의 집을 낯선 이국 사람에게 공개하고 세계의 다양한 나라 사람들을 자신의 집에서 만나고 대화를 나누는 것을 좋아한다. 또한 부수입도 올릴 수 있다. 별도의 수입 없이 집만 있는 사람들에겐 아주 긴요한 수입원이 될 수 있다.

이처럼 숙박 공유 서비스는 이용자들의 다양한 수요를 충족시켜 주고 이전에는 없던 효용적 가치들을 만들어 낸다. 2009년 2만 1,000명이던 이용자가 2012년 300만 명, 2014년 1,100만 명으로 급증하였고 2016년엔 190여 개국에서 6,000만 명이 이용했다.

이제 공유 경제는 차량이나 숙박뿐 아니라 자전거, 사무실, 주차장,

의류 등 재화는 물론이고 개인 간 대출, 지식, 재능이나 취미까지 공유하는 문화로 확산되고 있다.

가족 빼고 다 공유하는 나라, 중국

공유의 바람은 특히 중국에서도 거세게 불고 있다. 2012년에 설립된 중국의 차량 공유 서비스 기업인 디디추싱도 기업 가치가 500억 달러(약 57조 원)에 달하는 거대 기업으로 급성장하였다. 자전거 공유 서비스도 빠르게 확대되고 있다. 2015년 1월에 설립된 중국의 모바이크는 창업 2년 만에 기업 가치가 100억 위안(약 1조 7,000억 원)의 기업으로 성장하였다. 모바이크 외에도 20여 개의 후발 기업들이 경쟁적으로 공유 시장으로 뛰어들고 있다. 중국의 조사 업체 빅데이터 리서치는 2016년 말 1,886만 명이던 중국의 공유 자전거 이용자 수가 2019년에는 1억 명으로 크게 늘어날 것으로 보고 있다.[30] "가족 빼고 다 공유된다"는 말이 나올 정도로 중국은 지금 공유 경제 기업들의 활동이 활발하다. 현재는 차량과 자전거가 가장 많은 공유 서비스를 하고 있지만 농구공, 우산, 창고, 재능 공유까지 다양한 공유 비즈니스 모델들이 속속 나타나고 있다. 블룸버그의 L.P. 보도에 따르면 2016년 중국의 공유 기업에 투자된 자금이 250억 달러(약 28조 원)에 달하고 2020년에는 중국 GDP의 10퍼센트를 차지할 것이라고 전망하고 있다.[31]

우리나라에서도 최근 SNS와 모바일 사용에 친숙한 젊은 층을 중심으로 공유가 빠르게 확산되고 있다. 공유하는 대상도 차량, 의류, 장난감, 공구, 사무실, 자전거 등 다양하다. 소유보다는 나눔으로 만족감을 얻고 물건을 소장하기보다는 필요할 때 제품을 적절한 가격에 빌려 쓰는 20~30대가 늘고 있는 것이다.[32]

공유 경제 모델은 특별할 것까지도 없어 보이지만 인터넷 시대를 맞아 그 가치가 삽시간에 전 세계에 확산되고 있다. 모바일과 사물 인터넷, 인공지능, 핀테크 등 4차 산업혁명 기술들을 활용하여 공급자와 수요자를 연결하는 플랫폼을 구축한 공유 기업들이 큰 성공을 거두는 중이다. 이는 소유의 경제에 도전장을 내민 공유 경제가 4차 산업혁명의 새로운 경제 모델의 한 축으로 자리 잡아갈 가능성을 보여 준다. 우리가 염두에 둘 것은 대부분의 4차 산업혁명 기술들과 마찬가지로 공유 경제 모델 또한 기존 산업과 직업에 대해 파괴적인 속성을 지니고 있다는 점이다.

2020년부터, 4차 산업혁명의 티핑 포인트가 시작된다

　미국 동북부의 백인 거주 지역에 흑인들이 들어와 살기 시작했다. 그런데 이들의 비중이 20퍼센트에 이르게 되자 백인들이 한순간에 그 지역을 떠나 버렸다고 한다. 미국의 사회학자들에 의해 관찰된 이 현상은 티핑 포인트의 사례로 자주 사용되곤 한다.**33** 여기서 흑인 거주 비율 20퍼센트가 바로 '티핑 포인트'이다.

　『티핑 포인트』의 저자 말콤 글래드웰은 이 책에서 신발 브랜드 허시파피의 티핑 포인트가 일어난 사례를 소개하고 있다. 1994년만 하더라도 허시파피의 판매량은 한 해 3만 켤레에 불과했다. 그런데 맨하튼의 일부 젊은이들 사이에 이 신발이 유행하기 시작하였다. 입소문을 타고 급속히 번져 가면서 1년 후인 1995년에는 43만 켤레, 1996년에는 170만 켤레 이상이 팔렸다고 한다. 말콤 글래드웰은 신발이 유행하기 시작한

토머스 셸링

1994년 말과 1995년 초 사이를 티핑 포인트로 보고 있다.

이처럼 티핑 포인트는 서서히 진행되던 어떤 현상이 급속한 변화를 맞게 되는 순간을 의미한다. 원래 티핑 포인트는 노벨경제학상을 받은 토머스 셸링Thomas Schelling의 1969년 논문 「분리의 모델」에서 제시한 티핑 이론에서 나온 개념인데, '갑자기 뒤집히는 점'이란 뜻으로 흔히 전환점이라고 한다.

16퍼센트를 지나면
대중적 확산이 일어난다

우리가 일상에서 사용하고 있는 신기술들도 이러한 티핑 포인트를 거쳐 사회로 확산되는 것이 일반적이다. 신기술은 티핑 포인트를 지나면서 대중화 단계로 넘어가는데 여기에는 일정한 패턴이 있다. 미국의 사회학자 에버렛 로저스Everett Rogers는 혁신 기술 제품이 소비자에게 확산되는 과정을 분석한 바 있다.**34** 이 분석 모형에 따르면 소비자는 신상품이 세상에 나오면 이를 받아들이는 소비자들의 성향에 따라 혁신 수용자(2.5퍼센트), 선각 수용자(13.5퍼센트), 전기 다수 수용자(34퍼센트), 후기 다수 수용자(34퍼센트) 및 지각 수용자(16퍼센트)로 구분된다. 앞 문장에서 괄호 안의 비율은 전체 소비자에서 차지하는 비중을 의미한다. 에버렛 로저스는 기술 애호가이면서 새로운 것을 선호하는 혁신 수용자와 남들보다 앞서 제품을 경험해 보고자 하는 얼리 어답터, 즉 선각 수용자에게까지 기술이 확산되는 시점인 16퍼센트(2.5퍼센트+13.5퍼센트)를 티핑 포인트로 보고 있다. 이 지점은 이들 집단에 의해 그 신제품의 기술이 어느 정도 검증되고 가격도 충분히 하락하는 시점이기 때문에 이 지점을 통과한 후 다수의 수용자에게 빠르게 확산된다는 것이다.

2007년에 세상에 나온 아이폰은 우리나라에는 2009년에 처음 도입되었다. 이 당시 스마트폰 가입자는 전체 핸드폰 가입자 4,794만 명의 1.7퍼센트에 불과한 81만 명이었다. 그러나 1년이 지난 2010년에는 전체의 14.2퍼센트인 720만 명으로 증가하였고, 2011년에는 42.8퍼센트인 2,247만 명으로 대폭 확산되었다.[35] 에버렛 로저스의 분석 모형에 따르면 우리나라 스마트폰 보급의 티핑 포인트는 2010년쯤이라 할 수 있을 것이다.

인공지능 챗봇 애인을
언제쯤 만날 수 있을까

그러면 4차 산업혁명의 티핑 포인트는 언제쯤이 될까. 다들 4차 산업혁명이 도래한다고 하는데 그때가 언제가 될 것인가라는 의문을 가질 수 있다. 자율 주행차가 나온다는데 내가 언제쯤 실제 도로에서 타고 다닐 수 있을지, 드론으로 배달하는 택배는 또 언제쯤 받아볼 수 있을지, 영화 「그녀」에 나오는 인공지능 애인 사만다는 또 언제쯤 만날 수 있을지 궁금하다. 하지만 이 기술들의 티핑 포인트를 예측하는 것은 생각만큼 쉬운 일이 아니다. 왜냐하면 여러 기술의 개발이 현재 진행형이기 때문에 실제로 언제 상용 수준까지 도달하게 될 지는 정확히 알 수 없기 때문이다. 또 법이나 제도, 제품의 가격, 실용성 등에 따라 사회적 수용 정도가 달라질 수 있다. 그럼에도 불구하고 4차 산업혁명의 본격적인 도래 시기를 예측해 보는 것은 4차 산업혁명에 대응하는 국가나 기업, 개인들의 미래 준비를 위해 매우 필요한 일이다.

기왕에 분석된 자료를 참고하여 주요한 4차 산업혁명 기술의 티핑 포인트를 소개해 볼까 한다.[36] 먼저 세계경제포럼 보고서에서 제시한 티핑 포인트를 보면, 2018년에는 세계 인구의 90퍼센트가 무제한의 공짜 스토리지(광고로 지원되는)를 이용할 수 있게 된다. 2022년이 되면 세계 인구의 10퍼센트가 인터넷에 연결된 의류를 입고, 인터넷에 연결된 센서가 1조 개에 이른다. 2024년엔 3D 프린터로 제작된 간이 최초로 이식되고, 2025년에는 소비자 제품의 5퍼센트가 3D 프린터로 제작된다. 2026년이면 자율 주행차가 미국 자동차의 10퍼센트를 차지하게 된다. 이러한 시기를 지나게 되면 그 기술이나 제품이 소비 대중들에게 크게 확산될 수 있다는 것이다.

다음으로 미래창조과학부 과학기술예측위원회 등이 제시한 티핑포인트를 알아보자.

미래 신기술들의 확산 시점(티핑 포인트)

연도	세계경제포럼	미래창조과학부 과학기술예측위원회 등	
		세계*	한국
2018	모든 사람을 위한 스토리지 제공		
2020		드론, 실감형 가상·증강현실, 스마트 공장	
2021	로봇 약사 출현	만물 인터넷, 3D 프린팅, 빅데이터 활용 개인 맞춤형 의료	
2022	사물 인터넷, 웨어러블 인터넷, 3D 프린팅으로 자동차 생산, 1조 개의 센서로 인터넷 연결	스마트 그리드, 초고용량 배터리, 극한 성능용 탄소 섬유 복합 재료	
2023	이식형 기술, 빅데이터를 활용한 결정, 새로운 인터페이스의 영상 기술, 주머니 속 슈퍼컴퓨터	롤러블 디스플레이, 희소 금속 리사이클링, 웨어러블 보조 로봇, 자율 주행차	롤러블 디스플레이, 만물 인터넷
2024	유비쿼터스 컴퓨팅, 의료 산업에 3D 프린팅 활용, 커넥티드홈	포스트 실리콘 반도체, 인지컴퓨팅, 지능형 로봇, 인공 장기	3D 프린팅, 드론, 스마트 그리드, 실감형 가상·증강현실, 초고용량 배터리
2025	3D 프린팅을 활용한 소비재 생산, 인공지능의 기업 감사 업무 수행, 공유 경제	양자컴퓨팅, 뇌-컴퓨터 인터페이스	빅데이터 활용 개인 맞춤형 의료, 스마트 공장

....

* 아래 기술들은 대부분 미국이 선도 국가이며, 이 가운데 스마트 공장은 독일, 극한 성능용 탄소 섬유 복합 재료는 일본, 롤로블 디스플레이는 한국이 선도 국가이다.

연도			
2026	자율 주행차, 인공지능에 의한 의사 결정, 스마트 시티	인공 광합성	극한 성능용 탄소 섬유 복합 재료, 포스트 실리콘 반도체, 희소 금속 리사이클링
2027	비트코인, 블록체인 기술	초고속 튜브 트레인	웨어러블형 보조 로봇, 인지 컴퓨팅
2028			자율 주행차, 지능형 로봇
2029			인공 장기
2030			인공 광합성
2031			양자컴퓨팅
2032			뇌-컴퓨터 인터페이스
2033			초고속 튜브 트레인

드론의 경우 사고율이 100만 비행 시간당 2회 이하로 낮출 수 있는 안전 운용 기술의 완성 시기가 티핑포인트이다. 이 시기를 지나면 드론이 확산될 것으로 보고 있는데 미국은 2020년, 우리나라는 2024년이다. 실감형 가상·증강현실 기술의 티핑 포인트는 게임 등 엔터테인먼트 시장에서 이 기술을 이용한 콘텐츠 시장 규모가 차지하는 점유율이 16퍼센트가 되는 시점이다. 이 시기도 미국은 2020년, 우리나라는 2024년 정도로 보고 있다.

스마트 공장은 고도화된 공장의 스마트화 비중이 16퍼센트에 도달하는 시점이 티핑 포인트이다. 지멘스 등 첨단 ICT 기술로 제조업의 스마트화를 가장 빠르게 구현하고 있는 독일이 2020년에, 우리나라는 2025년에 될 것으로 본다. 만물 인터넷은 사물은 물론 사람, 데이터, 프로세스 등 모든 것이 연결되어 상호 소통하는 지능형 기술 및 서비스를 말한다. 만물 인터넷 서비스의 티핑 포인트는 가정 보급률이 11퍼센트가 되는 시점으로 미국에서 2021년, 우리나라에서는 2023년이 될 것으로 예측된다.

3D 프린팅은 3D 프린터의 일반 가정 보급률이 3퍼센트가 되는 시점으로 미국은 2021년, 한국은 2024년이 티핑 포인트가 될 것으로 보고 있다. 자율 주행차의 경우는 자동차 신차 판매의 12퍼센트를 자율 주행차가 점유하는 시점인데 미국은 2023년, 한국은 2028년이 티핑 포인트가 될 것이다.

지능형 로봇은 스스로 외부 환경과 상황을 인식하여 학습하고 역할을 수행하는 로봇으로, 페퍼 같은 인공지능 로봇이 대표적이다. 티핑 포인트는 일반 가정 보급률이 8퍼센트가 되는 시점이며, 미국은 2024년, 한국은 2028년으로 보고 있다. 웨어러블형 보조 로봇은 중량물을 운반하거나 보행 능력을 향상시키기 위하여 사람의 몸에 착용하는 로봇이다. 이 웨어러블형 로봇의 티핑 포인트는 하반신 마비 장애인의 보행을 보조하는 웨어러블 로봇의 임대 가격이 월 100만 원 이하가 되는 시점인데, 미국은 2023년, 한국은 2027년이 될 것으로 전망하고 있다.

시대별 유망 직업 변천사

유망 직업은 시대에 따라 변해 왔다. 그 당시에는 보수가 높고 인기가 있는 직업이었지만 어느새 비인기 직업으로 전락하거나 사라져 버리는 직업도 있다. 반면, 당시에는 각광을 받지 못했지만 새로운 인기 직업으로 떠오르기도 하고, 전혀 예상하지 못한 직업이 유망 직종으로 부상하기도 한다. 4차 산업혁명 시대의 유망 직업을 살펴보기에 앞서 과거 우리나라에서 유망 직업들이 어떻게 변화되어 왔는지 그 흐름을 살펴보자.

 1950년대

1950년대에는 3년간의 한국전쟁과 황폐해진 국토를 수습하는 시기였

노면전차

다. 선진국은 이미 2차 산업혁명이 완성 단계에 접어들었지만 우리나라는 전 인구의 거의 80퍼센트가 농업에 종사하고 있었다. 이 시기에는 군 장교, 의사, 타이피스트, 공무원, 전화 교환원, 전차 운전자, 영화배우, 서커스 단원 등이 유망 직업이었다. 전쟁 직후였기 때문에 군 장교가 인기가 있었고 상이군경이 많은 터라 의사는 고소득 직업으로 떠올랐다. 자원과 물자가 부족해 고물상도 그 시대에는 흔히 볼 수 있는 직업이었다. 새로운 정부가 출범하여 고등고시로 뽑는 공무원이나 판검사, 외교관 등은 출세의 주된 통로였다. 이 당시 정부 기관이나 우체국 등에서 근무하는 전화 교환원과 미군 부대 등에서 근무하는 타이피스트는 여성에게 특히 인기 있는 직업 중 하나였다. 1899년 5월부터 최초로 서대문에서 청량리까지 운행되었던 전차는 일제 식민지와 미 군정기를 거쳐 1950년대까지 도심의 주된 교통 수단이 되면서 전차 운전사는 오랫동안 유망 직업으로 통했다.

 1960년대

1960년대는 1, 2차 경제개발계획이 추진되면서 우리나라의 산업화가 본격적으로 시작된 시기였다. 주로 노동 집약적인 섬유, 봉제, 가발, 고무 제품 등의 제조업이 먼저 성장하기 시작하였다. 섬유 엔지니어와 가발 기술자가 대우를 받았고, 방적공, 직조공, 편물공, 미싱공, 재단사, 피혁공, 모피 제조공, 공작 기계 제작공, 전기 설비공 등 관련 직업들에 대한 수요가 크게 증가하였다. 또한 이 시기에는 전자 산업이 시작되어 라디오, 선풍기, 냉장고, 흑백 텔레비전이나 에어컨이 생산되었다. 제품 조립 수준이었지만 반도체 산업도 태동하였다. 그래서 전자 제품이나 반도체 관련 기술자가 유망 직종이 되었다.

1960년대 들어서면서 주된 교통 수단이 전차에서 자동차나 버스로 바뀌는 큰 변화가 있었다. 전차는 속도가 너무 느렸고 자동차나 버스 운행에 장애가 된다고 하여 1966년에 운행을 중단하였다. 이로 인해 그 동안 유망 직업이었던 전차 운전사와 전차 수리공, 전차 조립공 및 전차 차장 등의 일자리가 사라지게 되었다. 대신 택시 운전사, 버스 운전사가 유망 직업이 되었다. 버스가 대중교통 수단으로 자리를 잡으면서 버스 노선 안내와 요금을 정산하는 버스 안내양이 새로운 직업으로 등장하였다. 신진자동차와 현대자동차 등 국내 자동차 기업이

1966년과 1967년에 각각 설립되어 자동차 생산을 시작하면서 자동차 엔지니어와 같은 신직업이 생겨났다. 또 이 시기에는 1950년대에 설립된 삼성, 동양, 한화, 현대 등이 대기업으로 부상하면서 대기업 직원이 인기가 있었고, 이와 함께 교사, 은행원 등 사무직이 유망 직종으로 떠올랐다.

1970년대

1970년대는 산업의 중심이 노동 집약적 산업에서 수출 지향적 중화학공업으로 옮겨 갔다. 정부가 주도하여 화학, 조선, 제철, 전자, 건설 등의 산업 위주로 강력한 성장 정책을 추진하였다. 기계공학, 화학공학, 조선, 철강, 전자공학 분야 등에 진출한 대기업에서 일자리 수요가 많아 이러한 분야의 엔지니어는 유망 직업으로 각광을 받았다. 해외여행이 쉽지 않은 시절이었으므로 현대종합상사나 삼성물산 등 무역업 종사자나 비행기 조종사는 최고 인기 직업으로 꼽혔다. 또 항공기 여승무원(스튜어디스)도 이때부터 젊은 여성들에게 선망의 직업이 되었다.

한편 중동 건설 붐이 일면서 우리나라 건설 기업이 적극적으로 진출하였다. 철공, 목공, 조적, 벽돌, 중장비 등의 기술자들이 높은 보수를 받았기 때문에 높은 경쟁을 통해서 선발되기도 하였다. 경제 개발 계획의 추진 방식은 대기업 중심의 성장 정책을 폈다. 그러다 보니 정경 유착이라는 말이 나왔고 대기업에는 많은 특혜가 주어졌다. 대기업 직원들은 높은 임금과 안정된 직장으로 인식되어 오늘날까지 가장 유망한 직업 중 하나가 되었다. 또 이 시기에는 트로트 등 대중가요가 유행하면서 가수도 유망 직업으로 분류되었다.

🗼 1980년대

1980년대는 3저 현상(저유가, 저금리, 저달러)의 우호적인 경제 환경 속에서 중화학공업이 급성장하였다. 조선업은 세계 1위를 차지하였고, 이전까지 전자 부품 산업 수준에 머물던 반도체 산업이 독립된 산업으로 성장하여 세계 시장에 빠르게 진출하였다. 이후 1990년 초반에 가서는 세계 D램 시장 점유율 1위 자리를 차지하게 된다. 1986년에는 국산 산업용 로봇이 생산되기 시작하였는데 산업용 로봇 도입으로 자동차와 전자 산업이 급성장하기도 하였다. 이에 따라 선박 엔지니어와 선박 제조 관련 직업, 반도체 엔지니어와 반도체 검사원 및 반도체 공정원, 로봇 엔지니어와 로봇 공학 관련 직업들이 유망 직업이 되었다. 이전의 노동 집약적 산업이 자본 집약적 산업으로 전환되면서 금융 산업도 함께 성장하였다. 은행과 증권회사는 높은 보수와 안정적인 직장으로 통했기 때문에 은행원과 증권사 직원은 대졸 취업자가 선택하는 가장 유망한 직종 중 하나였다.

이 당시에 경제적으로는 호황을 누렸지만 정치적으로는 10.26사태와 5.18광주민주화운동 그리고 신군부 정권의 수립 등으로 암울한 시기였다. 당시 정부는 정치에 대한 국민적 관심사를 돌리기 위해 스포츠와 엔터테인먼트 산업을 육성시켰다. 1982년 프로 야구가 출범하였고, 1986년 아시안게임과 1988년 서울올림픽이 연이어 개최되었다. 국제 대회 성적 우수자에게는 평생 연금을 지급하는 적극적인 지원 정책을 폈다. 프로 야구 선수는 고액 연봉을 받은 인기 직업이 되었고 초·중·고등학교에서는 일찍부터 운동 선수 지망생이 증가하였다. 또 컬러 텔레비전의 보급으로 방송과 광고업이 성장하여 드라마 PD, 탤런트, 광고 기획자, 카피라이터 등의 직업들이 새로운 유망 직업으로 떠올랐다. 서울올림픽을 계기로 우리나라가 세계에 알려지면서 국제 교류와 여행객이 늘어났고 외교관이나 통역사도 인기 직업으로 부상하기 시작하였다. 한편 1982년에 버스 요금을 승객이 직접 요금함에 넣는 '시민 자율 버스'가 등장하자 버스 안내양이라는 직업이 사라지기도 하였다.

1990년대

1990년대는 지속적인 경제 성장으로 국민 소득이 높아지고 서비스 산업이 성장한 시기였다. 도·소매업, 음식·숙박업, 의료업, 금융업, 운수업, 관광업, 영화 산업, 방송·통신업 등이 발달하면서 이러한 분야에서 다양한 직업이 생겨났다. 그 결과 서비스업에 종사하는 사람들의 비중이 1980년에는 38.2퍼센트였으나 1999년에는 61.1퍼센트까지 증가하여 선진국형 산업 구조로 진행되고 있었다. 금융 산업에서는 펀드매니저, 증권 투자 분석사(애널리스트), 외환 딜러, 선물 거래사 등이 고액 연봉을 받는 대졸 유망 직종이 되었다.

1990년대 중반 인터넷의 등장은 이 시기의 가장 큰 특징이었다. 컴퓨터의 확산과 인터넷의 도입으로 웹 마스터나 웹 디자이너, 인터넷 방송 기획자, 컴퓨터 프로그래머, 컴퓨터 보안 전문가 등이 새로운 유망 직종으로 떠올랐고 벤처 붐이 일어나기도 하였다. 1995년에 처음 방송된 홈쇼핑 방송은 쇼핑 호스트라는 신직업을 탄생시켰다. 1996년부터 시작된 인터넷 전자 상거래는 쇼핑몰 마스터, 전자 상거래사 등의 새로운 직업을 등장시켰다. 이러는 와중에 개인용 컴퓨터가 사무실과 가정으로까지 확산되자 타자원이 사라져 갔고, 유선 통신망이 확대되면서 전화 교환원도 점차 사양 직업이 되었다. 또 이 시기에는 대중문화의 중심이 10대~20대로 옮겨 오면서 가수 등의 연예인이 젊은 층에게 인기 직종이 되기도 하였다.

한편 1997년 IMF 외환 위기로 인하여 많은 기업이 파산하고 실업자가 양산되면서 M&A 전문가나 경영 컨설턴트 직업이 부상하였다. 또 직업의 안정성이 중요한 기준으로 부각되면서 공무원, 교사, 공기업 직원 등이 배우자감 1~2순위를 다투는 인기 직업이 되었다.

🏛 2000년대

2000년대에는 1990년대 후반부터 급속하게 진행된 정보 통신 기술의 발전이 산업과 직업 세계에 많은 변화를 몰고 온 시기였다. 인터넷과 디지털화는 전 산업으로 확산되었고, 문화 콘텐츠, 생명공학, 전자 상거래, 게임, 애니메이션, 원격 교육 등의 새로운 산업도 성장하게 되었다. 이에 따라 생명공학 연구원, 웹툰 작가가 인기 직업으로 떠올랐고, 게임 분야에서는 프로게이머, 게임 시나리오 작가, 게임 해설가, 게임 치료 전문가와 같은 새로운 직업이 등장하였다.

반면 디지털 카메라의 등장은 사진사와 사진 현상 인화원을 사라지게 하였다. 2000년도에는 디지털로 전환된 2세대 이동 통신 시대가 열리면서 휴대폰이 대중화되었다. 그러자 휴대폰 디자이너, 휴대폰 상품 기획자, 모바일 콘텐츠 개발자 등의 전문 직업이 등장하였고 휴대폰의 생산과 관리에 종사하는 많은 직업과 일자리가 생겨났다.

1990년대의 혁명적 기술이 인터넷이라면 2000년대의 혁명적 기술은 스마트폰이었다. 2007년도에 첫 출시된 아이폰이 우리나라에는 2009년에 도입되었는데, 이때 앱 개발자가 새로운 유망 직업으로 떠올랐다. 또 이 시기에는 친환경 에너지에 대한 필요성이 대두되어 태양광 발전 기획원, 태양광 발전 설비 연구원, 태양열 시스템 연구 개발자, 풍력 발전기 설계 기술자 등도 새로운 유망 직업이 되었다.

2000년대에는 1990년대에 이어 국민 소득이 꾸준히 증가하여 2006년에는 1인당 국민 소득이 2만 달러를 넘어섰다. 1990년대보다는

2배(1994년-1만 달러)가 많았고, 1980년대보다는 10배(1984년-2,000달러)가 많았다. 소득 수준이 향상되면서 건강과 여행, 여가, 복지 등 삶의 질에 대한 관심이 높아지자 한의사, 호텔 지배인, 사회복지사, 인테리어 디자이너가 유망 직업이 되었다. 또한 IMF 외환 위기와 2008년 금융 위기로 많은 노동자들이 실직의 고통을 겪으면서 평생 직업에 대한 인식이 강하게 자리를 잡은 시기이기도 하였다. 그래서 평생 동안 종사할 수 있고 실업과 퇴직으로부터 자유로운 전문 자격증에 대한 인기가 높아졌다. 공인회계사, 변리사, 변호사, 한의사 등이 대학생들로부터 선호되는 직업이었고 공인중개사는 중장년층까지 자격증 취득 열풍이 불기도 하였다.

2010년대~현재

2010년대에는 스마트폰과 반도체, 자동차, 조선업 등이 수출을 견인하는 산업으로 떠올랐다. 삼성이 세계 스마트폰 시장 점유율 1위를 차지하였고, 현대의 자동차 판매량도 크게 증가하였다. 그러나 최근 중국에서 자동차 판매량이 급감하는 모습을 보이고 있고, 그동안 세계 1위를 지켜 오던 조선업은 세계적인 불황을 맞아 2016년에는 구조 조정까지 겪으면서 관련 종사자들이 대량 실직의 위기를 맞고 있다.

2010년대에 들어서면서 거시경제의 흐름에 큰 변화가 나타나기 시작했다. 1970년대부터 수십 년 동안 이어 오던 고도 성장이 2010년대에 접어들자 저상장 기조로 전환된 것이다. 그동안 우리나라는 1970년 대에는 연평균 10퍼센트, 1980년대와 1990년대에는 모두 연평균 8퍼센트가 넘는 고도 성장률을 기록하였다. 2000년대에도 2008년과 2009년 금융 위기를 제외하면 연평균 5퍼센트가 넘는 성장률을 보였다. 그러나 2010년대에 들어서는 급격하게 성장률이 둔화되어 2011년 3.7퍼센트, 2012년 2.3퍼센트에 그치는 등 현재까지 2퍼센트 대의 낮은 성장률이 이어지고 있다. 바야흐로 저상장의 시대로 접어든 것이다.

더구나 글로벌 경제 환경 속에서 기업들의 생존 경쟁이 심화됨에 따라 생산 공장을 해외로 이전하거나 원가 절감을 위하여 자동화 설비를 구축하는 기업이 늘어났다. 이러다 보니 기업들의 신규 채용은 줄고 명예퇴직은 늘어나고 있으며 청년 실업난은 계속되고 있다. 이러한 환경은 유망 직업에도 영향을 미쳤다. 안정적이고 정년이 보장되는 공무원과 교사를 더욱 선호하게 되었고, 공기업 직원이나 약사, 경찰관, 보육교사 등도 직업의 안정성 측면에서 꾸준한 인기를 얻고 있다. 요리사, 수의사, 디자이너, 프로듀서 등도 최근 청소년들 사이에서 장래 희망 직업으로 떠올랐다. 최근에는 인터넷과 스마트폰이 급속히 확산되면서 이를 기반으로 하는 새로운 산업들이 등장함에 따라, 앱 디자이너를 비롯한 SNS 전문가, 빅데이터 전문가, 로봇 전문가, 인공지능 전문가, 드론 조종사 등 첨단 기술 관련 신종 직업들이 급부상하고 있다.

반면 그동안 많은 인기를 누려 왔던 소위 '사' 자로 끝나는 직업들인 변호사, 세무사, 회계사, 한의사, 법무사 등은 인기가 예전 같지 못하다. 전문 자격증 소지자 수가 많아지면서 경쟁이 심화되고 있는 데다 일상화된 인터넷 환경에서 일반인의 전문 지식에 대한 접근이 용이해지면서 예전의 호황을 누리지 못하고 있다.

2부

4차 산업혁명 시대의 일자리, 어떻게 대응할 것인가

1.
사회 안전망을 촘촘하게 갖추자

앞으로 노동시장에 큰 변화가 밀어닥칠 수 있다. 우리는 대량 실업이라는 최악의 상황에 대비해야 하고 직업의 이동이나 고용 형태의 변화에도 대응 방안을 마련해야 한다. 새로운 일자리가 생겨나겠지만 이보다 훨씬 많은 기존의 일자리가 사라진다면 대규모 실업자가 발생할 가능성이 있다. 또한 기존의 일자리에 있던 인력이 새로운 일자리로 이동하기까지는 일정 기간 실업 상태에 놓일 것이다. 탐색 과정과 일정한 재교육 과정을 거쳐야 하기 때문이다. 정규직 근로자가 줄어들고 대신에 1인 기업자 또는 독립 노동자가 늘어날 수도 있다. 그러므로 대량 실업자에 대한 소득 보전 문제가 발생할 수 있으며, 노동법적 보호와 사회 안전망의 보장을 받지 못하는 노동자들이 급증할 가능성이 있다.

실업 수당의 지급 기간을 늘리자

지금의 사회 안전망 체제로는 이러한 노동시장의 변화에 효과적으로 대처하기 어렵다. 따라서 보다 촘촘한 사회 안전망을 갖추어 놓아야 한다. 현행 실업수당은 지급 기간이 최장 8개월이다. 이것도 그나마 10년 이상 고용보험에 가입한 근로자만 해당된다. 고용보험 가입 기간이 5년 이상 10년 미만인 근로자는 7개월, 3년 이상 5년 미만 근로자는 6개월, 1년 이상 3년 미만인 근로자는 5개월이고 1년 미만인 근로자는 3개월 동안만 실업수당을 받게 된다. 이 정도의 실업수당으로는 대량의 장기 실업이 발생할 경우 적절하게 대응할 수 없다. 현재도 유럽의 많은 국가들은 실업수당을 18개월에서 최장 48개월까지 지급하고 있다. 프랑스, 독일, 영국 등의 국가에서는 실업수당과는 별도로 장기 실업자에 대해서는 실업부조라는 지원책을 함께 실시하고 있다.[1] 우리나라도 향후 닥칠 수 있는 대량 실업에 대비하여 실업수당 지급 기간을 늘리고, 고용보험기금 적립금의 충분한 확보 방안을 마련해 놓을 필요가 있다.

독립 노동자도
사회적 안전망 안으로

4차 산업혁명으로 출현하게 될 독립 노동자 또는 1인 기업가 등에 대한 보호 장치도 미리 모색해 둘 필요가 있다. 이미 미국에서는 '긱 이코노미'라는 이름의 독립 노동자들이 증가하고 있고, 유럽에서도 다양하고 새로운 고용 형태*가 빠르게 확대되고 있어서 이들에 대한 고용 노동 법적 보호와 사회보험의 보장 문제가 활발하게 논의되고 있다. 이들은 노동 시간과 장소를 사용자가 지정하지 않고 업무 지시를 받지도 않기 때문에 임금, 휴가, 퇴직금 등 대부분의 노동 관계 법상의 규정을 적용받지 못한다. 또한 실업급여 등 각종 사회보험의 사각지대에 놓이게 된다. 따라서 노동법적 보호 방안과 함께 현재 자영업자의 실업 급여와 같은 사회 안전망을 검토하여 대안을 마련해 놓아야 한다.

또한 대량 실업으로 야기되는 소비 위축과 경기 침체 및 양극화 심화 문제를 해소하기 위해 로봇세와 기본 소득세 제도를 도입하는 방안에 대해서도 사회적 공론화를 통해 적극적인 검토가 필요하다.

....

* 유로파운드(Eurofound)에서는 새로운 고용 형태를 근로자 공유(employee sharing), 일자리 공유(job sharing), 임시 관리자(interim management), 비정기적 근로(casual work), ICT 기반 모바일 근로(ICT-based mobile work), 바우처 근로(voucher-based work), 크라우드 고용(crowd employment), 공동 고용(collaborative employment) 등으로 다양하게 분류하고 있다(국제노동브리프, 2015. 6. 한국노동연구원, 「새로운 고용 형태의 증가와 사회적 보호의 확대」).

2.
새로운 세원을 발굴하자

국가는 국민의 재산과 소득에 각종 세금을 부과한다. 거래되는 모든 재화와 용역에도 세금을 붙여 재정을 확보한다. 국가를 유지하고 국민의 안정된 생활과 행복한 삶을 보장하기 위해 반드시 필요한 재원이다. 만약 이러한 세금이 확보되지 않는다면 국가의 기능과 역할에 심각한 문제가 초래된다.

가령 생산직 직원 75명과 사무직 직원 25명이 종사하는 기업이 있다고 하자. 이 회사 제품은 품질이 좋아서 수출이 잘되고 직원들의 연봉도 높아 대부분 중산층이다. 회사는 수익에 대해 법인세를 납부하고, 100명의 근로자들은 '유리 지갑'이라 일컫는 소득세를 매월 내고 있다. 또한 직원들은 아파트와 자동차를 매입하면서 부동산세와 자동차세를 내고, 매달 생활비로 상품을 구매하면서는 부가가치세를 낸다.

그런데 사업주가 여러 가지 비용을 따져 보고 중대한 결정을 내리게 된다. 생산 공장을 스마트 공장으로 전환하면서 핵심 관리 직원 5명을 제외하고 70명을 해고하기로 한 것이다. 또한 인공지능과 빅데이터 분석 등을 활용한 새로운 경영 혁신 기법을 도입하면서 사무직 인력도 5명만 남기고 모두 권고사직을 시켜 버린다. 해고된 90명의 직원들은 실업자로 있거나 이보다 훨씬 적은 보수의 임시직으로 취업을 할 수밖에 없다. 한 직장에서만 근무한 직원들이 예전만큼 대우를 해 주는 직장이나 직업을 찾기는 쉽지 않기 때문이다.

이렇게 되면 이 90명의 직원은 대부분 면세자가 되거나 매우 적은 세금만 낼 수밖에 없게 된다. 국가 입장에서 보면 당장 소득세가 크게 줄어들게 된다. 소득세는 부가가치세, 법인세와 함께 우리나라 3대 세원 중 하나이고 이 중에서도 가장 큰 세목이다.* 이뿐만이 아니다. 주택이나 자동차 매매도 감소하여 부동산세나 자동차세도 줄어든다. 가처분 소득이 감소하므로 소비도 감소하여 부가가치세도 줄어들게 된다. 더욱이 2016년부터는 생산가능인구가 감소하기 시작했다. 이 인구는 주된 근로계층이기 때문에 이 인구가 감소한다는 것은 국가 전체의 세금 낼 사람들이 줄어든다는 것을 의미한다.

더 큰 문제는 세금이 줄어드는 것으로 끝나지 않는다는 사실이다. 실

....

* 2018년 조세 수입 예산안을 보면, 총국세 268조 1,947억 원 중 소득세 72조 9,810억 원, 부가가치세 67조 3,474억 원, 법인세 63조 1,061억 원, 교통에너지·환경세 16조 3,902억 원, 개별소비세 10조 781억 원, 상속증여세 6조 1,519억 원, 교육세 5조 2,478억 원, 종합부동산세 1조 7,801억 원 등이다(출처: 『2018년도 예산안』, 기획재정부)

직한 사람들에게는 실업수당을 지급해야 하고, 이들이 취업을 못하고 저소득층으로 전락하게 되면 기초생활보장 급여도 지급해야 한다. 국가에 들어오는 세금은 줄어드는데 써야 할 돈은 많아지는 것이다. 나라의 곳간이 비는 것은 시간문제가 되어 버린다.

지금까지는 주로 일을 하는 사람, 소비를 하는 사람에게 세금을 거둬들였다. 하지만 사람의 일자리는 줄어드는 대신 로봇의 일자리가 늘어나는 4차 산업혁명 시대에는 어디에서 세금을 걷어야 할 것인가. 대량 실업이 발생하면 소득이 줄고 소비가 침체하여 모든 종류의 세금이 감소하게 된다. 양극화로 중산층이 무너지고 저소득층이 증가하면서 이들의 생계비를 지원할 재원을 어디서 마련할 것인가가 세계적인 고민거리가 되고 있다.

누구를 위한 로봇인가, 기본 소득제와 로봇세 도입

이러한 문제들이 예측됨에 따라 최근 4차 산업혁명이 가져올 대량 실업에 대응하여 내놓고 있는 대안들로 기본 소득제와 로봇세 도입이 논의되고 있다. 2016년 6월 스위스는 매월 약 300만 원(아동은 약 75만 원)을 지급하는 기본 소득제를 국민투표에 붙였다. 비록 부결되었지만 이 일로 기본 소득제에 대한 전 세계적 관심을 불러일으켰다. 핀란드는 실제 실험에 나섰다. 2017년 1월부터 기본 소득제를 시범적으로 운영하고 있는 것이다. 실업자 중 2천 명을 무작위로 선정해 2년간 매월 560유로(약 70만 7천 원)를 지급하는 내용이다. 기본 소득 지급 기간 중에 다른 소득이 생겨도 상관없고, 구직 활동을 하지 않아도 무조건 지급된다. 이 부분이 실업수당과 다른 점이다. 또 2017년 4월부터는 캐나다 온타리오주에서도 이와 비슷한 기본 소득제를 시범 실시하고 있다.

이들 국가들은 기본 소득제의 시범 운영을 통해 실업자를 지원하는 한편 저소득층의 건강과 교육, 소비 개선, 부의 재분배 등에 대한 효과를 파악할 계획이다. 또한 지속적인 구직 활동과 복잡한 지급 조건을 맞추느라 시간과 관심을 빼앗기고 있는 실업수당과 비교하여 기본 소득제가 더 많은 자기 계발과 창업 또는 취업으로 이어지게 하는지 여부도 중점적으로 살펴보려 한다.

이러한 기본 소득제의 재원을 충당할 방안으로 제시되는 것이 바로 로봇세이다. 마이크로소프트의 공동 창업자 빌게이츠, 테슬라의 CEO 일론 머스크, 페이스북 CEO 저커버그 등이 기본 소득제 도입을 위해 로봇세를 부과해야 한다고 주장하고 있다. 국가 차원에서는 유럽의회가 2016년 5월 매디 델보Mady Delvaux 보고서를 통해 로봇세를 제안하였다.

미국의 캘리포니아주에서는 2017년 8월에 로봇세의 도입 등을 연구하는 '미래의 직업 펀드Jobs of the Future Fund'를 만들기도 하였다. 자동화 혁명으로 대량 실업이 발생할 것에 대비하여 노동자의 재교육 비용과 기본 소득을 보장하기 위한 재원을 확보하겠다는 것이다.[2]

2017년 8월 기획재정부가 발표한 세제 개편안에는 로봇세 효과로 인해 나타날 가능성이 있는 내용이 담겨 있다. 현행 조세특례법에 포함된

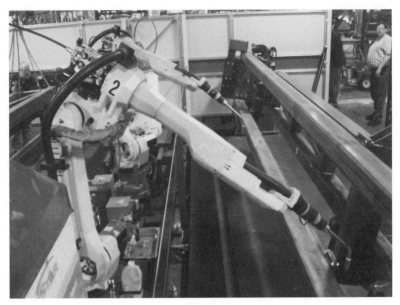
로봇세를 도입할 것인가 여부는 여전히 논의가 분분하다.

기업이 첨단 기계에 투자할 경우 투자액의 3~7퍼센트를 공제해 주는 '생산성 향상 시설 투자 세액 공제' 제도가 그것이다. 그런데 이 제도가 로봇의 도입을 확대한다는 우려로 인해 정부는 대기업과 중견기업에 대해 공제율을 2퍼센트씩 축소하고 제도 자체도 2019년까지만 시행하겠다는 방침이다.

하지만 국제로봇연맹이나 미국의 래리 서머스 전 재무장관 등 로봇세 도입에 반대하는 주장도 만만치 않다. 유럽의회에서도 2017년 2월 로봇에게 '특수한 권리와 의무를 가진 전자 인간'이라는 법적 지위를 부여하는 결정을 내리면서도 매디 델보가 제안한 로봇세 도입에는 반대한다는 입장을 밝혔다.[3]

로봇세 부과가 생산성 향상을 위한 신기술 투자를 저해한다는 점, 기업들이 로봇세를 도입하지 않은 국가로 옮길 수 있다는 점, 법인세와 이중 과세가 된다는 점, 모바일 뱅킹이나 컴퓨터, 항공기 탑승권 키오스크 등도 인간의 일자리를 빼앗았지만 과세를 하지 않았다는 점 등이 반대의 주된 이유이다.

기본 소득제와 로봇세의 도입에 대한 찬반 의견이 맞서고 있지만 좀 더 본질적인 관점에서 생각을 해 볼 필요가 있다. 누구를 위한 로봇인가. 로봇이 궁극적으로 인간의 일자리를 빼앗고 생존마저 위협받는 결과를 초래한다면 인간에게 무슨 소용이 있겠는가. 생산성 향상을 위한 신기술 개발도 결국 인간을 위한 것이어야 한다. 국가적인 지원을 하는 목적도 경제를 성장시키고 국민의 복지를 증진시키는 데 있다. 기업이 생산하는 재화는 소비자의 구매로 이어져야 하는데 소비자가 돈이 없으면 결국 기업과 국가의 지속적인 성장도 불가능하다. 그러므로 로봇세 도입에 대한 사회적 논의는 지속적으로 필요하다.

일각에서는 로봇세 부과 방법에 대한 방안까지 제시되고 있다. KAIST 이광형 교수는 로봇을 부가가치를 창출하는 독립적 경제 활동 주체로 보고, 현재 무인 자동 판매기에 사업장 등록번호를 부여하여 세금을 매기는 것처럼 로봇에도 이를 확대 적용하는 방안과 로봇을 주택이나 자동차와 같은 재산으로 간주하여 재산세를 부과하자는 방안을 내놓고 있다.[4]

새로운 지하경제,
디지털 플랫폼에서 세원을 발굴하라

로봇세 도입만 논의할 것이 아니다. 또 하나의 세원을 발굴해야 할 곳이 있다. 지금 세계 경제는 거래 시장에서 거대한 변화가 일어나고 있다. 상당량의 재화와 서비스 거래가 국경을 넘나드는 온라인 시장으로 옮겨가고 있다. 2015년 알리바바의 리서치센터인 알리리서치는 전 세계 전자 상거래 시장 규모가 2020년에는 1조 달러(약 1,100조 원)로 성장할 것이라는 전망을 내놓았다. 우리나라의 온라인 쇼핑 거래액 또한 2010년 25조 원 규모에서 2016년에는 65조 원으로 급성장하였다.[5] 이 중 해외 직접 구매액만도 1조 7,000억 원이 넘는 것으로 나타났다. 문제는 이 같은 국내외 온라인 거래가 내역 증빙이나 소득 파악이 어려워 과세가 제대로 이루어지지 않고 있다는 점이다. 납세자가 스스로 세금을 신고하고 납부하는 현행 신고 납세 제도 하에서는 실질 과세가 어렵다. 특히 공유 경제 플랫폼을 통한 외국 기업 또는 외국인과 국내 소비자 간 거래, 블로그 등을 통한 개인 간 거래에서 납세자가 자진하여 부가가치세나 소득세를 내는 경우가 드물고, 과세 당국이 과세 정보를 파악하는 것도 쉽지 않다.

디지털 환경에서 새로운 지하경제가 형성되고 있는 것이다. 소득이 있으면 세금을 내야 하는 것이 조세 부과의 기본 원칙이다. 앞으로 독립 노동자, 프리랜서, 긱워커Gigworker 등 다양한 형태의 소득자들이 급증할 것이다. 이들의 소득에 대한 정당한 과세 체계를 갖추는 것도 4차 산업혁명에 대응하는 중요한 일이다. 세금은 국가와 사회가 유지되고 국민의 복지와 행복한 삶을 보장하기 위한 기반이기 때문이다.

다양화되는 고용 형태에 대비하자

산업혁명과 함께 출발한 자본주의는 자본과 노동이라는 거대한 두 바퀴 위를 한동안 잘 굴러 왔다. 이 두 생산 요소가 서로 협력하고 때로는 견제하면서 경제는 성장하고 사회는 발전할 수 있었다. 자본이 증가하면 노동 수요도 따라서 늘어났다. 소위 먹고살 만한 중산층이 늘어났고 이때의 노동자는 대부분 안정적인 정규직이었다. 직장에 들어간다고 하면 당연히 그 직장에서 평생 동안 근무하는 것으로 받아들였고 결혼도 하고 빚을 얻어 집도 장만할 수 있었다.

그런데 기술의 발전과 혁신은 두 바퀴의 균형을 무너뜨리기 시작했다. 신기술의 도입으로 공장이 기계화·자동화되면서 노동은 자본으로 대체되어 갔다. 이와 함께 교통과 통신, 인터넷의 발달은 경제 환경의 세계화를 더욱 촉진시켰다. 기업들의 경쟁은 격화되었고 경영의 효율성을 높이려는 기업들은 핵심 업무를 제외한 기능을 외부 위탁과 용역으로 돌렸다. 효율 경영의 트랜드는 기업뿐 아니라 공공 조직으로까지 확대되면서 비정규직이 늘어나기 시작하였다.

그 결과 정규직에서 밀려난 노동자는 다시 정규직으로 들어가지 못하고, 노동시장에 진입하려는 신규 노동자 또한 처음부터 정규직으로 들어가는 것이 어려워졌다. 정규직이 되지 못한 노동자는 임시직, 계약직, 시간제, 아르바이트 등 다양한 형태의 비정규직이 되었다. 신분 보장도 안 될 뿐 아니라 보수는 통상 정규직의 60퍼센트 수준에 그쳤으며 각종 복지 혜택도 크게 차별을 받았다. 심지어는 동일한 업무를 수행함에도 신분이 비정규직이라는 이유로 차별을 받고 있다.

비정규직에 대한 불합리한 차별을 개선하고 상시 업무를 정규직화하는 것은 반드시 필요한 일이다. 하지만 시장은 우리가 바라는 방향으로 가고 있지 않다. 오히려 더 쉽게 노동자를 해고하고 더 많은 정규직 업무를 비정규직으로 돌리려는 시도가 점점 강해지고 있다. 이런 노동 시장의 현실 속에서 우리는 4차 산업혁명을 맞이하고 있다.

4차 산업혁명 시대에 유연화된 형태의 노동자가 증가할 수밖에 없는 이유

4차 산업혁명 시대에는 현재보다 더 많은 유연화된 형태의 노동자들이 나타날 것이다. 지금까지는 주로 단순직이나 일부 전문직 분야에 채용되었던 비정규직 일자리가 이제는 화이트칼라 직종이나 전문직 업종으로까지 확대되고 있다.

예를 들어 기존에 정규직이 하던 일을 소규모 프로젝트나 업무로 나눠 위탁이나 도급을 주고 있다. 크라우드 워커Crowd Worker라는 고용 형태도 이 중 하나인데 기업 등 업무 위임자가 인터넷 플랫폼에 특정 업무를 게시하면 불특정 다수인 클라우드들이 이 업무를 처리하게 된다. 업무에는 웹사이트 오류 확인 같은 단순한 일부터 앱 개발, 제품의 설계 등 전문적인 일까지 다양하다. 이런 노동자들은 일시적으로 결합된 프로젝트 팀에 들어가고 이 회사, 저 회사를 돌아다니면서 특정 업무를 수행하게 된다. 기업 입장에서는 프로젝트, 업무, 시간 별로 인력을 활용하기 때문에 비용 절감은 물론 인력의 유연성과 효율성을 높일 수 있다. 내부 직원으로 해결하지 못하는 업무를 외부의 가장 적합한 사람을 활용하여 해결하는 것이다. 정규직 노동자를 고용할 필요도 없고 근로자 보호 문제에서도 자유로울 수 있다. 세계은행의 보고서에 따르면 2016년에 이미 약 1억 1,200만 명이 크라우드 워커의 형태로 일하고 있다.[6]

수입을 위한 경제 활동은 하지만 노동자라고 부르기는 애매한 사람들도 출현하고 있다. 우버 택시 기사처럼 공유 경제 플랫폼을 통해 수익 활동을 하는 사람들이 많아지고 있는데 이들은 공유 기업 소속 근로자가 아니다. 독립 노동자 또는 독립 사업자라 할 수 있다.

이처럼 기존의 정규직과 비정규직이라는 고용 형태 외에도 크라우드 워커, 독립 노동자 또는 독립 사업자 등과 같이 다양한 노동 형태가 나타나고 있다. 미국에서는 이러한 새로운 고용 형태의 경제가 긱 이코노미라는 개념으로 소개되고 있는데, 2020년이면 미국의 전체 노동자의 절반이 긱 이코노미 방식의 노동자가 될 것이라는 예측도 있다.[7]

4차 산업혁명 시대에는 정규직은 좋은 일자리이고 비정규직은 무조건 안 좋은 일자리라는 통념도 바뀔 것이다. 성공과 인생의 목표, 추구하는 삶의 가치가 다양해지고 있는 것이 그 이유이다. 거대한 조직에서 기계처럼 일하다가 언제 퇴출될지 모르는 것이 오늘날의 정규직이다. 밤새 야근하면서 상사에게는 잘 보여야 하고 동료와는 치열한 경쟁을 해야 살아남을 수 있다. 그래서 정규직 일자리를 일부러 거부하는 사람들도 생겨나고 있다. 많은 보수와 높은 지위보다는 생활의 여유를 찾고 자아실현을 할 수 있는 일을 선호하는 것이다.

최근에 등장하는 다양한 노동 형태가 이러한 사람들에게 기회를 제공하고 있다. 글로벌 네트워크가 일상화되고 지구촌 그 누구와도 협력과 경쟁을 할 수 있는 환경이 만들어지고 있다. 소프트웨어 시대에는 기술적 능력과 창의적인 아이디어만 있으면 독자적인 창업을 할 수도 있고 자신이 스스로 프리랜서 일자리를 선택할 수도 있다. 자신의 노동을 스스로 결정하는 유연한 근무를 선호하는 사람들이 많아지고 있는 것이다.

4차 산업혁명 시대에도 많은 새로운 일자리가 만들어지겠지만 그 상당수는 지금과 같은 정규직 형태의 일자리가 될 것 같지 않다. 오히려 앞서 언급한 독립 노동자 또는 긱 이코노미형 노동자가 더 많을 것이다. 이처럼 앞으로는 고용 형태가 다양화되는 시대에 대비해야 한다. 이를 위해서는 크게 두 가지 방향에서 대응할 필요가 있다.

'긱 이코노미와 직업의 미래'를 주제로 2017 WTTC 글로벌 서밋(Global Summit)에서 공유 경제 전문가인 에이프릴 린이 연설하는 장면

첫째는 앞에서 언급했듯이 지금의 정규직 중심의 노동관계법상 보호와 사회적 안전망에 이들을 포함하는 방안을 찾아야 한다. 새로운 고용 형태에 있는 노동자들은 대부분 현행 노동관계법상의 보호를 받기 어렵고 실업급여 등 4대 보험도 주로 정규직 중심으로 설계되어 있어 보장을 받을 가능성이 낮다. 따라서 이에 대한 법적·제도적 개선이 이루어질 필요가 있다.

둘째는 불규칙하고 낮은 소득으로도 행복한 삶을 누릴 수 있는 사회를 만들어야 한다. 새로운 고용 형태의 종사자들은 수입이 불규칙하고 소득 수준도 대체로 낮을 가능성이 크다. 지금처럼 높은 교육비와 주택 비용으로는 안정적인 직업 생활을 할 수 없다. 아이들을 비싼 학원에 보내고, 아파트 원리금을 갚으면서 남는 돈으로 여가와 문화 생활을 누릴 수가 없다는 이야기이다. 따라서 저비용 생활 구조를 만들어야 한다. 소득이 낮은 사람들도 큰 어려움 없이 살아갈 수 있는 사회가 필요하다. 이를 위해서는 높은 주거비와 사교육비를 줄여서 가처분 소득이 늘어나도록 해야 한다. 또한 관광이나 레저 및 여가 문화에 대해서도 공공의 영역을 확대하여 누구나 문화 생활을 누릴 수 있어야 한다. 4차 산업혁

명 시대는 모든 국민이 저비용으로 살아가면서도 높은 삶의 질을 누릴
수 있도록 주택, 교육, 문화 생활 등에서 국가의 적극적인 역할이 필요할
것이다.

4.
창업 생태계를 만들자

4차 산업혁명에 대응하기 위해 가장 필요한 것을 꼽으라면 그것은 단연 창업 활성화일 것이다. 4차 산업혁명은 기술을 개발하고 혁신하는 창업의 기반 위에서 이루어지는 혁명이기 때문이다. 창업은 전에 없던 산업을 일으키고 새로운 일자리를 창출해 낸다. 마이크로소프트의 빌 게이츠, 애플의 스티브 잡스, 페이스북의 저커버그 등도 모두 창업을 통해 세계적인 글로벌 기업이 되었다.

요즘 유니콘 기업이란 말이 자주 등장하고 있다. 혁신 기술과 획기적인 사업 모델로 창업 후 단 몇 년 만에 기업 가치가 10억 달러(약 1조 1,250억 원)를 넘어선 비상장 스타트업 업체들을 가리키는 말이다. 2014년 46개였던 유니콘 기업이 2017년 3월 기준으로 186개*로 급증하였다. 차량 공유 기업 우버, 숙박 공유 기업 에어비앤비, 빅데이터 기업인 팔란티

실리콘밸리 전경

어 테크놀러지, 스마트폰·디바이스 업체인 샤오미와 중국의 차량 공유 기업 디디추싱 등이 모두 몇 년 만에 기업 가치가 수십 조에 달하는 기업으로 성장한 유니콘 기업들이다.

이런 유니콘 기업들이 미국이나 중국에서 많이 나오는 것은 어떤 면에선 당연하다고 할 수도 있다. 큰 시장을 가지고 있기 때문이다. 하지만 이들 국가가 다른 나라에 비해 창업 친화적인 환경이 잘 조성되어 있어서 활발한 창업 활동이 이루어고 있는 것도 큰 이유라 할 수 있다.

....

* 미국이 99개, 중국이 42개로 전체의 76퍼센트를 차지하고 있으며, 인도 8개, 영국 7개, 독일 4개, 한국 3개 순이다. 한국 기업은 쿠팡(25위), 옐로모바일(31위), CJ게임즈(69위)이다.

미국은 창업 생태계가 잘 갖춰진 실리콘밸리 등지에서 첨단 기술 중심의 창업이 활발하게 이루어지고 있고, 중국도 한 해 300만 개의 창업이 이루어질 정도로 벤처 강국으로 떠오르고 있다.

창업의 걸림돌을 제거하라

우리나라의 창업은 질적으로나 양적으로 크게 미흡하다. 청년들의 도전 의식이 낮을 뿐 아니라 창업 생태계도 제대로 갖춰져 있지 않다. 창업은 본질적으로 성공보다는 실패할 확률이 훨씬 높다. 실리콘밸리에서조차도 성공할 확률이 단 몇 퍼센트밖에 되지 않는다. 실패해도 다시 도전하고 거듭되는 실패를 발판으로 성공에 이르게 되는 것이 창업의 성공 방정식이다. 따라서 창업가가 실패를 두려워하지 않고 계속 도전할 수 있는 창업 문화를 만들고 창업 생태계를 조성하는 것이 중요하다. 우리나라는 이것이 잘 갖춰져 있지 않다. 한 번의 실패만으로도 낙오자가 될 수 있고 다른 취업의 기회마저 잃을 수 있다. 그 결과 실패에 대한 두려움을 가질 수밖에 없으며, 청년들이 도전을 주저하게 되고 안정적인 길을 찾게 된다.

미국이나 중국의 이공계 고급 두뇌들은 실리콘밸리로, 선전으로 들어가 창업을 하지만, 우리나라 명문대생들은 대기업, 공무원, 공기업으로 몰려 정년이 보장된 안정된 직업을 가지려고 한다. 2017년 7, 9급 국가 공무원 응시생만 28만 명에 육박할 정도다. 이러다 보니 청년 창업

비중이 줄 수밖에 없다. 중소기업청 자료에 따르면 우리나라 39세 이하 청년 창업의 비중이 2008년에는 31퍼센트였으나 2016년에는 28퍼센트로 낮아진 것으로 나타나고 있다.

우리나라 청년들이 창업을 회피하고 안정적인 직업을 선호하는 태도는 중국 청년들과 비교한 조사에서도 그대로 드러난다. 한국무역협회 국제무역연구원이 2015년 조사한 바에 따르면 중국 청년의 40.8퍼센트는 창업할 의향을 가지고 있으나, 우리나라 청년들은 6.1퍼센트에 불과하다. 창업 분야도 중국 청년들은 IT 분야를 선호하고 이 중 84.6퍼센트는 해외 진출까지 고려하고 있으나, 우리나라 청년들은 요식업 등 생계형 창업이 가장 많고, 해외 진출은 32.4퍼센트만 고려한다고 답했다. 중국 청년들에 비하여 창업의 양과 질에서 취약한 모습을 보여 주고 있다.[8] 더구나 청년들의 생계형 창업은 가뜩이나 어려워진 자영업자의 어려움을 더욱 가중시키고 있다. 그렇다고 청년들을 탓할 수만은 없다. 창업할 수 있는 환경이 조성되어 있지 않은 상황에서 청년들을 사지로 뛰어들라고 할 수는 없는 노릇이다.

미국이나 이스라엘 같은 창업 생태계가 필요하다

4차 산업혁명은 준비가 미흡한 국가에겐 위기가 되겠지만 철저하게 준비한 국가에겐 절호의 기회가 될 것이다. 그 기회의 첫걸음은 창업 활성화이다. 우리나라가 4차 산업혁명의 선도 국가가 되기 위해서는 창업을 활성화해야 한다. 국가와 기업, 대학이 적극적으로 나서서 창업 생태계를 만들어야 한다. 혁신적인 기술과 반짝이는 아이디어가 있더라도 실패를 두려워한다면 창업이 활성화될 수 없기 때문이다.

미국은 거대 기업들이 아직까지 특별한 실적이 없는 작은 스타트업 기업에 대해 미래 가치를 보고 거액의 투자를 한다. 이런 투자 환경 때문에 당장 성과가 없어도 스타트업들이 생존해서 개발을 계속할 수 있다. 창업 국가 이스라엘은 아이디어만 있으면 누구나 창업에 도전할 수 있는 문화가 정착되어 있다. 국가와 민간이 합동으로 조성한 요즈마 펀드Yozma Fund를 통해 창업가에 대한 투자금 전액이 지원된다. 성공하면 투자금의 3배 정도를 회수하지만 실패하더라도 창업가에게 한 푼도 받아 내지 않는다. 창업에는 실패가 더 많고 성공하기까지는 최소 몇 년이 걸리지만 어떤 경우에도 정부의 적극적인 지원이 이루어진다. 그렇기 때문에 좋은 아이디어가 있는 청년들은 바로 창업에 도전을 하는 분위기가 조성되어 있다. 우리도 좋은 아이디어가 있는 청년이 주저 없이 창업에 도전할 수 있는 창업 생태계를 시급히 만들어야 한다.

5.
새로운 직업과
일자리 창출에 총력을 다하자

4차 산업혁명의 첨단 기술들은 공장에서 사람의 개입 없이도 자동으로 제품을 생산하도록 만든다. 택시나 트럭이 운전자 없이 스스로 운전하고 식당이나 커피숍에서는 로봇이 요리를 하고 커피도 내린다. 전화 상담 업무는 이미 쉬운 일이 되어 버렸고 투자 자문, 법률 정보 제공, 질병 진단 같은 전문 지식을 요하는 업무까지 수행하기 시작했다. 이처럼 4차 산업혁명의 신기술들은 자동화와 지능화로 무장한 채, 제조업이나 서비스업을 가리지 않고 거의 모든 직종에서 인간의 일자리를 요구하고 있다.

1, 2차 산업혁명으로 많은 제조업 일자리를 만들었던 인류는 3차 산업혁명으로 제조업 일자리가 줄어들자 더 많은 서비스업 일자리를 만들어 냈다. 그런데 제조업과 서비스업 일자리가 모두 위협받는 4차 산업

혁명 시대에 우리는 어디에서 일자리를 만들어 내야 할까.

기존의 일자리를 최대한 지킬 것인지, 제조업과 서비스업이 아닌 새로운 일자리 영역을 개척할 것인지, 어떤 방법이든 방안을 찾아야 한다. 이미 주요 선진국들은 자국의 실정에 맞춰 4차 산업혁명을 대비하는데 분주하게 움직이고 있다.

미국은 첨단 기술과 자금력을 보유한 글로벌 기업 등 민간 중심으로 4차 산업혁명을 주도하는 가운데 정부도 다양한 지원 정책을 적극적으로 추진하고 있다. 실리콘밸리 등에서 수많은 벤처기업들이 활발한 창업으로 새로운 직업과 일자리를 창출하고 있다. 제조업 강국인 독일은 정부와 민간, 노조 등이 공동으로 참여한 인더스트리 4.0^{Industry 4.0} 전략으로 제조업을 첨단화하면서도 기존 일자리를 유지하는 방안을 추진하고 있다. 일본은 고령화로 인한 노동력 부족 문제를 강점인 로봇 산업을 활용하여 극복하려는 한편, 4차 산업혁명의 첨단 기술들을 육성하여 경제와 사회 전반을 변화시키려는 전략을 세워 놓고 있다. 중국은 강력한 정부 주도로 독일의 인더스트리 4.0을 벤치마크하여 2025년에는 제조 강국의 대열에 진입한다는 전략을 세우고 있으며, 인터넷과 ICT 기술을 활용한 신성장 동력 창출을 목표로 하고 있다.

우리나라는 2017년 8월 대통령 직속의 4차 산업혁명위원회를 설치하였고, 11월 30일에는 21개 관계 부처와 합동으로 '혁신성장을 위한 사람 중심의 4차 산업혁명 대응계획'을 발표하였다. 스마트 공장 확산, 지능형 협동 로봇 개발, 자율 주행차 상용화, 핀테크 활성화, 스마트 물류 센터 확산, 간병·간호 로봇 도입 등이 주요 골자이다. 2022년까지 인공

구분	미국	독일	일본	중국
주요 정책	• 첨단제조파트너십(AMP) → AMP 2.0 • NNMI 네트워크 • 브레인 이니셔티브	• 하이테크전략 2020 • 인더스트리 4.0	• 일본재흥전략 2015 • 과학 기술 이노베이션 종합 전략 2015 • 4차 산업혁명 선도 전략	• 중국 제조 2025 • 중국 인터넷 플러스
추진 주체	민간 주도, 정부 지원	민간 주도→민·관 공동	민·관 공동 주도	정부 주도, 민간 실행
대응 방향	• 제조업 중심의 4차 산업혁명 정책 방향 설계 • 미국 내 글로벌 IT 기업의 적극적 참여 • 민간 중심의 대응 전략 적극적 지원	• 제조업 중심의 4차 산업혁명 정책 방향 설계 • 자동차, 기계 설비 등 자국의 글로벌 기업을 중심으로 추진 • 국가 차원의 아젠다 제시와 민관의 활발한 공동 대응	• 정부 아젠다 중심의 대응 전략 추진 • 일본의 강점인 로봇 기술 중심의 전략	• 정부 중심으로 강력하게 추진 • 기존 제조업을 한 단계 발전시킬 수단으로 ICT 기술 활용 • 자국 시장 규모를 적극 활용

자료: 정보통신기술진흥센터, 한국은행, 한국표준협회 자료 참조[9]

지능과 빅데이터 등의 분야 핵심 인재 4만 6천 명, 스마트 공장과 드론 등 신산업 전문 인력 1만 5천 명을 양성하고, 약 16만 2천 명~37만 1천 명의 신규 일자리를 창출한다는 목표를 세우고 있다. 지능형 제조 로봇 등의 신규 매출 증대, 간병 비용 감소 등에 따른 비용 절감, 자동차 사고 감소 등으로 인한 소비자 후생 증가로 2022년까지 최대 128조 원의 경제적 효과가 발생할 것으로 전망하고 있다.

그러면 우리는 어떻게 일자리를 만들어야 할까. 몇 가지로 나누어 그 방법을 찾아볼 수 있다.

어떻게 일자리를 만들 수 있을까

첫째, 4차 산업혁명의 첨단 기술 분야에서 신규 직업을 최대한 많이 만들어야 한다. 인공지능, 로봇, 빅데이터 등 신기술 전문가들에 대한 수요는 넘쳐 나지만 역량을 갖춘 전문가는 턱없이 부족하다. 능력 있는 전문가를 양성하면 바로 채용으로 연결되어 신직업이 창출될 수 있다.

전 세계 180여 개 유니콘 기업 중 99개를 가진 미국은 직원이 7,500명인 우버, 3,000명인 에어비앤비 등 미국의 10대 유니콘 기업만 하더라도 2만여 개의 일자리를 창출하고 있다. 코트라에 따르면 2017년 4월에는 미국의 스타트업 기업들이 4만 3,134명의 직원을 채용했다고 한다.[10] 향후 실리콘밸리에서 필요한 인공지능 관련 일자리가 15만 개가 생길 것이라는 전망도 있다.[11] 이와 같이 미국은 첨단 기술 분야에서 활발하게 신규 일자리가 창출되고 있다. 우리도 IT 강국의 이점을 살려 신기술에 대해 적극적으로 투자하고 해당 전문가들을 많이 양성해야 한다.

둘째로 선진국에는 있으나 우리나라에는 없는 직업을 도입해야 한다. 우리나라의 직업 수는 2015년 기준 14,700개 정도이다. 하지만 일본은 17,000여 개 수준이고 미국은 30,000개가 넘는다. 우리나라에는 없는 직업들이 많다는 이야기다. 한국고용정보원이 분석한 바에 따르면 외국의 신직업들을 도입하는 것만으로 사설탐정 4천 개, 보조 약사 3만 개, 자연 치유사 4만 개 등 많은 직업이 생겨날 수 있다.[12] 규제나 제도 미비로 인하여 직업으로 인정되지 않은 것들은 서둘러 규제를 풀고 제도를 개선하여 일자리 창출에 기여하도록 해야 한다.

셋째로 지금보다 더욱 다양하고 지금까지 없던 새로운 서비스업을 개발해야 한다. 인공지능과 로봇에 일자리를 내주게 되면 인류는 새로운 욕망을 찾게 될 것이다. 일하느라 바빴던 사람이 한가해지면 무언가를 생각하기 마련이다. 여가 시간을 즐기려 할 것이고 건강이나 자기 계발에도 신경을 쓰게 된다. 이러한 수요에 맞춰 지금까지 없던, 지금보다 다양한 새로운 서비스업 일자리를 만들어 낼 수 있을 것이다.

넷째는 기존의 산업이나 기득권 보호가 신직업 창출을 가로막지 않도록 해야 한다. 신기술의 출현은 항상 새로운 산업이나 직업을 만들어 내는 동시에 기존 산업이나 직업을 파괴한다. 이러한 기술의 속성은 과거에도 그랬었고 앞으로도 그럴 것이다.

산업혁명을 처음 시작한 영국에서는 자동차가 처음 등장했을 때, 마차 산업과 행인의 안전을 보호한다는 명분으로 1865년에 적기법Red Flag Act을 제정하였다. 빨간 깃발을 든 사람이 자동차 앞에서 걸어가고 그 뒤를 자동차가 뒤따르도록 한 것이다. 신기술의 변화를 가로막는 이러한 조치로 인해 영국은 자동차 산업이 발전하지 못하고 결국 미국과 독일, 프랑스에 자동차 산업을 빼앗기고 말았다.

특히 지금은 생산과 소비의 국경이 없어지고 세계가 하나의 시장이

된 세상이다. 기존의 산업이나 직업의 기득권을 보호하려고만 하다가는 결국 그 기득권을 지키지도 못할 뿐 아니라 새로운 직업을 만들 기회마저 다른 나라에 빼앗기고 말 것이다.

다섯째는 1인 기업가, 독립 노동자 등 다양한 노동 형태의 일자리를 만들어야 한다. 정규직 위주의 일자리 창출로는 한계가 있다. 공유 경제, 긱 이코노미, 메이커 운동, DIY 등으로 다양한 형태의 직업과 일자리들이 나타나고 있다. 미국, 유럽 등에서는 이러한 형태의 노동자들이 빠르게 증가하고 있는데, 이는 4차 산업혁명 시대에는 더욱 확대될 것이다. 이러한 노동 형태가 현재의 관점에서 보면 대부분 비정규직이기 때문에 바람직하지 않다고 생각할 수도 있다. 하지만 이들은 임금 수준도 저임금부터 고액 연봉까지 다양하고, 자신이 원해서 선택한 경우도 많으며, 이러한 업무 방식을 통해 자아실현을 하거나 사회적 가치가 확대되기도 한다. 좋다, 나쁘다를 쉽게 말할 수 없는 측면이 있다. 따라서 양질의 신직업이 될 수 있도록 사회 안전망을 강화하고 소득 향상을 위해 정부가 다각적인 지원을 할 필요가 있다.

평생 재교육과
신기술의 접목이 필요하다

4차 산업혁명 시대에 지속적인 일자리를 확보하고 유지하기 위해 가장 필요한 것 중 하나는 재교육 시스템을 갖추는 것이다. 그 이유는 크게 두 가지이다.

첫째는 대량 실직을 당한 사람들이 새로운 직업을 갖기 위해 재교육을 받아야 할 필요가 있다. 신기술의 도입으로 실직한 사람들이 기존의 산업이나 일자리로 재취업하는 것은 사실상 불가능하다. 신기술이 확산되어 그 분야에 대한 일자리를 전반적으로 감소시키므로 기존 산업이 그들을 다시 흡수할 여력이 거의 없어서이다. 그렇기 때문에 새로운 직업에 필요한 지식과 기술을 습득하기 위한 재교육이 필요하다. 4차 산업혁명으로 인해 대규모로 실직한 사람들을 계속 실업수당 같은 사회적 비용으로 충당하는 것도 재정상 한계가 있다. 그러므로 정부의 적극적인 노력과 재원을 투입해서라도 재교육을 통해 직업을 가지도록 하는 것은 매우 중요하다. 새로운 재교육 훈련 시스템을 갖추는 것이 수많은 실직자를 그대로 방치하거나 정부에서 이들의 생계비를 일생 동안 지급하는 것보다 비용 측면에서 훨씬 더 유리하다.

둘째는 빠른 기술 변화에 대응하기 위해서도 지속적인 재교육이 필요하다. 이는 직업을 새로 찾는 구직자뿐 아니라 현재 직업을 가지고 있는 재직자에게도 해당된다. 어떤 분야든 새로운 기술 혁신과 경영 방법이 계속 도입되기 때문에 그 분야에서 경쟁력을 잃지 않고 살아남기 위해서는 끊임없는 재교육이 필요하다.

『기계와의 경쟁』의 저자 에릭 브릴욜프슨 교수는 "최근의 기술 진보는 그 속도가 너무나 빨라서 많은 기관과 조직, 정책, 그리고 사람들의 능력과 사고방식까지도 이를 쫓아가지 못하고 있다"고 지적했다. 인류가 일으키는 기술 혁신의 속도를 그들 스스로 따라가지 못한다는 것이다.

혁신 기술이 대중화되기까지 걸리는 시간을 보면 최근의 기술 변화가 얼마나 빨라지고 있는지 알 수 있다. 1873년에 발명된 전기가 미국에서 대중화된 기간*은 46년이 걸렸다. 전화(1876)는 35년, 라디오(1897)는 31년, 텔레비전(1926)은 26년이 걸렸다. 정보화 혁명 이후에 등장한 PC(1975)는 16년, 휴대폰(1983)은 13년이 걸렸고, 인터넷(1991) 역시 13년으로 대중화 기간이 점점 줄어들고 있다. 스티브 잡스가 2007년에 발명

....
* 미국 경제의 25퍼센트 수준까지 보급되는 데 걸린 기간을 의미한다.

한 스마트폰(아이폰)은 불과 2년 반 만에 대중화가 되었다.[13]

기술과 경영 환경이 빠르게 변하기 때문에 끊임없이 새로운 것을 배워야 개인이든 기업이든 살아남는다. 과거 대학에서 배운 지식은 물론 직장에 들어와 배우고 경험한 것들조차도 금방 낡은 지식과 한물간 경험이 되어 버린다. 그래서 앨빈 토플러는 "빠르게 변하는 사회에서는 과거의 지혜가 현재의 의사 결정과 미래의 가능성에 대해 그리 좋은 지침이 되지 못한다"[14]고 지적하기도 했다.

의자 만드는 사람은 사물 인터넷을 배우고, 치과기공사는 3D 프린팅을 배워라

국가나 기업에서는 평생교육과 재교육 기회를 넓히고 실제 현장에서 바로 써먹을 수 있는 교육의 장을 마련해야 한다. 그렇다고 반드시 새로운 기술로의 재교육을 해야 하는 것은 아니다. 사라지는 업종에서 실직한 노동자가 신기술 분야에서 일자리를 구하는 것은 쉽지 않은 일이다.

4차 산업혁명은 융합의 시대이다. 따라서 기존 산업에 신기술을 결합하고 융합하는 것도 매우 좋은 방법이다. 기존의 제품에 새로운 기술을 접목하면 새로운 상품이 된다. 컵, 의자, 거울 등에 센서를 부착하고 사물 인터넷 기술을 접목하면 새로운 스마트 컵, 스마트 의자, 스마트 거울이 된다. 반드시 신기술을 가진 자만이 이런 제품을 만들란 법은 없다. 재교육의 방향을 여기에서 찾을 수 있다. 컵, 의자, 거울을 만드는 노동자가 센서나 사물 인터넷 교육을 받는 것이 필요하다. 치과기공사가 3D 프린터 기술을 익히면 3D 프린터 전문 치과기공사가 될 수 있다. 교육 종사자는 증강현실 기술을 배워 증강현실을 접목한 교육을 실시할 수 있다. 그러면 새로운 능력을 가진 사람이 되는 것이다.

4차 산업혁명 시대에는 어느 업종에 종사하더라도 4차 산업혁명 기술의 기본적인 사항들은 배워야 한다. 재교육을 통해 습득하고 자신의 직무에 접목하면 새로운 제품과 서비스가 탄생하게 된다. 그러므로 재교육은 제조업, 서비스업, 사무직, 전문직 등 단순직 업무부터 화이트칼라 업무 종사자에 이르기까지 모두 받을 필요가 있다.

7.
창의·융합형–문제 해결형 인재를 양성하라

"한국 학생들은 미래에 필요하지 않은 지식과 존재하지도 않을 직업을 위해 하루 15시간을 낭비하고 있다." 세계적인 미래학자 앨빈 토플러가 2007년에 한국에 와서 한 말이다.

10년 전 그가 지적했던 한국 교육은 지금 얼마나 달라졌을까. 결론부터 말하면 별로 달라진 게 없다. 그때나 지금이나 여전히 과거의 주입식·암기식 교육의 틀에서 벗어나지 못하고 있다. 미래에 필요한 인재를 길러 내는 것이 교육의 중요한 목표이지만, 지금 우리의 교육은 목표 의식을 상실하고 있다. 이런 진단을 굳이 전문가로부터 들을 필요도 없다. 중학교나 고등학교 자녀를 둔 학부모라면 학교 교육의 현실을 아이들로부터 바로 들을 수 있다. 답을 내기 위한 공부, 빠른 시간에 문제를 풀어내야 하는 공부가 아직도 학교 교육의 주된 목적이다. 교사의 일방적 지식 전달과 암기 방식의 수업이 이루어지고 매번 중간고사, 기말고사를 치러 성적순으로 학생들의 서열을 매기고 있다. 옛날과 달라진 점이라면 소위 좋은 대학을 가기 위한 경쟁이 더 치열하기 때문에 학생들이 더 열심히 암기해야 한다는 것이다. 학교 수업도 학생들에 대한 평가도 모두 대학 입시에 맞춰져 있다. 대학이라는 궁극적인 목표를 위해 심지어 초등학교 때부터 선행 학습을 한다. 우리나라의 높은 교육열과 대학 진학률이 오히려 학교 교육을 망치고 있는 꼴이다.

우리나라 교육의 문제점은 객관적인 지표로도 확인된다. 매년 세계경제포럼에서 발표하는 인적자본지수를 보면, 우리나라는 2016년에 130개국 중 32위를 기록했다. 2013년 23위, 2015년 30위보다 떨어져 계속 하락하는 추세다. 세부 항목 중 '학습 평가'에서는 높은 대학 진학률 때문에 2위를 차지했지만 교육 제도 전반의 질에 대한 기업의 인식 항목에서는 59위로 크게 떨어진다.* 기업의 입장에서 한국의 학교 교육은 산업 현장에서 별로 도움이 안 된다. 우리나라 교육 투자 수준은 OECD 국가 중 8위로 상위권이지만 교육의 질적 수준은 세계 75위에 그칠 정도로 학교 교육에 문제가 있음을 알 수 있다.[15]

....

* 인적자본지수 1위는 핀란드, 2위는 노르웨이, 3위는 스위스, 4위는 일본, 5위는 스웨덴이다("한국, WEF '인적자원 활용능력 순위' 거듭 하락", 한국경제, 2016. 7. 28.).

4차 산업혁명 시대에도 계속되는
산업화 시대의 획일적 교육

이런 교육으로는 4차 산업혁명에 필요한 인재를 길러 낼 수 없다. 지금 우리의 학교 교육은 과거 산업화 시대에나 적합한 교육이다. 산업화 시대의 일은 대부분 철저하게 분업화된 공장에서 단순·반복적인 업무였다. 여기에서는 주어진 일을 실수하지 않고 충실히 수행할 수 있는 인력이 필요했다. 이러한 인력이 우수한 인력이었고, 이런 인력이 많을수록 기업에는 최대의 이익을 가져다주었으며, 국가는 산업 경쟁력을 확보할 수 있었다. 이를 위해 만들어진 것이 대량 교육 시스템이다.

1, 2차 산업혁명 시대까지는 이 같은 대량 교육 방식이 통했다. 하지만 3차 산업혁명 시대부터는 상황이 달라졌다. 이때부터는 창의성과 문제 해결 능력을 갖춘 인재들이 요구되었고, 다양하고 개인에 특화된 교육 시스템이 필요했다. 하지만 4차 산업혁명에 접어든 지금까지도 우리의 교육은 1, 2차 산업혁명 시대에나 통하는 대량 교육을 하고 있다. 아직도 획일적이고 지식 암기 위주의 교육에 매몰되어 있는 것이다. 4차 산업혁명 시대에 가장 빠르게 사라질 직업이 바로 단순 암기의 지식을 요하는 직업들이다. 더 전문적인 지식 영역에 있는 직업까지도 인공지능의 위협을 받고 있는 형편이다.

이제 학교에서는 로봇과 인공지능이 하지 못하는 일이 무엇인가를 찾아 교육해야 한다. 우선 우리 사회의 인재상이 바뀌어야 한다. 국영수를 잘해 전교 몇 등 안에 들고 명문대를 가는 학생이 유능한 인재라는 인식으로는 더 이상 4차 산업혁명이 요구하는 인재를 학교에서 양성할 수 없다. 이제는 '창의적인 아이디어와 융합적인 사고를 지닌 학생, 다른 사람과 협력해서 문제를 잘 해결할 줄 알면서 도전적인 학생'을 인재라고 불러야 한다. 기업 등 산업 현장에서 이런 사람을 인재로 정의하고 뽑는 것이 중요하다. 그가 전교 몇 등인지, 전국 몇 등인지를 따져서는 안 된다. 이에 따라 대학의 학생 선발 역시 이런 인재를 뽑는데 초점을 맞추고 평가 방법을 바꿀 것이다. 그러면 자연스럽게 고등학교, 중학교의 교육도 달라지게 된다. 학교에서는 빠른 시간 안에 많은 문제를 푸는 기계형 인간이 아니라 깊은 사고를 통해 어려운 문제를 해결하는 창의형-문제 해결형 인간을 양성하는 교육을 할 것이다. 자신이 좋아하고 잘하는 과목을 듣고, 음악과 미술같이 자신의 생각을 직접 표현할 수 있는 과목이 중시될 것이다. 교사와 학생들이 서로의 생각과 의견을 나누고 토론하는 수업도 많아질 것이다. 이렇게 되면 친구들과 경쟁하기보다는 협력하여 공통의 문제를 해결하는 훈련과 체험 교육도 할 수 있다.

이스라엘이 창업 국가가 된 비결

필자가 5년 전에 이스라엘의 교육 현장을 방문한 적이 있는데, 우리의 교육 현실과 너무 대비되는 학교 교육을 목격하였다. 초등학교 2학년 수학 수업을 참관했을 때였다. 한 학생이 교실 앞쪽에 놓여 있는 다트를 맞추고 그 숫자들을 가지고 어떤 공식을 만든다. 그러자 다른 학생들은 그 공식에 대해서 서로 토론을 한다. 교사는 한쪽에 앉아 이런 학생들을 그저 지켜만 볼 뿐이었다. 영어 수업을 하고 있는 3학년 교실에서도 마찬가지였다. 모든 책상 앞에는 컴퓨터가 놓여 있고 학생들은 퍼즐 게임 등 여러 게임으로 즐겁게 수업을 하고 있었다. 음악실에는 많은 악기가 있었는데 학생들 모두 악기 하나씩을 들고 각자 연습했다.

수업 사이 쉬는 시간이 되자 학생들은 놀이터로 나가 여러 놀이기구를 가지고 놀기 시작했다. 그런데 노는 구역이 학년마다 달랐다. 그 이유를 묻자 상급 학년 학생이 하급 학년 학생들의 놀이 기구를 빼앗을 수 있기 때문에 구역을 아예 다르게 한 것이라고 했다. 한 선생님은 학생들의 노는 모습을 계속 예의주시하고 있었다. 그 선생님은 쉬는 시간이 끝나자 체크 리스트에 이상 유무를 기재하고는 "우리에겐 이것이 일상화된 교사의 직무"라고 말했다. 학교 폭력은 없느냐는 질문에는 전혀 없는 건 아니지만 이와 같이 철저하게 예방적으로 관리하기 때문에 거의 없는 편이라고 덧붙였다.

이 학교에서는 학생들이 학교에 오면 모두 즐거워했다. 실제로 거기에서 만난 한국인 교민에 따르면 자신의 아들이 주말만 되면 빨리 학교에 가고 싶다고 말한다는 것이다. 그만큼 학교 생활을 즐겁게 한다는 얘기였다. 이스라엘에서 10년째 거주 중인 이 교민은 중간에 1년간 한국에 들어와 아이를 학교에 보낸 적이 있었다. 그런데 어느 날 선생님으로부터 전화가 왔는데, 아이가 너무 질문이 많아 수업에 방해가 된다는 등 문제아 취급을 했다고 한다.

이스라엘에는 숙제도 없고 사교육도 없다. 모든 교육은 학교에서 이루어진다. 초등학교를 거쳐 중학교, 고등학교를 가면서 학습하는 과목은 심화되지만 이 같은 교육 방식은 계속 이어진다. 이러한 교육 과정 속에서 학생들의 창의성과 문제 해결 능력이 자연스럽게 길러진다는 것이 이스라엘 교육부 관계자의 말이다. 국제수학능력평가에서 한국 학생들이 이스라엘 학생들보다 더 좋은 성적을 거두지 않느냐는 자랑에 대해, 그는 "우리 학생들은 대부분 고등학교까지만 다니지만 세계에서 가장 많은 벤처 창업과 특허를 내는 아이들이지 않느냐"고 반문하였다. 실제 이스라엘은 고등학교를 졸업하면 우리처럼 대학에 가지 않는다. 남녀 모두 의무적으로 군대에 가야 하고 군 복무를 마치고는 대부분 직업을 가진다. 대학은 군 복무 후 특별히 공부를 더 하고 싶은 학생들 위주로 가기 때문에 대학 진학률도 높지 않다.

우리나라의 학교 교육도 지식 전수형 주입식 암기 교육에서 탈피해 이스라엘처럼 바꿀 필요가 있다. 생각하는 교육, 여러 지식을 융합하여 창의적인 아이디어를 끌어낼 수 있는 교육, 친구들과 협력해서 문제를 해결할 수 있는 능력을 길러 주는 교육이 필요한 시점이다.

8.
승자 독식의 시대,
선도 전략으로 돌파하라

4차 산업혁명 시대에 인터넷의 연결 범위는 점점 확대되고 속도는 더욱 빨라지게 된다. 시간과 공간의 제약 없이 국가 간 경계도 빠르게 사라지고 있다. 세계가 더욱 넓고 빠르게 하나로 연결되는 초연결 시대가 되는 것이다. 뉴스나 정보의 전달, 관계망의 확대에 그치지 않고 이를 기반으로 개인과 기업의 경제 활동이 더욱 활발하게 이루어지고 있다. 세계 어디에서나 실시간으로 재화와 서비스를 사고팔 수 있는 하나의 시장이 된 것이다. 이러한 환경에서는 선도자의 시장 지배력이 훨씬 커져 승자 독식의 방식이 시장을 지배하게 된다. 그래서 4차 산업혁명 시대에는 선도 기업이 되지 못하면 좀처럼 살아남기 힘들게 될 것이다. 산업화 시대처럼 1등 기업이 아니더라도 2등이나 3등 기업이 어느 정도 나눠 먹을 수 있는 시대가 아니다.

세계 인터넷 포털의 최강자였던
야후는 왜 몰락하였나

    1994년 창업해 2000년대 중반까지 세계 인터넷 포털 시장을 장악했던 야후가 최근 몰락했다. 2017년 6월 13일 미국의 통신업체 버라이즌에 44억 8천만 달러(약 5조 556억 원)에 인수당한 것이다. 야후는 한때 주가가 475달러에 달하고 기업 가치가 140조 원에 이르던 회사였다. 2010년까지만 해도 16,000명이 넘었던 정규 직원을 지난 5년간 46퍼센트를 감원하면서까지 혁신을 모색했지만 소용이 없었다. 버라이즌은 그나마 남아 있는 기존 직원 중 2,100명을 해고할 예정이다.

    야후가 쇄락의 길로 들어선 가장 큰 원인은 어떤 분야에서도 야후가 선도 기업으로서의 지위를 확고하게 지키지 못했기 때문이다. 인터넷 환경을 선구적으로 구축했고 검색과 오픈마켓, 다양한 생활 정보 제공 등을 먼저 시작했지만 어느 것 하나 확실하게 잘하지는 못했다. 기술 개발을 소홀히 하고 주로 광고와 미디어에 매달린 결과 검색은 구글에게 자리를 내주었고, 오픈마켓은 아마존과 이베이에, 생활 정보 사이트는 크레이그리스트에 밀렸다. 당연히 이용자와 매출이 급감하였다.

    또 하나 야후가 저지른 실수는 인터넷 시대의 변화를 빨리 읽고 대응하지 못한 것이다. 스마트폰이 나오면서 인터넷은 빠르게 모바일 환경을 기반으로 변해 갔다. 인터넷 시대에 모바일 시장을 장악하는 것은 IT 기업의 생존을 결정하는 것이었다. 애플, 구글, 페이스북 등 인터넷 기업들이 모바일 플랫폼들을 선점하면서 야후가 들어갈 자리는 없었다. 하루

야후 본사

가 다르게 변하는 IT 분야에서 선점 효과는 너무나 컸다. 야후가 모바일 시장에서 기회를 놓치고, 시장의 트렌드를 읽지 못한 대가는 혹독했으며 회사의 명운은 여기에서 갈렸다.

　야후만이 아니다. 조금 더 거슬러 올라가 보면 비슷한 사례를 금방 찾을 수 있다. 재빨리 시장의 흐름을 잡아 스마트폰 시장을 선도한 애플과 삼성에게 모토로라, 블랙베리, 노키아가 줄줄이 나가 떨어졌다. 2000년대 초반 '도토리', '일촌', '파도타기' 등으로 이용자가 2000만 명이 넘었던 우리나라 토종 기업 싸이월드는 SNS를 페이스북보다 먼저 시작했음에도 시장의 흐름을 선도하지 못해 더 이상 성장하지 못하고 페이스북에 밀려 시장에서 쫓겨나고 말았다.

부활하는 소니,
무엇을 선도하고 있는가

━━━

반면 1980~1990년대를 풍미했던 '워크맨' 등으로 세계 전자 기기 시장을 주도했던 일본의 소니는 한때 삼성전자, LG전자, 애플 등에 밀려 2011년에는 5,200억 엔(당시 7조 3,000억 원)이 넘는 적자를 내기도 했지만 최근 새로운 선도 분야를 개척하며 부활하는 모습을 보여 주고 있다. 소니는 사물 인터넷, 자율 주행차, 드론, 로봇 등 4차 산업혁명 기술들의 눈의 역할을 하는 센서의 중요성을 인식하고 2015년부터 과감한 투자를 하였다. 2016년 기준 세계 시장 점유율이 44.5퍼센트에 달하고 2017년 영업이익도 지난 20년 동안의 영업이익 중 가장 높은 5,070억 엔(약 5조 원)에 달한다.[16] 향후 4차 산업혁명이 본격화되면 센서 시장은 지금보다 수십 배 더 확대될 것이다.

앞서 사례들은 세계가 하나가 된 시장, 승자 독식이 지배하는 4차 산업혁명 시대에 선도 전략이 왜 중요한지를 잘 보여 주고 있다. 자율 주행차 개발을 위해 글로벌 IT 기업과 자동차 업계가 치열한 선도 경쟁을 벌이는 것도 이 때문이다. 구글, 애플, 마이크로소프트, 페이스북, 아마존은 물론 삼성, 네이버 등 국내 업체들까지 가세하여 인공지능 개발 경쟁에 뛰어들고 있는 것도 마찬가지 이유이다.

기술 기업들이 오픈소스 등을 개방하는 트렌드가 있지만 이는 자사의 시장 지배력을 강화하여 선도 기업이 되기 위한 경영 전략의 하나이다. 4차 산업혁명 시대에는 기술의 중요성이 커짐에 따라 결국 자사가 보유한 핵심 기술과 빅데이터에 대한 보호는 더욱 강화할 것이다. 국가나 지역 간 칸막이가 존재했던 산업화 시대에는 선진국의 기술을 배워 따라 하면 그 이익을 적당히 나눠 먹을 수 있었다. 하지만 시간과 물리적 공간의 경계가 허물어지고 세계 시장이 하나로 된 4차 산업혁명 시대에 선진국 따라 하기 전략은 더 이상 통하지 않을 것이다. 선도 전략으로 돌파해야 한다.

우리 사회의 수직 문화를 수평 문화로 전환하자

우리나라의 노동 생산성은 매우 낮다. 2015년 기준으로 OECD 국가 평균의 68퍼센트 수준이고 미국의 50.6퍼센트, 독일의 53.4퍼센트에 불과하다.* 2,100시간이 넘는 장시간 근로가 가장 일반적인 이유로 제시돼 있고, 선진국에 비해 너무 낮은 서비스 요금 등도 하나의 이유로 들 수 있다.

그런데 몇 해 전 국내의 한 기업에서 근무했던 호주인이 자신의 블로그에 그 이유를 제시하였다.[17] 그는 "한국이 OECD 국가 중 가장 낮은 노동생산성을 기록하는 이유들"이라는 글을 남기면서 한국의 기업과 직장의 수직적 문화를 그 원인으로 꼽았다. 한국 사회는 상명하달식의

....

* 2015년 기준(2010년 구매력지수 기준)으로 OECD평균은 46.8달러, 미국 62.9달러, 독일 59.5달러, 일본 39.7달러, 한국 31.8달러이다(자료 : OECD).

엄격한 계층 구조와 윗사람에게 잘 보이기 위한 업무 방식 때문에 많은 비효율이 발생한다는 것이다. 또 한국 회사들은 솔직하게 직접 자신의 의견을 제시하거나 서로 토론하는 의사소통 문화가 없다고도 꼬집었다.

이런 수직적 조직 문화는 인재를 떠나게 만든다. 창의력을 갖춘 유능한 젊은 인재들이 적응하기 힘들고 또 능력을 발휘할 기회조차 쉽게 얻을 수 없기 때문이다. 최근 한국경영자총협회가 조사한 내용을 보면 2016년 입사한 우리나라 대졸 신입 사원의 27.7퍼센트가 1년 내에 퇴사를 한 것으로 나타났다. 그 주된 이유가 조직과 직무에 적응하지 못했기 때문이다.[18] 우리의 기업 조직이 아직도 수직적 권위주의 문화를 벗어나지 못하고 있기 때문에 젊은 사람들이 적응을 못하고 떠나고 있다. 이런 문화는 구성원의 창의성을 말살하고 결국 기업의 경쟁력을 떨어뜨리는 결과를 가져온다.

조직 문화를 바꿔 직원들의 창의성과 협업 문화를 끌어올린 기업이 있다. 마이크로소프트는 2013년까지 직원들을 대상으로 랭킹 평가를 하여 인센티브를 주거나 해고하였다. 그러다 보니 상사에게 잘 보이려는 사내 정치가 일상화되고 직원들은 구글과 경쟁하는 대신 동료와 경쟁하게 되었다. 결국 마이크로소프트는 과거의 조직 문화를 과감하게 바꾸었다. 2013년 11월 랭킹 평가 제도를 폐지하고 대신 상사와 직원이 1년에 한두 번 만나 중간 점검을 하는 커넥트 미팅Connect Meeting 방식을 도입했다. 물론 이것도 직원의 발전을 지원하기 위한 목적이었다. 그 결과 직원들은 사내 정치에서 벗어나 업무에 집중하게 되었고 창의성과 팀워크도 크게 진작되었다.

수평적이고 유연화된 조직 문화에서
창의성이 발휘된다

2016년 세계경제포럼에서 마이클 그레고어Michael Gregoire CA테크놀로지스 CEO는 "리더십이 바뀌어야 한다. 명령과 통제를 기본으로 했던 과거의 리더십은 수명을 다했다"고 지적하였다. 이제는 우리 기업들도 직원들의 말에 귀를 기울이고 아이디어를 얻는 리더십이 필요하다. 그러기 위해서는 구성원 간 소통과 협력이 잘되는 유연한 조직 문화가 필요하다. 수직적 조직 문화를 가진 기업이 4차 산업혁명 시대의 승자가 될 수는 없다. 더 이상 산업화 시대의 경영 방식과 계층적 조직 문화로는 통하지 않는다.

지금은 학교에서 배운 대로, 잘 짜인 매뉴얼대로 성실하게 따라하면 되는 시대가 아니다. 4차 산업혁명은 빠른 혁신과 융합이 일상화되는 시대이며, 무엇보다 신속성과 창의성이 요구된다. 모두 갑을 관계와 경직된 계층을 가진 조직 문화에서는 생겨날 수 없는 능력들이다.

그렇기 때문에 이제는 수평적 조직 문화로 바꾸어야 한다. 상하급자를 가리지 않고 조직 어디에 있는 사람이라도 자신의 아이디어를 얘기할 수 있는 유연한 조직으로 변해야 한다. 그래야 기업의 구성원 모두가 혁신가가 될 수 있고 빠르게 변하는 외부 환경에 민첩하게 대처하여 살아남을 수 있다.

10.
깊은 전문성과
융합 능력을 기르자

4차 산업혁명 시대에는 단순·반복적인 업무나 데이터를 수집하고 분석하는 업무는 로봇이나 인공지능 같은 신기술에 의해 우선 대체될 것이다. 이것저것 조금씩 아는 정도의 지식과 능력을 가진 제너럴리스트 또한 위험에 노출될 수 있다. 평범한 수준의 지식은 이제 누구나 몇 번의 검색만으로도 알 수 있다. 평생직장의 개념이 무너지고 직업이 자주 바뀌는 것도 제너럴리스트들의 입지를 좁히고 있다. 이들은 한 직장에서 오랫동안 근무하면서 경력과 업무 능력을 쌓는 경우가 대부분이다. 그런데 이러한 경력과 능력은 그 직장 밖에서는 별로 쓸모가 없다. 특별한 전문성이 없는 제너럴리스트는 다른 직장이나 직업으로 이직하는 것이 더욱 어렵다. 직장을 벗어나는 순간 실직으로 내몰릴 수 있다.

하지만 어떤 분야에서 깊은 전문성을 갖춘 사람은 4차 산업혁명 시대에도 살아남을 가능성이 높다. 고도의 전문성이 요구되고 융합적 아이디어와 문제 해결 능력이 필요한 업무는 인공지능이 대신하기가 쉽지 않기 때문이다. 오히려 신기술들이 전문가들의 능력을 보완해 주거나, 그의 업무 영역을 더욱 확장시켜 줄 수 있다. 또한 국내외의 여러 전문가들과 교류를 통하여 인적 네트워크를 형성하고 자신의 입지를 더욱 확고히 할 수 있는 기회도 가져다줄 수 있다.

그러므로 미래에 유망하고 가치 있을 것으로 판단되는 분야를 찾고, 그중에서 자신이 잘할 수 있는 분야에서 깊이 있는 전문성을 쌓아야 한다. 일단 한 우물을 파야 한다는 말이다. 그렇다고 어느 한 분야에 오래 근무하는 것만으로 전문가가 된다는 뜻은 아니다. 그러기 위해서는 늘 혁신적인 아이디어를 지니고 각고의 노력이 뒤따라야 한다. 안데르스 에릭슨과 로버트 풀이 쓴 『1만 시간의 재발견』에 따르면 어떤 사람이 1만 시간을 투자한다고 해서 무조건 전문가가 되는 것은 아니다. 여기에는 이전보다 능력을 더 향상시키려는 목표와 의식적인 연습을 집중적이고 지속적으로 해야만 가능하다. 30년 동안 피아노 연주를 해 왔어도 실력이 그대로이거나, 20년 동안 진료를 한 의사가 의대를 졸업한 지 2~3년밖에 되지 않은 풋내기 의사보다 못한 경우가 있는 것도 이 같은 '목표와 의식적인 연습'이 없었기 때문이다.

자신의 전문성을 다른 분야나
첨단 기술과 융합하라

—

한편 자신이 가진 전문성을 다른 분야와 융합하여 전문성을 넓혀 가거나, 첨단 기술과 접목하여 새로운 비즈니스 모델을 만들어 내는 사람도 4차 산업혁명 시대에 살아남을 수 있는 유형이다. 대학에서 연극영화과를 공부했기 때문에 연기하듯 말을 잘하는 사람이 다시 대학원에서 역사 교육을 전공하여 유명한 역사 교육 강연자가 된 경우가 있다. 그는 연기라는 전문성을 역사 교육과 융합함으로써 그 분야에서 최고의 강연 전문가로서 활동하고 있는 것이다.

고등학교를 졸업하고 아르바이트로 월 50만 원을 벌던 청년이 연 300억 원이 넘는 매출을 올리는 사업가로 변신한 경우도 있다. 탑툰을 설립한 젊은 창업자는 21세 때 온라인 홍보 회사를 차려 보기도 했는데 만화를 좋아해서 틈날 때마다 만화 대여점을 들러 1,000권이 넘는 만화책을 보았다고 한다. 만화를 그리거나 제작하는 전문가는 아니지만, 웹툰 등 많은 만화를 보고 대중들의 수요와 만화 시장의 흐름을 파악하는 데는 전문가적 능력을 가지게 된 것이다. 이를 바탕으로 사람들이 스마트폰으로 웹툰을 보기 시작하자 성인을 위한 콘텐츠가 필요하다는 판단을 하였고, 이를 신기술과 접목할 사업을 생각했다. 그리하여 2014년 온라인 웹툰 플랫폼인 '탑툰'을 설립한 것이다. 만화 시장의 트랜드에 대한 전문가적 식견을 재빠르게 공유 플랫폼에 접목하여 사업에 성공한 사례이다.

이같이 자신의 전문성을 다른 분야와 융합하거나 신기술과 결합시킬 수 있는 기회는 얼마든지 많다. 문과생이라고, 인문학 전공자라고 이러한 시도를 포기하거나 소홀히 하면 안 된다. 고고학자가 3D 프린터로 고대 유물이나 공룡 화석을 복원하기고 하고, 미술가가 3D 프린팅 기술을 활용하여 새로운 작품을 만들기도 한다. 음악가가 인공지능과 함께 새로운 음악을 창작할 수도 있고, 교육자가 증강현실 기술을 익혀 재미있고 생동감 있는 강의를 할 수도 있다. 이들은 그만큼 그 분야에서 경쟁력을 갖출 수 있는 것이다.

멀지 않은 미래에 휴머노이드 로봇이 무대 위에서 춤을 추게 되는 시대가 올 것이다. 누가 이 로봇 무용수를 멋진 댄서로 가장 잘 키울 수 있을까. 로봇의 동작 하나하나를 예술적으로 표현하고 종합적인 공연 기획을 하는 일에는 당연히 IT 전문가보다는 무용 전문가가 더 적합할 것이다. 그렇기 때문에 이 로봇의 원리를 이해하고 잘 다루는 무용 전문가는 이 분야에서 경쟁력을 얻게 될 것이다.

글로벌 협업 능력이
필요하다

영화 「킹스맨」을 보면 비밀 요원들이 한자리에 모여 긴급 회의를 하는 장면이 나온다. 그런데 회의를 주재하는 한 사람을 빼고는 모두 홀로그램 아바타들이다. 세계 곳곳에서 활동하는 요원들이 실제로 한 장소에 모일 수가 없는 상황에서 신속하게 모여 의견을 듣고 의사 결정을 하기 위해 가상 회의를 연 것이다. 영화 속 가상 회의를 보면 모든 대화가 가능하고 필요한 자료는 홀로그램으로 띄워 놓고 함께 보기 때문에 실제 회의와 다를 바 없다. 요원들이 세계 어디에 있든 특수 안경 하나만 끼면 가능한 이 같은 회의 장면이 바로 4차 산업혁명 시대의 한 단면이다.

영화 속 얘기만도 아니고 먼 미래의 기술도 아니다. 이제는 첩보 요원들이 아닌 일반 직장인들도 이런 회의를 할 수 있는 시대가 곧 도래할 것이다. 5세대 이동통신 5G가 상용화되는 2~3년 후에는 이미 완성 단

텔레프레즌스 로봇을 통해 화상회의를 하는 장면

계에 와 있는 증강현실 기반의 텔레프레즌스Telepresence, 즉 가상회의 시스템 기술이 구현될 수 있기 때문이다.

4차 산업혁명의 신기술들은 이제 업무 수행에 있어서 시간이나 장소는 물론 국적마저 문제가 되지 않게 만들고 있다. 지구 반대편에 있는 사람들끼리도 언제 어디서든 함께 모여 회의를 할 수 있다. 업무 관련 원격 회의는 물론 의사들이 협진으로 환자를 진료하거나 수술을 하고, 강의나 교육도 지금과 같은 일방적인 영상 강의가 아닌 서로를 바라보면서 대화하고 토론하는 방식으로 가능해질 것이다.

글로벌 지식인을 활용하여
문제를 해결하다

어떤 기업이 스탠드등을 신제품으로 개발한다고 가정하자. 회사는 이 제품에 센서와 사물 인터넷 기능은 기본이고 안면 인식과 홍체 인식 기술을 접목하여 학습자의 집중도를 체크할 수 있게 하려고 한다. 여기에 인공지능과 가상현실 기술을 탑재하여 사용자와 소통하고 시각적으로도 홀로그램을 구현할 수 있게 하고 싶은 것이다. 이 기업은 이런 기술을 가진 전문가들을 채용하여 회사 직원으로 둘 필요가 없다. 세계의 프로그램 개발 전문가들이 모여 있는 미국의 탑코더TopCoder에서 전문가들을 모집하여 한시적으로 개발팀을 꾸리면 되기 때문이다. 국적이 다르고 세계 각지에 흩어져 있더라도 아무 문제가 되지 않는다.

앞으로는 많은 기업들이 경영 활동을 이런 방식으로 할 수밖에 없는 이유가 있다. 모든 것이 너무 빠르게 변하기 때문이다. 어떤 회사가 제품을 만들기로 하고 개발하는 사이에 이미 다른 신제품이 나와 버리기도 하고, 그 기간에 제품의 시장성이 없어져 버릴 수도 있다. 나 혼자만 열심히 해서는 변화를 따라갈 수 없다. 협력의 필요성이 여기에 있는 것이다.

4차 산업혁명 시대에는 기업이나 정부가 현안 문제를 단독으로 신속하게 해결하기가 더욱 어려울 것이다. 그렇기 때문에 외부에서 그 문제에 대한 지식과 재능을 가진 사람에게 의뢰하여 해결책을 찾게 될 것이다. 아직 일반화되어 있지는 않았지만 지금도 일부 기업이나 정부 등에서 세계에 흩어져 있는 집단 지성을 이용하여 문제를 해결하려는 사례가 늘고 있다.

실제로 2001년 설립된 이노센티브InnoCentive는 기업이나 정부 기관 등에서 의뢰하는 각종 연구·개발과 문제 해결 과제를 수행하기 위해 전 세계의 과학자, 엔지니어, 지식인 및 경험자 등에게 연결하는 세계적인 온라인 문제 해결 공유 플랫폼을 운영하고 있다. 기업은 물론 정부와 지방 자치 단체, 학술 기관, 비영리 조직 등이 이 회사의 크라우드 소싱 Crowd Sourcing 방식을 활용하여 문제를 해결한다. 현재도 이미 수십만 명의 전문가들이 문제 해결자로 등록되어 활동하고 있지만 앞으로 더욱 증가할 것으로 보인다.

이처럼 초연결의 사회가 되는 4차 산업혁명 시대에는 능력을 갖춘 사람이면 세계 어디에 있든 전문가로 활동할 수 있다. 지구 온난화, 세계 식량난, 국제 범죄와 테러, 빈곤 퇴치와 물 부족 등 지구촌의 수많은 문제들에 대해서나, 각 나라의 도심 교통, 도시 개발, 환경이나 인구 등의 문제들에 대해서 전 세계의 전문가들에게 의뢰하여 해결 방안을 찾으려고 할 것이다. 세계의 다양한 사람들이 모여 각자의 지식과 경험, 다양한 관점과 통찰력, 아이디어를 동원하여 협력함으로써 이러한 문제들을 해결하는 것이다.

디지털노마드, "뉴욕이 아니더라도
멋진 인재들은 전 세계에 퍼져 있다"

이와 같은 문제 해결 방식은 앞으로 급속하게 확대될 것으로 예상된다. 이 같은 직업 환경 하에서 더욱 활발하게 활동할 사람들이 있다. 바로 독립 노동자, 긱 워커, 프리랜서, 디지털 노마드Digital Nomad, 크라우드 워커, 1인 기업가 등이다. 의미와 범위가 약간씩 다르기는 하지만, 이들은 모두 개인의 능력에 기초하여 개별적으로 업무 계약을 체결하고 장소나 시간에 구애받지 않고 자유롭게 일하는 사람들이다. IT 기술의 진보는 이들에게 더욱 일하기 좋은 작업 환경을 제공하고 있다.

이미 지구촌 곳곳이 네트워크로 연결되어 있고, 거의 공짜로 온갖 종류의 자료들을 저장하고 공유할 수 있는 클라우드 서비스가 보편화되고 있다. 노트북과 스마트폰만 있으면 어디에서든 일을 할 수 있게 되었다. 이러한 글로벌 IT 인프라를 이용하여 일하는 방식을 획기적으로 바꾼 기업들도 늘고 있다. 회사에 출근하지 않는 것은 물론이고 언제 어디에서 일을 하든 회사는 상관하지 않는다.

도유진의 저서 『디지털 노마드』에 나오는 회사 하나를 소개해 보자. 이 책에는 '오토매틱Automattic'이라는 세계적 웹사이트 개발 업체가 소개된다. 본사는 미국 샌프란시스코에 있지만 세계 47개가 넘는 나라에 흩어져 있는 400여 명의 디지털 노마드들이 원격 근무를 하는 회사이다. 본사에 근무하는 직원은 20명 정도에 불과하고 그나마 현장 업무가 필요할 때만 출근을 한다. 직원들은 대부분 서로 만난 적은 없지만 매일 온라인으로 함께 일을 한다. 국적이 다른 사람들이 각자의 근무지에서 공동의 업무를 수행하는 것이다. 이 회사의 CEO인 맷 멀런웨그Matt Mullenweg는 "샌프란시스코나 뉴욕이 아니더라도 멋진 인재들은 전 세계에 퍼져 있다. 인터넷이 이미 모든 곳에 보급되어 있으니, 원격 근무를 통해 장소에 관계없이 어디서든 사람들을 채용한다"고 말하고 있다.

우리나라 취업 시장에서는 유달리 학력이나 외모가 크게 작용한다. 오죽하면 정부가 나서 학력 등을 없앤 '블라인드 채용'을 주도하고 있겠는가. 심지어 외모가 면접에 크게 영향을 준다고 생각하여 호감을 주는 외모로 바꾸기 위한 '취업 성형'이 유행할 정도이다. 하지만 오토매틱은 학력이나 외모를 걱정할 필요가 없다. 대면 면접이나 화상통화도 하지 않고 채팅과 과제 수행만으로 채용이 이루어진다. 외모나 목소리가 면접관에게 편견을 줄 수 있기 때문이다. 이 회사가 인재를 뽑는 기준은 간단하다. 오직 능력이다. 다른 팀원들과 소통하고 협력할 수 있는 능력, 자신이 맡은 직무를 세계 어디서든 잘 수행할 수 있는 능력만 있으면 된다.

오토매틱같이 글로벌 인재들이 모이는 기업들은 빠르게 늘어날 것이다. 왜냐면 세상의 유능한 젊은 인재들은 이렇게 일하는 방식을 더 좋아하기 때문이다. 4차 산업혁명 시대에는 기업의 생존이 뛰어난 인재의 확보에 달려 있다고 해도 과언이 아니다. 인재들은 세계 각지에 흩어져 있고, 기업들은 이러한 인재들을 더욱 적극적으로 찾아 나서게 될 것이다.

전문성과 협업 능력이
4차 산업혁명 시대에 당신의 미래를 보장한다

이제 개인들은 전문성을 갖추고만 있으면 된다. 그 분야의 전문 지식이나 기술을 가지고 있으면 관련 프로젝트에 참여하여 세계 각지의 전문가들과 함께 업무를 수행할 수 있다. 영어 등 외국어를 유창하게 한다면 더욱 좋겠지만 인공지능 통번역가의 도움으로 언어 장벽도 큰 장애가 되지 않는다. 거의 모든 종류의 업무가 공유 플랫폼을 통해 수행되기 때문에 업무 수행에 필요한 능력만 갖추고 있으면 프리랜서로서 활동할 수 있다.

하지만 업무 능력만 가지고는 안 된다. 과감한 도전 의식으로 글로벌 인재들과 협업할 수 있는 능력을 길러야 한다. 세계 각지의 사람들과 함께 맡은 프로젝트를 수행할 수 있는 능력이 필요하다. 세계 여러 나라의 문화와 가치관을 이해하고 낯선 외국인들과 관심사를 공감하는 능력도 뒷받침되어야 한다. 개방적인 사고와 상대를 인정하고 서로 소통하면서 업무를 수행하는 협업 능력은 4차 산업혁명 시대를 살아갈 세대가 반드시 갖추어야 할 자질이다.

신기술 활용 능력을 갖추자

현재도 우리는 디지털 시대를 살고 있다. 앞으로는 더욱더 디지털화된 시대를 살아가게 될 것이다. 지금은 컴퓨터나 스마트폰 정도의 디지털 기기를 사용하고 있지만, 앞으로는 공장이나 매장의 설비들, 가정의 가전 기기까지 디지털 기기로 바뀌게 될 것이다. 드론, 로봇, 자율 주행차 등의 보급이 확대될 것이고, 인공지능이나 빅데이터 분석이 업무와 생활에 일상적으로 활용될 것이다. 이러한 모든 것이 다 디지털이다. 4차 산업혁명 시대에는 온통 디지털화된 환경에서 살아가게 된다.

외국에 가서 살려면 그 나라의 언어를 이해하고 사용할 수 있어야 한다. 마찬가지로 디지털화된 세상에서 살아가기 위해서는 디지털 언어를 이해하고 그 디지털 기술들을 사용할 수 있어야 한다. 그 나라의 언어를 모르는 사람은 제대로 된 직업을 갖기 어렵고 생활에도 많은 제약을 받게 되지만, 그 나라의 언어를 잘 구사하는 사람은 직업을 찾기도 쉽고 생활에도 큰 불편을 겪지 않는다. 마찬가지로 디지털 세상에서 디지털 언어를 모르고 사용하지 못하는 사람에게는 많은 제약이 따르지만, 디지털 언어를 알고 잘 활용하는 사람에게는 많은 기회가 주어질 것이다.

그래서 요즘 강조되고 있는 것이 코딩 교육이다. 코딩, 즉 컴퓨터 프로그래밍은 논리력과 창의력 그리고 문제 해결 능력을 길러 준다. 이는 굳이 프로그래머가 되지 않더라도 디지털 시대를 살아가기 위한 기본적인 능력이다. 스티브 잡스는 "모든 사람은 컴퓨터 프로그래밍을 배워야 한다. 왜냐면 프로그래밍은 생각하는 방법을 가르쳐 주기 때문이다"라고 말한 바 있다. 영국, 핀란드, 에스토니아 등 유럽 여러 국가들은 코딩의 중요성을 인식하고 이미 학교에서 코딩 교육을 실시하고 있다. 우리나라도 2018년부터 학교에서 코딩 교육을 실시하기로 한 것은 그나마 다행이다.

디지털 국가
에스토니아의 성장 비결

여기서 눈여겨볼 나라가 있다. 세계 최초로 전자 투표로 선거를 실시하고, 인터넷 접근권을 인권으로 규정한 나라, 스카이프를 만들었고 유럽에서 가장 많은 스타트업이 탄생하는 나라, 디지털 국가를 선언하고 세계 모든 사람에게 디지털 신분증을 부여하고 있으며, 세계에서 가장

에스토니아의 디지털 거주 신분증

먼저 코딩 교육을 실시한 나라, 바로 북유럽의 작은 나라 에스토니아이다.

에스토니아는 국토 면적이 남한의 절반 정도이고 인구는 130만 명이 채 안된다. 1991년 구소련에서 독립할 때만 해도 1인당 GDP가 1,150달러 수준의 가난한 나라였다. 하지만 모든 학교에 컴퓨터를 보급하여 코딩과 수학 교육을 실시하였고, 전 국민의 소프트웨어에 대한 지식을 기반으로 하여 IT 강국으로 빠르게 성장할 수 있었다. 그 결과 2016년 1인당 GDP가 1만 7,891달러에 달하게 되었다. 에스토니아 국민들은 금융, 통신, 교육, 의료, 사업 등 모든 서비스를 디지털 ID 카드 하나로 처리할 만큼 IT 기술의 활용도가 높다. 코딩 교육으로 전 국민이 IT에 대한 기본적 이해도가 높기 때문에 IT 업종에 종사하지 않더라도 쉽게 자기 분야에 IT를 접목하여 경쟁력을 높이고 있는 것이다.

신기술에 대한 이해와
활용 능력을 갖추자

1990년대 후반까지만 하더라도 우리나라에는 타자원이나 전산원이라는 직업이 있었다. 기안문이나 보고서를 손 글씨로 써서 타자원에게 넘겨 문서를 작성하였고, 액셀이나 파워포인트 작업은 전문 분야로 간주되어 전산원에게 의뢰하였다. 간혹 이런 능력을 갖추고 스스로 업무를 처리하는 직원은 능력 있는 사람으로 인정받곤 했다.

지금은 어떠한가. 한글, 액셀, 파워포인트를 활용하여 문서 작성을 하는 능력은 정보화 시대 직장인의 기본적인 능력이 되어 버렸다. 그렇다면 4차 산업혁명 시대에 직장인의 기본적인 능력은 무엇이 될까. 4차 산업혁명 시대에 살아남기 위해 심각하게 생각해 보아야 할 질문이다.

4차 산업혁명 시대의 직장 모습을 한번 예상해 보자. 공장은 모든 시설과 부품에 사물 인터넷이 연결되고 인공지능이 접목되어 스마트 공장이 된다. 공장에서 생산되어 세계 각지에 판매된 제품에도 사물 인터넷이 연결되어 있다. 연결된 모든 것들로부터 끊임없이 데이터가 수집된다. 사무실 책상에는 컴퓨터가 여전히 있지만 의자 옆에는 비서 역할을 하는 인공지능 로봇이 항상 대기하고 있다. 이것만 놓고 봐도 벌써 사물 인터넷, 인공지능, 빅데이터, 로봇이 등장한다.

회사 입장에서는 기본적 업무 능력 외에 이러한 신기술을 활용할 줄 아는 사람이 필요하다. 빅데이터 분석을 통하여 제품의 소비 경향과 수요 전망을 예측하는 능력을 갖춘 사람이 우선 채용될 것은 자명한 일이다. 직원들 중에서도 이런 능력을 지닌 직원은 연봉 책정이나 승진에서 우대를 받게 될 것이다. 인공지능과 협업하여 새로운 고객과 소비 시장을 발굴하고, 사물 인터넷 기술을 제품에 접목하여 신제품을 개발하는 아이디어를 낼 수 있는 직원과 그렇지 못한 직원은 직무 수행 능력에서

극명한 차이가 날 것이다. 그렇기 때문에 빅데이터, 인공지능, 사물 인터넷 등에 대한 기본 지식과 활용 능력은 4차 산업혁명 시대에 직장에서 살아남기 위한 필수적인 능력이 된다.

이러한 신기술들은 제조업 현장에만 있는 것이 아니다. 과수원이나 딸기밭에서는 로봇이 잡초를 제거하고 과일을 수확한다. 병원에서도 로봇이 의사와 함께 수술을 하고, 사람 간호사보다 더 많은 로봇 간호사가 약봉지를 나르고 혈압과 심박동을 체크하면서 환자들을 돌본다. 로봇이 요리를 하거나 커피를 제조하여 서비스하는 식당이나 커피숍이 늘어나고, 점원이 없는 상품 매장이 일반화된다.

앞으로 4차 산업혁명 시대에는 어디에서 일을 하든 이러한 신기술들과 함께할 것이고, 지금보다 훨씬 광범위한 IT 기술로 둘러싸인 직업 환경에서 살아가게 될 것이다. 앞서 언급한 에스토니아처럼 모든 국민이 코딩에 대한 기본 지식을 가지고, IT 기술을 일상적으로 활용하는 나라는 그만큼 4차 산업혁명 시대를 이끌 가능성이 크다. 어떤 분야의 직업을 갖든 신기술에 대한 이해와 활용 능력이 있으면 분명 경쟁력 있는 직업인이 될 것이다. 그러므로 자신의 고유 업무 분야뿐 아니라 신기술을 다루고 활용할 줄 아는 능력을 갖추는 것이 필요하다.

수입 구조를 다각화하여
재정 위험에 대비하라

 이제는 평생직장의 시대가 아니라 평생직업의 시대라는 말이 나온 지도 이미 오래전 일이 되었다. 물론 공무원이나 교사와 같은 공공 분야나 일부 민간 영역에서는 아직도 한 직장에서 정년까지 근무하고 있지만 이런 곳을 제외하고는 정년까지 근무하지 못하고 조기에 퇴직하는 직장인이 훨씬 더 많다. 이들은 보수가 더 낮은 새로운 직업으로 재취업하거나 소규모 창업으로 자영업자가 되기도 한다. 취업을 하는 것 자체가 어려워진 청년 구직자들이 아예 취업을 포기하고 창업에 뛰어드는 것도 요즘 취업 시장의 흔한 모습이다. 이런 청년들은 여러 직업을 거치게 될 가능성이 크다.

소득의 불안정 시대,
수입 다각화로 위험을 분산하라

다가오는 4차 산업혁명 시대에는 이보다 더 큰 직업의 변화가 예상된다. 빠른 기술 변화로 기존의 많은 직업이 사라지고 새로운 직업이 생겨나는 일이 반복될 것이고, 개인이 여러 직업을 갖게 되는 것이 일반화될 것이다. 미래학자 로히트 탈와Rohit Talwar는 지금의 어린 세대들은 일생 동안 40개의 직업과 10개의 전혀 다른 경력을 가지게 될 것이라고 예측하기도 했다.[19] 공공 분야마저도 업무의 상당 부분이 로봇이나 인공지능으로 대체될 것으로 예상된다. 뿐만 아니라 고용 형태도 정규직, 임기제, 시간제 등으로 다양화되고 개인의 희망에 따라 자유롭게 이동이 가능한 '자유 공무원제'로 전환될 것이라는 예측도 있다.[20]

4차 산업혁명 시대에 한 직장에서 평생을 근무한다는 것은 꿈같은 얘기일 수 있고, 여기에서 받는 월급으로 100세 시대를 살아가겠다는 생각은 위험하기까지 하다. 다른 수입원이 없을 경우 퇴직으로 인해 소득 절벽이 생길 수 있고, 직장이나 직업이 바뀌면서 수입이 불안정해질 수도 있다.

그러므로 이에 대한 대비가 필요하다. 국가 차원의 사회적 안전망을 강화하는 것은 당연하겠지만 국가만 믿고 있어서는 안 된다. 개인 차원의 대책을 세워 둘 필요가 있다. 소득이 불안정한 시대에는 수입을 다각화해서 소득 단절의 위험을 분산해야 한다. 월급이나 연금도 여러 수입원 중 하나가 되도록 할 필요가 있다.

공유 경제 플랫폼,
수입 다각화의 텃밭으로 가꾸어라

최근 미국 등 선진국에서는 공유 경제 플랫폼에 등록하여 재화와 서비스를 공급하고 수입을 창출하는 긱 이코노미 경제가 크게 확대되고 있는 추세이다. 우버나 에어비앤비처럼 자신의 차량이나 주택을 제공하여 수입을 얻는 경우도 있고, 법률 조언을 해 주는 퀵리걸Quicklegal이나 작곡, 디자인, 그래픽, 번역 등의 서비스를 제공하는 피버Fiverr에 공급자로 참여하여 돈을 버는 사람들도 있다. 창업이나 시장 조사 등 각종 컨설팅 서비스를 제공하는 아워리너드HourlyNerd에는 약 2만 5천 명의 컨설턴트들이 활동하고 있으며, 앱 개발 등 다양한 개발 수요를 매칭해 주는 탑코더에는 현재 100만 명이 넘는 전문 프로그래머들이 등록되어 있다.[21] 이처럼 공유 플랫폼에 많은 사람들이 공급자로 참여하여 크고 작은 금액의 수입을 얻고 있다.

이 같은 플랫폼에서 수입 활동을 하는 미국인들을 대상으로 설문 조사를 한 결과, 응답자의 42퍼센트는 여기에서 얻는 수입이 더 윤택한 생활에 도움이 된다고 답하였고, 27퍼센트는 생활에 중요한 역할을 한다고 답했으며, 29퍼센트는 없어서는 안 될 필수적인 수입이라고 응답했다.[22] 이는 공유 경제 플랫폼이 다른 수입원을 보충하거나 중요한 생계 수단으로까지 활용된다는 뜻이다.

아직 미국만큼 활발하지는 않지만 우리나라에도 디지털 플랫폼 경제가 앞으로는 빠르게 확산될 것으로 보인다. 플랫폼을 통하여 자신의 자산이나 전문성, 재능 등을 제공하고 수입을 창출하는 것은 수입 다각화를 위한 좋은 방편이 될 수 있다.

수입 다각화 가상 시나리오: 뜻이 있는 곳에 길이 있다

평범한 직장인이 4차 산업혁명 시대에 어떻게 수입을 다각화할 수 있는지 알아보자. 20대 초반에 요리사가 된 청년이 있다. 그는 학창시절 공부에는 별로 관심이 없었다. 대신 중·고등학교 때부터 유튜브로 '먹방 프로'를 즐겨 보면서 음식과 요리에 흥미를 갖게 되었다. 그래서 고등학교 졸업 후 조리사 자격증을 취득하고 요리사가 되었다. 최근에는 이탈리안 레스토랑에 요리사로 취업하여 일을 하고 있다. 하지만 요식업간 경쟁이 심하고 대형 프랜차이즈도 많아져 직장에서 언제 해고될지 모르는 현실에 직면했다. 직접 식당을 창업하는 것도 생각해 보았지만 주변에 문을 닫는 식당이 많아서 창업하기도 쉽지 않을 것 같았다. 최근에는 요리 로봇까지 등장해서 미래가 더욱 불안하기까지 한 것이다. 월급 하나에 의존하여 살아가는데 직장에서 해고된다면 당장 수입이 끊겨 매달 지출되는 비용을 어디서 충당할지 뾰족한 대책이 없는 상황이다. 그가 이런 상태로 4차 산업혁명 시대를 살아간다면 분명 큰 어려움에 처하게 되리라는 것은 쉽게 짐작할 수 있다.

이 청년은 시대 변화에 보다 적극적으로 대응하기로 마음먹었다. 요리사로서의 직업에 그치지 않고 공부를 더하여 요리 전문가로 활동하면서 살아 보기로 한 것이다. 일단 보수는 좀 적지만 근무 시간이 짧은 식당을 찾아 취업하였다. 그런 다음 대학원에 진학하여 요리에 관한 공부를 하면서 틈틈이 요리 관련 책을 쓰고, 유튜브에 요리 관련 지식과 자신이 직접 요리하는 장면을 올리기도 하였다. 유튜브에서 인기를 얻으면서 책이 잘 팔리자 처음으로 월급 외 수입이 생기기 시작하였다.

얼마 전부터 3D 푸드프린터가 일반 가정에 보급되기 시작하면서, 그에게 문득 아이디어가 하나 떠올랐다. 전공을 푸드프린팅 음식 재료 쪽으로 돌리고, 재료 개발 전문가가 되기로 한 것이다. 푸드프린터에 사용되는 재료는 음식보다 훨씬 다양하게 개발할 수 있다는 장점이 있다. 다이어트 재료부터, 당뇨식, 성장식, 각종 질병에 적합한 건강식, 수십 년을 보관할 수 있는 우주식까지 무궁무진하다. 대학원을 졸업하고 나서 그는 본인 시간을 많이 확보하기 위해 출근은 일주일에 두 번만 하고 주로 원격 근무를 하는 푸드프린팅 재료 회사에 취업한다. 높은 연봉은 아니지만 큰 주안점을 두지는 않기로 했다. 틈틈이 책을 쓰기 위해서이다. 이번에는 푸드프린팅 재료에 관한 책을 쓰기로 했다.

얼마 전에는 학교 앞에 있는 식당이 문을 닫아 한 달째 비어 있는 것을 보자 또 다른 아이템이 떠올랐다. 푸드프린팅 무인 식당을 직접 차려 볼 생각이 든 것이다. 5대의 푸드프린터, 주문과 결재를 위한 키오스크, 식탁 등을 갖춘 그리 크지 않은 식당을 차리고 메뉴는 여러 종류의 피자와 머핀 등 학생들이 좋아하는 위주로 구성한다. 무인으로 운영되기 때문에 직원은 필요 없고, 재료 보충과 청소 등 매장 관리를 위해 아르바이트 학생을 고용했다. 매장에는 하루 한 번 잠깐 들르지만 바쁠 때는 지나칠 때도 많다. 일반 식당보다 재료비가 저렴하고 인건비 부담도 크지 않아 창업 후 3개월째부터는 여기에서 나오는 수입이 직장 월급보다 더 많아졌다.

책 때문인지 이쪽 분야에 어느 정도 전문가로 통하게 되자 몇 개 대학과 요리 학원에서 강의도 들어왔다. 그는 시간이 많지 않기 때문에 집에서 가장 가까운 대학의 야간 강의를 맡기로 하였다. 강의료는 많지 않지만 과거 늦은 나이에 공부를 시작했던 자신과 같은 학생들에게 필요한 지식과 경험을 전달해 주고 싶은 마음에서였다.

1년 전부터는 매달 조금씩 기부금을 내면서 세계빈곤퇴치단체에 가입하여 온라인으로 틈틈이 활동도 하고 있다. 그런데 이번 겨울에는 아프리카 빈민국 어린이를 돕는 봉사 활동 프로그램이 생겨서 참가하기로 하였다. 유엔 기구와도 연결이 되어, 푸드프린터와 건강식 재료를 보내는 캠페인도 준비하고 있다. 봉사 활동 기간 동안 다른 나라에서 온 사람들과 푸드프린팅 재료에 대해 여러 대화를 나누다 아프리카 지역에만 재생하는 식물을 건조 가공하여 음식 재료로 개발한다는 새 사업 아이디어를 얻기도 했다.

그저 예시일 뿐이지만 그의 수입 구조가 다양해졌다는 것을 알 수 있다. 회사에서 받는 월급, 책을 써서 나오는 인세, 무인 식당의 수익, 대학의 강의료가 있고, 어떻게 될지는 모르지만 앞으로 새로 시작하는 사업에서도 수입이 발생할 수 있을 것이다. 이 중 어느 하나가 잘 안 되더라도 다른 곳에서 수입이 생기기 때문에 그와 그 가족은 생계의 위협에서 벗어날 수 있을 것이다. 여기에는 매달 월급에서 빠져 나가는 국민연금과 별도로 가입한 개인연금은 제외했다. 65세 이후에나 지급되는 돈이기 때문이다.

물론 앞에서 제시한 여러 방법들이 모든 직업에 적용된다는 이야기는 아니다. 하지만 어떤 직업에 종사하고 있던 본인의 의지와 노력에 따라 수입의 다각화가 가능하리라는 것을 가상의 시나리오를 통해 제시해 본 것이다. 이처럼 다각화된 수입 구조를 만들어 놓는다면 불안정한 직장과 불규칙한 소득이 일상화되는 4차 산업혁명 시대에도 안정된 생활 속에서 본인이 원하는 삶을 살아갈 수 있을 것이다. 물론 안정된 직장 하나에 매달리는 것보다 더 안정된 삶을 보장받게 된다.

'고비용-고정 지출'의
생활비를 구조 조정하자

우리나라 평균 직장인이 월급을 한 푼도 안 쓰고 모은다면 서울에 있는 6억 원짜리 32평 아파트를 사는 데 몇 년이 걸릴까. 한 금융 기관의 조사 보고서에 따르면 11년이 걸린다고 한다.[23] 직장마다 근속 연수가 차이가 많아 일률적으로 말하기는 어렵지만 한 직장에서 20년을 근무한다고 가정하면 집 장만 후 9년이 지나면 퇴직을 하게 된다. 그런데 이는 한 푼도 안 썼을 경우이고 실제로는 보통 15년~30년 상환의 주택 담보 대출을 받아 집을 사는 것이 일반적이다. 이 경우 잘못하면 퇴직 후에도 한참 동안 대출금에 대한 원리금을 갚아야 한다.

보통의 가정에서는 매월 원리금을 상환하고 있고, 아이들 학원비, 각종 할부금과 보험료, 생활비가 월급 받은 다음 날 바로 카드로 빠져나간다. 한국 직장인의 일반적인 지출 구조이다. 정년까지 근무한다는 것을 전제로 주택 원리금 상환 조건으로 장기 대출을 받고, 매월 정기적으로 받은 월급을 토대로 각종 생활비를 고정적으로 지출하는 게 일반적이다.

고비용-고정 지출은 가정을 위험에 빠뜨릴 수 있다

앞서 살펴본 지출은 전형적인 고비용-고정 지출 구조이다. 4차 산업혁명 시대에는 매우 위험한 지출 방식이라 할 수 있다. 수입의 70~80퍼센트가 주택 원리금 상환이나 자동차 할부금, 아이들 학원비 등과 같은 고정비로 매월 지출되는 구조인데, 이는 자칫 가정을 위험에 빠뜨릴 수 있다. 갑자기 어떤 달에 수입이 줄어들 경우 문제가 생기기 때문이다.

현재도 우리나라는 가계 부채가 1,400조 원을 넘고 있어 전문가들은 향후 우리 경제의 가장 큰 잠재적 위험 요소로 가계 부채를 꼽고 있다. 물론 국가 차원의 대책이 마련되어야 하겠지만 4차 산업혁명 시대를 살아갈 개인들의 인식도 함께 바뀔 필요가 있다. 지금의 고비용-고정 지출 구조를 재조정해야 한다는 이야기이다. 중대형 아파트나 도심의 고가 집을 보유해야 한다거나 외제차나 큰 자동차를 반드시 소유해야 한다는 생각에서 벗어날 필요가 있다. 우리나라 사람들은 남을 의식하고 남들과 비교하면서 소비 생활을 하는 경향이 있다. 남들이 사니까 나도 사고, 남들이 학원을 보내니까 우리 아이도 학원을 보내는 식의 지출, 체면이나 남을 의식해서 소비하는 지출이 과연 합리적인지 신중하게 따져 보아야 한다. 주택 원리금이나 자동차 할부금, 사교육비 등과 같은 높은 고정 지출은 가계의 가처분 소득을 감소시켜 국가 경제에도 악영향을 끼친다는 것은 다 아는 사실이다.

수십 년 동안 매월 똑같은 금액의 원리금을 갚아 나가는 방식의 지출은 안정적 직장과 소득이 보장되는 정규직 사회의 지출 방식이다. 직업이 자주 바뀌고 수입이 불규칙적인 시대에는 지출에 대한 방식도 바뀌어야 한다. 수입 구조가 유연해진 만큼 고정 지출은 최대한 줄이고 지출 구조 또한 유연하게 만들어 놓을 필요가 있다.

고비용의 고정 지출이 줄어들면 얻는 것도 많다. 야근을 해서라도 수입을 올려야 될 필요성이 적어지기 때문에 가족들과 더 많은 저녁 시간을 보낼 수 있다. 더 높은 연봉의 일자리를 찾아 돌아다니지 않아도 되고, 자신이 원하는 일을 하면서 더 자주 가족 여행을 갈 수 있는 여유도 생긴다. 국가적으로도 이익이다. 세계 최고 수준의 연간 근로 시간이 줄어들고, OECD 최하위 수준의 노동 생산성은 증가할 것이며, 소비가 진작되어 경제 활성화에도 기여하게 된다.

주택, 사교육비, 생활비를 저비용-유연 지출 구조로 전환하라

그렇다면 고비용-고정 지출을 어떻게 저비용-유연 지출로 바꿀 수 있을까. 4차 산업혁명 시대에는 원격 근무를 하고 온라인을 통해 일을 하는 직업 환경이 상당히 일반화될 것이다. 이러한 방식을 따르는 직장이나 직업을 가진 사람들은 출근할 필요가 없고 일하는 장소도 본인이 정할 수 있어서 도심 외곽의 저렴하면서도 쾌적한 지역의 주택에서 살아도 아무 문제가 없다. 앞에서 언급한 것처럼 장기적인 부채를 부담하는 위험을 떠안으면서 군이 도심이나 직장 가까운 곳의 비싼 주택을 보유할 필요가 없는 것이다. 1~2인 가구의 경우는 도심의 소형 주택이나 주거형 오피스텔 또는 정부가 제공하는 공공 임대 주택 등도 고려해 볼 수 있다. 물론 이러한 주택 공급은 정부 차원의 적극적인 대책이 필요하지만, 정부 정책도 개인들의 수요에 맞춰 추진되는 것이므로 이런 개인들이 많아지면 그러한 방향으로 주택 공급이 이루어질 것이다.

또한 최근에는 온라인 강의가 활성화되고 있어서 고가의 학원비를 아낄 수 있다. 한 과목의 한 달 치 정도 학원비로 전 과목의 유명 강사 강좌를 인터넷을 통해 무제한으로 들을 수 있고, EBS나 일부 지방 자치단체에서 운영하는 온라인 강의처럼 거의 무료에 가까운 비용으로 수강할 수 있는 사이트들도 있다. 스마트 기기만 있으면 언제 어디서나 필요한 강의를 들을 수 있기 때문에 사교육비를 크게 절감하면서도 성적을 올릴 수 있다.

소유 방식을 공유 방식의 소비로 전환하는 것도 지출을 줄일 수 있는 또 하나의 방법이다. 4차 산업혁명 시대는 각종 상품이나 서비스가 공유 플랫폼을 통해 소비자가 원하는 대로 제공되는 온디맨드On-Demand 경제를 기반으로 하고 있다. 수요자 중심의 거래가 이루어지고 연결 비용도 거의 없기 때문에 공유 플랫폼을 통해 제공되는 재화와 서비스는 오프라인에서 구입하는 재화나 서비스보다 훨씬 저렴하다. 가격과 제품도 다양하여 소비자의 선택 폭도 넓혀 준다. 공유 경제는 차량과 숙박 등에서 시작되었지만, 이제는 자전거, 의류, 장난감, 공구, 사무실, 창고 등은 물론 우산이나 농구공까지 거의 모든 재화로 확대되고 있다. 서비스에서도 변호사 소개, 의료 자문, 각종 컨설팅, 프로그램 개발, 간병, 집안 청소나 심부름까지 다양하고 공급자간 경쟁 구도이기 때문에 질 좋은 서비스를 보다 싸게 이용할 수도 있다.

신기술의 물결에
저항한 사건들

기계에 대항한 러다이트 운동 – 1차 산업혁명 시기

"기계들이 우리의 일자리를 빼앗고 있다. 사장은 어제도 여러 명의 우리 수직공들을 해고했다. 기계들이 점점 많아지면 우리는 일자리를 잃거나 단순 직공으로 살아가게 될 것이다. 저 기계들을 부숴 버려야 한다."

커다란 망치와 횃불을 든 사람들이 면직물 공장 지대를 습격한다. 그들은 여러 공장들을 돌아다니며 기계를 부수고 불을 지른다. 1811년 3월 11일 영국 잉글랜드 중부 노팅엄셔 지역에서 시작된 러다이트 운동의 한 장면이다. 이 운동은 잉글랜드 북부의 요크셔와 서북부의 랭커셔 지역까지 휩쓸면서 공장의 기계들을 파괴하였고 공장주가 살해되기도 했다. 비밀 조직으로 활동한 이들의 기계 파괴 운동은 1816년

러다이트 지도자(왼쪽)와 직조기를 부수는 노동자(오른쪽)

까지 계속되었다.

　당시는 수십 년 동안 진행된 산업혁명으로 생산성이 높은 기계가 속속 등장하면서 수공업에서 공장제 기계공업으로 생산 방식이 급속하게 바뀌고 있었다. 이것은 거스를 수 없는 큰 흐름이었다. 그 결과 이전까지 장인 대접을 받던 수공업 숙련공들을 굳이 높은 임금을 주면서 고용할 필요가 없어졌다. 비숙련공을 고용하더라도 저렴하면서도 품질 좋은 면사를 대량으로 생산할 수 있었기 때문이다.

　이 러다이트 운동은 일자리 측면에서 인류에게 중요한 역사적 의미를 남겼다. 바로 신기술이 인간의 일자리를 빼앗은 최초의 사건이 된 것이다.

🏭 자동화 기술에 대한 신러다이트 운동 - 2차 산업혁명 시기

이로부터 150여 년이 지난 1962년 12월 이번엔 컴퓨터라는 신기술에 대한 저항이 미국에서 일어났다. 「뉴욕타임스」 등 7개 신문이 파업을 한 것이다. 컴퓨터식자시스템CTS - Computerized Typesetting System이 도입되면서 디지털 파일로 인쇄하기 시작하자 식자공과 조판공이 할 일이 없어졌고 당연히 신문 제작 부문의 구조 조정이 뒤따랐다. 그 당시 막강한 조직을 가지고 있던 미국인쇄노조가 대대적인 파업을 주도하였지만, 파업은 114일 만에 종료되었다. 이번에도 인간은 컴퓨터라는 신기술에 일자리를 내줄 수밖에 없었다.

🏭 양극화에 대항한 신러다이트 운동 - 3차 산업혁명 시기

이와는 약간 다른 성격의 신러다이트 운동이 몇 해 전 미국에서 시작되어 전 세계에 퍼졌다. 부가 소수에게 집중되는 양극화와 소득 불평등에 대한 저항운동이었다. 시위대는 주로 신기술에 직장을 잃은 사람들이거나 직장을 갖지 못한 실업 청년층이었다. 2011년 7월 13일, 그들의 구호는 "월가를 점령하라Occupy Wall Street"였다. 이 운동은 리먼 브라더스 사태로 금융 위기를 야기하고도 최고경영자들이 수백만 달러의 퇴직금을 챙겨서 떠난 뉴욕 맨하튼의 월스트리트에서 처음 시작되었다. 시위는 보스턴, 시애틀, 로스앤젤레스, 워싱턴 DC 등 미국의 주요 도시로 확대되었다. 시위대는 "우리는 미국의 최고 부자 1퍼센트에 저항하는 99퍼센트 미국인의 입장을 대변한다", "매일 아침 일어나서 월세 걱정, 끼니 걱정을 하지 않게 해 달라"고 외쳤다.

3개월 후 '국제 행동의 날'로 정해진 10월 15일에는 유럽, 아시아, 남미의 82개국 900여 도시에서 이에 동참하는 시위가 벌어졌다. 국민의 혈세로 구제금융을 받은 월가의 도덕적 해이에 함께 분노하고 빈부 격차와 소득 양극화의 심화에 대하여 전 세계 사람들이 공감한 것이다. 하지만 그해 11월 30일 시위가 경찰에 의해 해산되면서 反월가 시위는 73일 만에 막을 내렸다. 결국 월가는 점령되지 않았다.

🏭 공유 경제 모델에 대항한 신러다이트 운동 – 4차 산업혁명 시기

다시 몇 년이 지난 2015년 세계 곳곳에서 또 다른 신러다이트 운동이 일어났다. 이번에 나타난 저항의 대상은 공유 경제라는 새로운 비즈니스 모델이었다. 스마트폰 애플리케이션을 통하여 등록된 차량과 승객을 직접 연결해 주는 차량 공유 기업 우버의 영업 방식이 문제였다. 이 신기술의 도입으로 가장 크게 타격을 받는 사람들은 세계 각국의 택시 기사들이었다. 2015년 6월 25일, 프랑스 파리의 택시 기사들이 우버에 항의하는 시위가 시작되었다. 2,800여 명의 택시 기사는 정부가 우버를 단속해야 한다고 주장하였다. 이 과정에서 파리 공항 주변을 막고 차량을 부수고 불태우는 폭력 사태까지 야기되었다. 유럽 각국은 물론 브라질, 멕시코 등 세계 곳곳에서 우버의 영업에 반대하는 택시 기사들의 격렬한 시위가 벌어졌다.

신기술의 물결은 누구도 막을 수 없다

신기술은 문명의 혜택과 새로운 직업을 만들어 내지만 많은 사람들의 일자리를 빼앗는 고통을 주어 왔고 사람들은 이에 맞서 저항을 해 왔다. 앞으로도 신기술은 계속해서 나올 것이고 제5, 제6의 신러다이트 운동도 계속 일어날 것이다. 하지만 결국 신기술의 물결 앞에서는 어쩔 수 없이 일자리를 내주고야 마는 것을 지난 역사는 보여 주고 있다.

3부

4차 산업혁명 시대의
유망 직업과 위협받을 직업

4차 산업혁명 시대에는
어떤 직업이 유망할까

　이제부터는 앞으로 다가올 4차 산업혁명 시대에는 어떤 직업이 유망할지에 대해서 알아볼까 한다. 그러기에 앞서 우선 유망 직업의 기준이 무엇인지부터 생각해 보자. 지금까지는 임금 수준, 고용 안정성, 발전 가능성, 근무 여건, 직업 전문성 등이 일반적인 직업 선택의 기준이었다.[1] 그중에서도 임금 수준과 고용 안정성은 가장 중요한 기준이 되어 왔다. 소득 수준이 낮은 시대에는 임금 수준이 가장 중요한 기준이었고, 해고와 명예퇴직이 일상화된 시대가 되면서 고용 안정성이 중요한 기준으로 떠올랐다.

'고용 안정성'과 '임금 수준'은 여전히 중요한 기준

앞서 살펴본 바대로 4차 산업혁명 시대에는 대량 실업이 발생할 수 있고 정규직이 아닌 다양한 고용 형태의 노동자가 증가할 것이다. 또한 소득 양극화가 심화되면서 저소득층도 늘어날 가능성이 높다. 신분이 불안정하고 임금이 낮은 노동자들이 많아질 것이라는 얘기다. 따라서 고용 안정성과 임금 수준은 4차 산업혁명 시대에도 여전히 사람들의 중요한 직업 선택의 기준이 될 수밖에 없다. 특히 고용 안정성 측면에서 인공지능과 로봇으로의 대체 가능성은 가장 크게 고려할 기준이 될 것이다.

4차산업혁명 시대 유망 직업은 개인의 역량이 좌우한다

4차 산업혁명 시대에 유망 직업을 선택할 때는 이전과는 다른 관점과 기준으로 볼 필요가 있다. 결론부터 말하면 4차 산업혁명 시대에는 개인의 역량에 따라 유망 직업이 달라질 수 있다. 여기에서 역량이란 그 분야에 대한 지식이나 기술적인 능력 외에도 창의력, 문제 해결 능력, 유연한 사고력, 서비스화하는 능력, 협업 능력, 융합적 사고 능력 등 다양한 능력을 갖추고 해당 업무를 수행할 수 있는 능력을 의미한다. 똑같은 직업이라도 역량을 갖춘 사람에게는 유망 직업이 될 수 있지만 이를 갖추지 못한 사람에게는 유망 직업이 아닐 수도 있다. 그렇기 때문에 4차 산업혁명 시대에는 어떤 직업을 임금 수준이나 고용 안정성 등과 같은 기존의 획일적 선택 기준으로 평가하기가 쉽지 않을 것이다. 그 이유를 몇 가지 들어보자.

4차 산업혁명 시대에는 1인 기업과 독립 노동자와 같은 새로운 고용 형태가 많아지게 될 것이고 이들이 가지게 될 직업도 매우 다양할 것이다. 개인의 능력에 따라 높은 수입을 올리면서 만족스러운 직업 생활을 누리는 사람이 있을 수 있고, 그렇지 못한 사람도 있을 것이다.

의사, 변호사, 세무사 등과 같은 전문 직업의 경우에도 마찬가지가 될 것이다. 인공지능이 하지 못하는 영역을 개척하거나 인공지능과 협업하는 능력이 뛰어난 사람들에게는 더욱 유망한 직업이 될 수 있겠지만 그렇지 못한 사람들은 그 직업에서 떠나야 할지도 모른다.

또한 4차 산업혁명 시대에 가장 유망할 것이라는 인공지능 전문가나 빅데이터 전문가와 같은 직업을 가졌다 하더라도 적성이 맞지 않고 역량이 부족하여 성과를 내지 못하면 치열한 경쟁 속에서 살아남기 힘들 것이다.

잘하는 것에 집중하라

4차 산업혁명 시대에는 어떤 직업이 유망한 직업일지 아닐지를 따지기 전에 자신의 적성과 능력, 관심과 흥미를 살려 '내가 무엇을 잘할 수 있는가'를 먼저 생각해 보는 것이 필요하다. 『논어』에 이런 말이 있다. "아는 자는 좋아하는 자를 이기지 못하고 좋아하는 자는 즐기는 자를 이기지 못한다." 내 아이가 국영수는 잘 못하더라도 남들보다 특별히 잘하고 열정과 흥미를 가진 분야가 있다면 이를 집중적으로 밀어 주는 것이 4차 산업혁명 시대의 유망 직업을 선택할 확률을 높일 수 있을 것이다.

개인적 삶을 동시에 추구할 수 있게 하는 직업도
중요한 선택 기준이 될 것이다

4차 산업혁명 시대에 지금보다 중시될 것으로 보이는 또 다른 직업 선택의 기준이 있다. 바로 '직장 생활과 개인적 삶을 동시에 추구할 수 있는 가능성'이다. 디지털 시대의 특징 중 하나가 개인화 경향이다. 사람들은 온라인을 통한 사회적 관계망 속에서 점점 개인적 가치를 추구하는데 익숙해지고 있다. 그러다 보니 조직 생활에 묶여 개인적 생활을 누리지 못할 경우 안정된 직장이나 높은 보수가 주어진다 하더라도 그 직장이나 직업을 포기하는 사람들이 늘어나고 있다.

앞으로 4차 산업혁명 시대를 살아갈 사람들은 직업 생활에서 성공의 의미, 추구하는 인생의 가치가 더욱 다양해질 것이다. 당연히 일과 가정의 조화, 여가 생활을 즐길 수 있고 개인적 삶을 중시하는 사람들이 늘어날 게 분명하다. 그렇기 때문에 이를 가능하게 할 수 있는 직업도 유망한 직업이 될 것이다.

2.
4차 산업혁명 시대의
유망 직업, 어디서 찾을까

4차 산업혁명 시대에는 개인의 역량이나 개인적 삶의 가치가 중요한 직업 선택 기준이 될 것이라고 이미 말한 바 있다. 이는 우리가 어떤 직업을 선택하든지 적용되는 원칙이 될 것이다. 하지만 사라질 직업이나 축소될 일자리 분야의 직업을 선택한다면 그 사람이 아무리 역량이 있더라도, 또 그 직업이 비록 개인적 삶을 추구할 수 있게 해 준다 해도 그 일자리를 계속 지킬 수는 없을 것이다. 그런 측면에서 4차 산업혁명 시대에는 직업의 분야를 잘 선택하는 것이 중요하다. 소위 지는 직업 분야가 아니라 뜨는 직업 분야에서 직업을 찾아야 한다는 말이다.

유망 직업은 현재 존재하지 않은 직업 중에 있다

"지금 초등학교에 들어가는 아이들의 65퍼센트는 현재 존재하지 않는 직업을 구하게 될 것"이라고 한다.[2] 다가올 4차 산업혁명 시대에는 그만큼 많은 직업이 사라지고 또 새로운 직업이 나타날 것이라는 의미이다. 우리 아이들은 4차 산업혁명 시대를 살아갈 미래 세대이다. 그러므로 미래 세대는 현재 유망한 직업이 아니라 미래에 나타날 유망 직업을 찾아야 한다.

10년 전, 애플이 아이폰을 세상에 내놓기 전까지만 하더라도 우리가 손안에 컴퓨터를 들고 다닐 거라고 누가 생각했겠는가. 이 당시 사람들이 말하는 유망 직업에 '애플리케이션 개발자'라는 직업은 없었다. 하지만 구글 플레이에 160만 개, 애플의 앱스토어에 150만 개의 애플리케이션이 있을 정도로 현재 앱 개발자는 각광받는 직업이 되었다. 인공지능 전문가, 자율 주행차 엔지니어, 빅데이터 전문가, 드론 전문가 등도 마찬가지다. 불과 몇 년 전만 하더라도 이런 직업들이 유망 직업이 될 것이라고는 예상을 하지 못했다.

이같이 앞으로 4차 산업혁명 시대에는 신기술의 개발과 혁신으로 새로운 직업들이 갑자기 생겨나는 일이 빈번하게 발생할 것이다. 그렇기 때문에 현재 존재하지 않는 직업, 존재하더라도 아직 주목받지 못한 직업이 미래 유망 직업이 될 가능성이 높다.

미래 사회에 대한 통찰과 자신의 역량에 대한
냉철한 분석이 필요하다

그럼 미래의 유망 직업은 어떤 분야에서 찾아야 할까. 우선은 4차 산업혁명 시대의 직업 세계가 어떻게 변할 것인지 생각해 보자. 4차 산업혁명은 신기술들이 동시다발적으로 등장하면서 시작되었다. 그렇기 때문에 우선 신기술을 개발하는 분야와 이 신기술들을 활용하는 분야에서 새로운 직업들이 탄생하게 된다. 하지만 이로 인하여 더 많은 기존의 산업과 직업이 파괴되고 일자리가 감소하게 될 것이다. 이러한 실업 문제 해결을 위하여 국가·사회적으로 다각적인 노력을 기울여 새로운 분야, 특히 서비스 산업 분야에서 새로운 직업과 일자리를 창출해야 한다.

여기에서 유망 직업 분야의 큰 방향을 잡을 수 있다. 하나는 신기술 관련 분야의 직업들이고, 다른 하나는 새로운 서비스 분야의 직업들이다. 이 책에서는 이 두 가지 방향에서 앞으로 유망할 것으로 예상되는 직업들을 소개하고자 한다. 국내외 여러 전문 기관들이 분석하여 미래 유망 직업으로 선정한 직업들을 참고하여 이에 해당하는 신기술과 새로운 서비스 분야의 직업들을 일부 추려낸 것이다.

하지만 전문 기관들이 소개하는 유망 직업들은 하나의 예시일 뿐이다. 여기에 소개하지 않은 유망 직업이 훨씬 많다. 그리고 그중에서도 실제 유망 직업이 되는 경우도 있겠지만 그렇지 않은 경우도 생길 수 있다. 미래의 일은 항상 불확실하고 변하기 때문에 예측은 빗나갈 수 있다. 몇 가지 사례를 들어보자.

2001년 2월 노동부와 한국산업인력공단이 '21세기에 걸맞은 21개 유망 직업'을 선정하였다. 여기에 선정된 정보검색사는 당시 인터넷 보급이 확대되면서 국가에서 공인 자격증까지 부여할 만큼 유망할 직업으로 꼽혔다. 하지만 인터넷 시대에 정보 검색은 누구나 할 수 있는 기본적인 능력이 되면서 정보검색사라는 직업은 사실상 곧 사라져 버렸다.

2005년에는 중앙고용정보원이 '성장과 고용이 동시에 가능한 미래형 유망 직업' 8개 분야 58종의 직업을 선정하였는데 여기에 손해사정인과 번역가도 포함되어 있었다. 그러나 향후 자율 주행차가 상용화되면 손해사정인의 일자리가 감소될 수 있고, 인공지능으로 번역가 또한 위협받을 직업으로 분류되고 있다.

2010년 12월에는 한국직업능력개발원이 '10년 후 가장 발전 가능성이 큰 직업'으로 투자·신용 분석사를 1위로 선정하였다. 그렇지만 억대 연봉은 옛말이 되었고 새벽부터 밤늦게까지 격무에 시달리는 데다 스트레스도 많다 보니 이직률도 높다. 한때 증권의 꽃으로 불리었던 투자 분석사(애널리스트)는 요즘 증권가에서 기피 직업이 되고 있다.[3]

그렇기 때문에 미래 유망 직업을 말한다는 것이 사실은 매우 조심스러운 일이다. 어설픈 예측으로 미래의 유망 직업을 함부로 소개해서는 안 된다. 어떤 직업을 선택하느냐에 따라 그 사람의 생활과 삶의 질이 결정되고, 개인의 일생에 중대한 영향을 미치기 때문이다. 그만큼 직업의 선택은 미래 사회에 대한 통찰과 자신의 역량에 대한 냉철한 분석을 통해 신중하게 선택해야 한다.

방향 1. 파괴되는 직업이 아닌
파괴하는 신기술 직업을 찾아라

4차 산업혁명 기술들은 대부분 기존의 산업과 직업을 파괴하는 속성을 지니고 있다. 그리고 그 분야나 범위가 광범위하기까지 하다. 현재 존재하는 직업 분야 중 어느 분야도 안전하다고 말하기가 쉽지 않다. 하지만 그럼에도 유망 직업을 찾는 가장 확실한 방법이 있다. 파괴되는 직업이 아니라 파괴하는 신기술 관련 직업을 찾는 것이다.

사물 인터넷 전문가

사물 인터넷은 사물에 인터넷 기능이 내장된 센서를 부착하여 이로부터 데이터를 수집하거나 상호 소통하는 기술이나 환경이다. 센서가 부착되는 사물은 냉장고, 세탁기, 커피포트 등 생활 가전에서부터 공장의 기계 설비나 부품, 손이나 팔다리 등 인체에 이르기까지 다양하다. 센서로부터 얻은 자료는 빅데이터 분석을 통하여 유용한 정보로 활용된다. 그러므로 센서에 탑재된 제어 시스템 등 각종 하드웨어와 소프트웨어 관련 직업들이나 데이터를 분석하고 처리하는 다양한 직업들이 생겨날 것이다. 또 사물 인터넷으로 많은 자료가 수집되기 때문에 이를 저장하는 클라우드 컴퓨팅과 빅데이터 분석 기술은 필연적으로 융합된다. 따라서 이와 관련하여 여러 지식과 기술을 융합한 직업들도 만들어지게 될 것이다.

● 사물 인터넷 개발자

사물 인터넷 기술이나 환경을 개발하는 전문가이다. 유무선 통신, 전자, 컴퓨터 또는 제어 계측 등 다방면의 공학적 기본 지식이 필요하다. 센서와 블루투스, 와이파이, 근거리 통신망 등과 네트워크화하고 메인 컴퓨터, 통합 제어 시스템 또는 스마트폰으로 전송할 수 있는 기술을 개발하는 업무를 수행한다. 인터넷과 연결될 사물이 소비재 생활용품, 제조 공장 설비, 인체 등 매우 다양하므로 각 분야에서 분화된 직업들이 나타날 것으로 보인다.

● 사물 인터넷 제품 및 서비스 기획자

기존 제품에 사물 인터넷 기술을 접목하여 사물 인터넷 제품이나 서비스를 할 수 있도록 기획하는 전문가이다. 사물 인터넷 기술이나 환경에 대한 전반적인 지식은 물론 소비자의 수요 행태 등 소비 시장의 안목이나 경험도 요구된다.

● 사물 인터넷 보안 전문가

사물 인터넷은 사람의 개입 없이 사물들끼리 서로 소통하고 업무를 수행한다. 그렇기 때문에 본래 의도대로 작동하지 않을 경우에는 치명적인 결과가 나타날 수 있다. 만약에 드론이나 자율 주행차가 해킹으로 인하여 경로를 이탈하거나 오작동을 일으킬 경우에는 큰 사고로 연결될 수 있다. 그러므로 사물 인터넷 시대에는 해킹을 미리 방지할 수 있도록 하는 보안 전문가의 역할이 매우 중요하며 이와 관련된 직업이 유망할 것이다.

- 그 밖에 사물 인터넷 관련 직업들

미래의 도시는 사물 인터넷으로 네트워크화된 스마트 시티를 지향할 것으로 예측되므로 스마트 시티 설계 및 분석 전문가가 생겨날 것이다. 그 밖에 사물 인터넷 센서 전문가, 사물 인터넷 데이터 분석가, 데이터 전송 최적화 전문가 등의 직업이 등장할 것이다.

로봇 전문가

로봇 전문가는 로봇 제어 시스템과 로봇의 구성 요소를 연구·개발하고 센서 부품들의 인터페이스 등 로봇의 구동을 위한 알고리즘과 프로그램의 구조를 설계하는 전문가이다. 로봇의 제작이나 설치·운용 및 정비하는 전문가까지 포함할 수 있다.

로봇은 산업 분야에서 상당 기간 활용되어 왔기 때문에 현재에도 이 분야에 많은 로봇 전문가가 존재한다. 로봇 공학 기술자, 산업용 로봇 제어 조작원, 선박 용접 로봇 조작원, 자동차 용접 로봇 조작원, 적재 로봇 조작원, 로봇 동작 생성 연구원, 블라스팅 로봇 조작원, 로봇 감성 인지 연구원 등 다양한 로봇 전문가 직업이 있다. 또한 점차 로봇 산업이 지능형, 안드로이드형 로봇으로 발전하면서 지능형 로봇 연구 개발자, 안드로이드 로봇 공학 기술자, 로봇 감성 인지 연구원 등의 전문가들도 생겨났다.

최근에는 로봇이 산업용뿐 아니라 개인용과 서비스용으로까지 확대되고 있다. 의료용 로봇, 교육용 로봇, 가사 도우미 로봇, 간병 로봇, 실버 로봇, 경비 로봇 등 매우 광범위한 분야까지 로봇이 활용될 것으로 보인다. 따라서 각 분야별로 의료 로봇 전문가, 가사 도우미 로봇 전문가, 간병 로봇 전문가, 교육 로봇 전문가와 같이 세분화된 로봇 전문가들이 필요할 것으로 보이며, 로봇 컨설턴트, 로봇 공연 기획자, 로봇 윤리학자 등 로봇과 관련된 직업들도 새로운 직업으로 떠오르고 있다.

우리나라는 2017년에 로봇 기구 개발 기사, 로봇 소프트웨어 개발 기사, 로봇 제어 하드웨어 개발 기사를 국가 기술 자격으로 신설한 바 있다.

인공지능 전문가

인공지능 전문가는 지능을 가진 컴퓨터, 즉 지능형 정보 처리 시스템을 연구하고 개발하는 전문가이다. 인공지능 연구원, 신경 회로망 연구원 등의 직업명으로 불리기도 한다. 인지 컴퓨팅, 기계 학습, 딥 러닝, 영상 인식, 음성 인식, 패턴 인식, 로봇의 제어, 통신 등에 사용되는 응용 기술을 연구·개발하는 역할을 한다. 인간의 뇌와 뇌세포 구조에 대한 지식과 전자공학 및 수학, 물리, 화학 등 기초 과학 분야에 대한 기본적 재능이 요구되며 컴퓨터 공학, 정보 공학, 정보 시스템, 데이터 프로세싱 등과 관련된 전공 분야의 전문 지식이 필요하다. 인공지능은 앞으로 4차 산업혁명 기술들의 뇌에 해당할 만큼 다른 기술들과 융합이 활발하게 이루어질 것으로 보인다. 따라서 미래 유망 직업으로서 인공지능 전문가에 대한 수요가 크게 확대될 것이다.

드론 관련 전문가

드론은 4차 산업혁명의 첨단 기술로 분류되고 있지만 드론 전문가에 대한 정의와 범위가 아직 명확하지는 않은 것 같다. 공학적 지식을 반드시 갖춘 사람뿐만 아니라 드론의 활용 기술을 습득하여 방제나 측량, 촬영, 조난자 수색, 배송 등을 전문적으로 수행할 수 있는 사람도 전문가라고 볼 수 있다. 현재는 드론을 활용하여 전문적인 업무를 수행하는 사람들도 통상 드론 전문가로 부르고 있다.

아직 직업화 초기 단계이지만 향후 엔지니어는 물론 조종, 제작, 교육 등 드론을 활용한 다양한 직업과 일자리가 탄생할 것으로 보인다. 최근 국내 여러 대학들이 드론 전문가를 양성하기 위하여 드론학과를 개설하고 있고, 한국고용정보원에서는 미래 유망 직업 중 하나로 '드론 운항 관리사'라는 직업을 선정하기도 하였다. 미래학자 토마스 프레이는 드론 분류 전문가, 드론 조종 인증 전문가, 드론 표준 전문가, 드론 도킹 설계자 및 엔지니어 등을 드론 전문가로 제시하고 있다.[4]

자율 주행차 관련 전문가

자율 주행차는 많은 첨단 기술들의 결합체이기 때문에 여러 기술 분야의 전문가들이 필요하다. 기존의 자동차와 다른 점은 자동차가 스스로 운전하기 위해 라이다, 레이저, 초음파, 카메라 등의 각종 인지 센서, 판단 및 제어를 위한 시스템 등이 필요한데 이러한 분야의 여러 엔지니어와 사물 인터넷 및 인공지능 전문가들의 역할이 있어야 한다는 것이다. 토마스 프레이는 미래 자율 주행차가 상용화될 경우 '교통 모니터링

시스템 플래너, 디자이너 및 운영자', '자동 교통 아키텍처 및 엔지니어', '무인 운영 시스템 엔지니어', '응급 상황 처리 요원' 등의 전문가가 필요할 것으로 보았다.

3D 프린팅 전문가

3D 프린터는 기존 제조업에 혁신적 변화를 가져올 기술이다. 상상하는 거의 모든 형상을 설계하여 제품으로 만들어 낼 수 있다. 그러므로 개인 맞춤형 제품부터 건물, 신체 장기, 음식까지 매우 다양한 물건을 만들 수 있고 그에 따라 소재도 다양해질 것이다. 전문가들은 앞으로 10년 이내에 일반 대중에 크게 확산되는 티핑포인트가 올 것이라고 전망하고 있다. 그래서 수년 내에 3D 프린팅과 관련된 매우 다양한 직업이 새로 생겨날 것으로 보인다.

● 3D 프린터 소재 전문가

3D 프린터 소재는 처음에는 플라스틱이 주로 사용되었다. 하지만 최근에는 종이, 유리, 금속, 목재, 시멘트 등 일상생활 제품은 물론 바이오 3D 프린팅 기술이 개발되면서 피부나 뼈, 장기 등 생체 재료에 이르기까지 다양해지고 있다. 푸드 3D 프린팅에 사용되는 음식 재료도 매우 많아질 것으로 예상된다. 이와 같은 다양한 소재를 연구·개발하고 이를 3D 프린터용으로 사용할 수 있도록 가공·제작하는 사람이 3D 프린팅 전문가이다.

• 3D 프린팅 설계 엔지니어

3D 프린터를 설계하고 기계에 대한 각종 공학적 지식과 경험을 지닌 전문가이다. 우리나라는 2017년에 '3D 프린터 개발 산업기사'를 새로운 국가 기술 자격으로 신설한 바 있다.

© SparkFun Electronics

3D 프린터

• 3D 프린팅 매니저

3D 프린팅을 활용하여 고객의 요구에 따라 제품을 디자인하고 생산하는 전문가이다. 개인 맞춤형 생산이기 때문에 액세서리, 일상용품, 기계 부품 등 다양한 제품을 설계하고 제작하며 후처리까지 전 과정을 처리할 수 있는 능력이 필요하다. 우리나라는 2017년에 국가 기술 자격으로 '3D 프린터 전문 운용사(기능사)'를 새로 신설하였다.

• 그 밖에 3D 프린터를 활용한 직업들

이미 주문형 생산을 하는 '3D 프린팅 샵'이 나타나고 있다. 3D 프린터로 피규어를 제작하여 판매하는 '미니어처 제작자'가 생겨났고, 의수를 만드는 '3D 프린팅 의수 제작자'도 탄생했다. 앞으로 3D 프린터 제품 사용이 일상화되면 3D 프린터를 활용한 많은 직업이 생겨날 수 있을 것이다. 동네마다 3D 프린팅 문방구, 3D 프린팅 피자집, 3D 프린팅 케이크 전문점, 3D 프린팅 과자 전문점, 3D 프린팅 보청기 전문점, 3D 프린팅 신발 가게 등이 생겨날 수 있고, 3D 프린팅 요리사, 3D 프린팅 의류 패션디자이너, 3D 프린팅 신체 장기 에이전트 같은 새로운 직업도 등장할 것이다.

핀테크 전문가

핀테크 전문가란 IT 기술과 금융을 융합한 금융 서비스를 기획하거나 시스템을 구축하고 데이터 분석 등의 업무를 수행하는 전문가를 통칭한 용어이다. 금융 상품을 개발하거나 결제 또는 송금 시스템을 구축하고 운영하는 역할을 한다. 또한 해킹 등을 방지하기 위한 보안을 담당하거나 데이터 분석과 예측을 위한 알고리즘 개발 등도 이들의 주요한 역할이다.

핀테크는 금융과 IT가 결합된 금융 서비스이기 때문에 컴퓨터 공학 등 IT 기술뿐만 아니라 금융에 대한 전반적인 지식이 있어야 한다. 최근 금융권에서는 핀테크 분야의 인재를 적극적으로 채용하고 있다. 빅데이터와 인공지능 등의 기술이 융합되고 있는 추세를 반영하여 채용 분야도 빅데이터나 인공지능 등의 기술적 능력을 갖춘 전문가에게 더욱 유망한 직업이 되고 있다.

빅데이터 전문가

4차 산업혁명 시대의 원유에 비유될 만큼 빅데이터는 기업들의 경영 활동에 중요한 자리를 차지할 것으로 보인다. 이미 상당수의 기업들이 빅데이터 분석을 상품 개발이나 마케팅에 활용하고 있다. 그러다 보니 빅데이터 전문가에 대한 인력 수요가 급증하고 있는 반면 이 분야의 전문가는 많지 않은 실정이다. 2016년 말 기준으로 미국에서만 빅데이터 전문가가 12만~19만 명이나 부족하다는 것이 세계적 컨설팅 업체 맥킨지의 분석 결과로 나타났다.

빅데이터 전문가는 빅데이터를 수집·저장하거나 대용량의 데이터를 처리하는 플랫폼을 개발하고 분석하여 의미 있는 결과를 제공하는 전문가이다. 선진국에 비해 한 발 늦은 우리나라는 전문가들의 직업적 분화가 아직 덜 이루어져 있는 상황이지만, 세분화된 빅데이터 전문가들이 나타날 것으로 보이며 앞으로 여러 분야에서 수요가 많아질 유망 직업이 될 것이다.

● 데이터 분석 전문가

'구슬이 서 말이라도 꿰어야 보배'라는 말이 있듯이 아무리 많은 데이터가 있어도 이를 분석하여 유용한 정보로 활용하지 못한다면 아무 소용이 없을 것이다. 빅데이터 분석은 빅데이터 분야에서 아주 중요한 역할을 하게 된다. 데이터 분석 전문가는 빅데이터의 가치와 비즈니스 모델을 이해하고 각종 형태의 데이터 처리 능력을 지니고 있어야 한다. 분석할 데이터를 기획·분석하고 시각화하여 프로세스 혁신 및 마케팅 전략 등에 대한 의사 결정을 지원하는 역할을 한다.

● 빅데이터 엔지니어

빅데이터 플랫폼을 활용한 대용량 데이터를 수집, 저장, 분석하고 서비스하는 시스템을 구축하거나 데이터 서비스를 위한 API[Application Programming Interface]를 개발하는 등의 업무를 수행하는 전문가이다. 빅데이터 엔지니어가 되기 위해서는 Linux, Java, RDB[Relational DataBase] 등에 대한 이해와 지식을 갖추고 웹 서비스 개발이나 빅데이터 분석 등에 대한 경험을 가져야 한다.

●그 밖에 빅데이터 관련 직업들

미국 등 선진국에서 빅데이터 관련 전문가로 각광받고 있는 직업들로는 데이터 마이너[Data miner],* 데이터 과학자, 데이터 아키텍트[Data Architect], 하둡** 기술자, 데이터 마케팅 경영자, 데이터 웨어하우스*** 관리자[Data Warehouse Manager], 비즈니스 인텔리전스 분석가[Business Intelligence analyst], 데이터 웨어하우스 분석가[Data warehouse analyst], 데이터 모델러[Data Modeler], 데이터베이스 개발자, 데이터베이스 관리자 등이 있다.

....

* 데이터 마이너(Data miner)는 광산에서 금을 캐는 광부처럼 수많은 데이터들 속에서 의미 있고 유용한 정보를 찾아 미래의 상황을 예측하는 전문가이다. 수리와 통계학적 지식과 컴퓨터에 대한 기본 지식을 갖추고 다양한 프로그래밍 언어와 네트워크 플랫폼에 대한 전문 지식이 필요하다. IT 기업, 제조업, 금융업, 서비스업 등 각종 기업체와 공공 부문 등 다양한 분야에서 활동할 수 있는 빅데이터 시대 유망 직업이다.

** 하둡(Hadoop)이란 개발자인 더그 커팅(Doug cutting)이 자신의 아들이 가지고 놀던 코끼리 장난감에서 따온 이름으로, 대용량 데이터의 분산 처리를 위해 개발된 오픈소스 자바 소프트웨어 프레임워크이다.

*** 데이터 웨어하우스(Data warehouse)는 많은 데이터를 단순히 축적하는 것이 아니라 사용자의 의사 결정에 필요한 데이터를 미리 추출, 변환, 통합하여 체계적으로 관리하는 중앙 저장소이다.

가상현실을 체험하고 있는 모습

가상현실 전문가

가상현실 전문가는 사용자가 가상세계를 실제처럼 느낄 수 있도록 컴퓨터를 활용하여 3차원의 가상현실 시스템을 개발하는 전문가이다. 3차원 모델링 및 가상현실 모델링 언어VRML와 같은 기술을 활용하여 사용자가 원하는 가상세계를 파악하고 개발하고자 하는 시스템을 분석하여 개발 방향을 설정한다. 그런 다음 3차원 컴퓨터그래픽 제어 기술을 활용하여 프로그래밍하고 가상현실 시스템을 디자인한다. 제작된 3차원 가상현실 소프트웨어에 오류가 없는지 테스트하고, 수정 작업을 거쳐 제품을 완성하며, 3차원 컴퓨터 그래픽 제어 기술을 활용하여 프로그래밍하는 일도 하게 된다.

현재는 게임, 비행기 조종 훈련, 가상의 주택 모델 하우스나 자동차 모델 등에 적용되고 있으나, 향후 5G 시대가 도래하면 가장 유망할 분야 중 하나로 다양한 분야에서 가상현실 전문가가 필요할 것이다.

증강현실 전문가

증강현실 전문가란 현실 세계에 실시간으로 가상의 이미지를 합쳐서 하나의 영상으로 보여 주는 증강현실 알고리즘을 개발하고 응용하는 전문가이다. 현실 세계의 정보를 인식하여 가상의 객체를 화면상 원하는 자리에 위치시키는 마커 인식 기술, 마커 정보와 조정 정보 등의 데이터를 처리하여 실제와 가상을 합치는 영상 합성 기술, 3D 영상이나 음향 등 생성된 정보를 사용자에게 전달하는 디스플레이 기술 등에 대한 능력을 갖추어야 한다. 가상현실 전문가와 마찬가지로 향후 5G 시대에 가장 유망할 직업 중 하나이며, 게임, 교육, 관광 분야뿐 아니라 다른 산업 분야에서도 증강현실 기술을 활용할 것으로 보여 증강현실 전문가에 대한 수요가 크게 증가할 것으로 보인다.

사이버 포렌식 전문가

사이버 포렌식 전문가란 사이버Cyber와 과학 범죄 수사Forensic가 합쳐진 용어로 범죄의 단서가 되는 디지털 기기의 정보를 복구하고 분석하여, 범죄 사실을 입증하는 증거 자료를 확보하는 전문가이다. 스마트폰이나 컴퓨터 메모리에 숨겨져 있거나 삭제된 데이터 복구는 물론 암호화된 파일을 해독하는 역할을 하고, 분석 절차 등에 대해 법정에서 증언하기도 한다.

경찰청, 검찰청, 관세청, 국세청, 국정원, 국방부, 선거관리위원회 등 국가 기관이나 회계법인 등에서 사이버 포렌식 전문가를 활용하거나 직접 채용하는 경우도 있다. 기업에서는 정보 통신팀이나 감사팀 등에서 회사 기밀 유출 방지와 감사 업무를 수행하기도 한다. 정보 보호학, 법학, 컴퓨터공학 등에 관한 전문 지식이 필요하며, 일부 대학원에 사이버 포렌식학과를 운영하고 있는 경우도 있다. 향후 4차 산업혁명 시대에는 네트워크 확대와 디지털 정보량의 급증으로 사이버 포렌식 전문가의 수요 또한 다양한 분야에서 크게 증가할 것으로 예상된다.

방향 2. 새로운 서비스 분야의 직업을 찾아라*

———

4차 산업혁명 시대에는 여가와 문화 생활, 개인적 가치의 추구, 건강 관리 등에 대한 보다 많은 관심과 수요가 증가할 것이다. 그렇기 때문에 지금보다 더 많은 서비스 산업이 생겨날 것이고, 특히 수명 연장과 고령화는 행복한 노년의 삶을 위한 서비스 수요를 더욱 불러올 것으로 보인다. 따라서 기존의 서비스업보다는 새로운 서비스 분야에서 유망 직업을 더 쉽게 찾을 수 있을 것이다.

....

* 여기에 소개되는 직업들은 고용노동부 및 한국고용정보원이 발굴한 신직업 중에서 주요 직업을 인용하였다.

주거 복지사

주거 복지사는 스스로 주거 문제를 해결하지 못하는 취약 계층을 대상으로 주거 환경 개선 등에 관한 상담을 하고 관련 정보를 제공하여 주거 문제를 해결하도록 지원하는 직업이다. 주거 복지에 대한 실태 조사와 대상자 발굴이나 고충 상담, 주거 복지 사업 기획, 지원 주택 연계 방안 제공 등의 업무를 수행한다.

정부에서는 주거 복지 서비스를 국민에 대한 국가의 책무로 인식하고 2015년 '주거복지법'을 제정하였다. 이 법에 따르면 주거 복지 전문 인력을 양성하여 국가, 지방자치단체 및 공공 기관에서 이들을 우선 채용할 수 있도록 하였다. 이에 따라 각 지방자치단체나 한국토지주택공사 등을 중심으로 주거 복지사가 채용될 것으로 보인다.

대량 실업과 소득 양극화로 인한 주거 취약 계층이 증가할 가능성이 높은 4차 산업혁명 시대에는 주거비 걱정 없는 저비용 주거 생활 구조를 만들어야 할 필요성이 있으므로 주거 복지 서비스와 주거 복지사에 대한 수요는 커질 것으로 보인다.

주변 환경 정리사

주변 환경 정리사란 고객의 의뢰에 따라 정리 정돈부터 가구 배치나 공간 활용 등을 통해 쾌적하고 효율적인 생활 공간과 사무 공간을 조성하는 서비스를 제공하는 전문가이다. 민간 자격으로 정리 수납 전문가 1·2급 자격증이 있으며, 현재에도 13,000여 명의 전문가가 정리 수납 컨설턴트로 활동하고 있는 것으로 추정된다.

보건복지부 지원으로 각 지방자치단체에서 수행하고 있는 '드림스타트' 사업에도 정리 수납 코칭 서비스가 제공되고 있어서 주변 환경 정리 전문가의 수요는 확대될 것으로 보인다. 바쁜 현대 사회에서 생활 공간을 정리하는 일이 어려워지고 있는 반면 쾌적한 공간에서 양질의 삶을 추구하는 사람들의 욕구는 강해지고 있다. 아직 초기 단계이지만 4차 산업혁명 시대의 새로운 서비스업 영역으로 자리매김할 가능성이 클 것으로 보인다.

생활 코치

생활 코치란 코칭 기법을 활용하여 청소년, 부부, 일반 개인 등이 대인 관계를 개선하거나 일과 삶의 균형, 인생의 목표 발견, 자신감 고취 등을 위한 방법을 찾고 실천하도록 지원하는 전문가이다. 코칭 분야는 기존의 헬스 코칭뿐 아니라 라이프 코칭, 학습 코칭, 커리어 코칭, 대화 코칭, 감정 코칭 등 다양하게 있다. 현재 약 3,000여 명의 종사자가 활동하고 있는 것으로 추정되고 있으며, 일부 대학에서는 코칭 관련 과목도 개설되어 있다.

4차 산업혁명 시대에는 인간적 감성을 느끼길 원하거나 정신적 위안과 힐링을 필요로 하는 사람들이 많아질 것이다. 이런 사람들을 돕는 일은 인공지능과 로봇이 하기 힘든 일이다. 이런 측면에서 생활 코치는 미래에 많은 수요가 있을 것으로 예상된다. 아울러 직업적인 보람을 느끼면서 일할 수 있는 직업 중 하나가 될 것이다.

민간 조사원

민간 조사원은 의뢰자를 위하여 각종 위법 행위나 사고의 피해를 확인하고 원인과 책임 조사, 행방 불명자 및 분실 자산의 소재 파악, 소송 증거 수집 등을 수행하는 직업이다. 외국 영화나 드라마에 자주 등장하는 사립탐정이 여기에 속한다. 각종 민·형사 사건뿐 아니라 실종 아동 찾기, 보험 사기 대응, 지적재산권 보호, 산업 스파이 파악, 기업 부정 조사, 교통사고 조사 등 다양한 분야에서 민간 조사원의 수요가 많을 것으로 예상된다. 민간 조사원에 요구되는 능력도 경찰 행정 관련 전공 지식과 민·형사와 관계된 법률적 지식은 물론 세부 분야별 전문 지식을 갖추어야 한다.

미국, 영국, 일본 등 선진국에서는 민간 조사원이 합법적인 직업으로 인정되어 수만 명씩 종사하고 있으나 우리나라는 아직 불법이다. 현재 민간 조사원 제도 도입을 위한 법률*이 국회에 계류 중에 있으며, 법이 통과되면 이 분야에서 새로운 미래 직업의 기회가 열릴 것으로 보인다.

의료 관광 경영 상담사

의료 관광 경영 상담사란 국내 의료 기관이 외국인 환자를 유치하거나 해외 진출을 하고자 할 때 국제보건법 등의 법률적 쟁점이나 마케팅 방법, 기타 의료 관광에 필요한 전반적인 사항에 대하여 컨설팅 서비스

....
* 경비업법 전부개정안 및 민간조사업에 관한 법률 제정안

를 제공하는 전문가이다. 이 직업을 갖기 위해서는 의료 및 관광 산업에 대한 전문 지식과 이해력, 외국어 능력, 비즈니스 협상 능력 등을 갖추어야 한다.

2009년 의료법 개정으로 국내 병원에서도 외국인 환자를 유치할 수 있는 근거가 마련되어 해외 환자의 비자 발급 등 정부 차원에서 의료 관광 활성화를 위한 지원을 해 오고 있다. 선진국의 경우 해외 진출 국가에 특성화된 의료 관광 업체가 활발히 운영되고 있다. 우리나라도 국내 의료 기관의 해외 진출이 꾸준한 증가하고 있어 의료 관광 경영 상담사의 인력 수요가 늘어날 것으로 보인다.

크루즈 승무원

크루즈 승무원이란 크루즈선에 탑승하여 여행객들의 안전과 각종 편의를 위한 서비스를 제공하는 직업이다. 크루즈선은 배 안에 대형 식당, 연회장, 수영장, 카지노 및 게임장, 공연장 등과 호텔급 객실을 갖춘 호화 여객선이다. 그러므로 크루즈 승무원은 선상 활동과 스포츠, 엔터테인먼트, 강연 등을 기획하고 객실 서비스 전반을 관리하는 역할을 한다. 이 직업을 갖기 위해서는 기본적인 외국어 능력과 함께 선원법상 기초 안전 교육, 여객선 기초 교육, 보안 교육 등을 받아야 한다.

크루즈 여행 산업은 매년 꾸준히 성장하고 있는 산업이며, 관광 및 여가 문화가 활성화될 경우 더욱 수요가 많아질 것으로 예상된다. 특히 2015년에는 '크루즈산업의 육성 및 지원에 관한 법률'이 제정되어 크루즈 산업 육성을 위한 법적 기반이 마련되었다. 이에 따라 해양수산부에서는 크루즈 산업을 아이콘 사업으로 선정하고 적극적으로 육성하기 위하여 아세아크루즈인재양성센터, 제주국제대학교, 대경대학교를 전문 인력 양성 기관으로 지정하였다.

산림 치유 지도사

산림 치유 지도사란 자연의 경관과 향기 등 자연의 여러 요소를 활용하여 인체의 면역력을 높이거나 건강을 증진시키고, 각종 질병 치유 프로그램을 개발·보급하거나 지도하는 직업이다.

식물 치유(산림욕, 식물 관찰, 방향욕 등), 식이 치유(식용·약용 식물 탐방, 산나물 식사 등), 정신 치유(산림 명상, 산림 요가, 숲과 음악, 카운슬링 등), 운동 치유(지형 치유, 맨발 걷기, 힐링 워킹 등), 기후 치유(산림욕 체조, 해풍욕, 풍욕, 일광욕 등), 물 치유(크나이프식 물 치유, 냉온수욕, 온천욕, 족욕 등) 등 치유 프로그램도 다양하다.

최근 산림 치유사의 활동 영역이 자연 휴양림, 산림욕장, 도시 숲, 숲길 등으로 확대되었으나, 산림 치유가 의학적 치료와 연계될 경우 더욱 활성화될 수 있을 것으로 보인다. 특히 4차 산업혁명 시대에는 건강과 힐링에 대한 관심이 더욱 증가할 것이므로 산림 치유 지도사에 대한 수요가 많아질 것으로 예상된다.

협동조합 코디네이터

협동조합 코디네이터란 협동조합*의 설립과 경영에 대한 전반적인 컨설팅을 제공하고 필요한 지원과 절차를 대행해 주는 직업이다. 설립 시에는 발기인 모집, 정관 작성, 설립 신고, 출자금 납입, 설립 등기 등 전반적인 설립 절차를 지원하고 경영에 필요한 세무, 회계, 인사, 노무, 홍보, 마케팅 등에 대한 컨설팅과 필요한 서비스를 제공하는 역할을 한다.

2012년 '협동조합기본법'이 제정된 후에 협동조합이 급증하였으나 다방면의 전문 지식과 경험을 갖춘 전문 인력은 부족한 실정이다. 미래의 자본주의 사회는 자본과 소유 위주의 사회가 아니라 협력과 공유의 사회로 발전할 것이다. 따라서 사회적 가치와 공동체의 이익을 중시하는 협동조합은 더욱 활성화될 것으로 보이며, 협동조합 코디네이터에 대한 수요도 함께 증가할 것으로 예상할 수 있다.

문화 여가사

문화 여가사란 주말이나 휴일 등 여가 시간을 잘 활용할 수 있도록 여가와 문화생활에 관한 다양한 정보를 제공해 주는 직업이다. 여가 생활에 대한 수요를 파악하고 맞춤형 여가 설계를 지원하기도 하며, 지역 문화 자원의 활용에 관한 기획과 문화 예술 사업에 대한 컨설팅을 제공하는 역할도 수행한다. 4차 산업혁명 시대에 삶의 질을 추구하는 수요의 증가는 문화 복지에 대한 수요를 높일 것이다.

정부에서는 생활권 문화 시설이나 시군구의 주민 자치센터 그 밖의 각 지역 문화 시설과 사회 복지 시설 등에 문화 여가사를 배치하는 안

....
* 재화 또는 서비스의 구매·생산·판매 등을 공동으로 영위함으로써 조합원의 권익을 향상시키고 지역 사회에 공헌하고자 하는 사업 조직을 말한다.

도 검토하고 있는 것으로 알려져 있다. 문화와 여가에 대한 국가적 지원은 미래의 새로운 공공서비스 영역으로 자리 잡게 될 것으로 예상되며, 이러한 과정에서 문화 여가사는 전문가로서 중요한 역할을 담당하게 될 것으로 보인다.

도시 재생 전문가

도시 재생 전문가란 쇠퇴한 도시의 경쟁력을 높이기 위한 계획을 수립하고 도시 재생 사업 시행을 지원하는 전문가이다. 도시 지역의 역사나 생태 자원, 환경, 도시의 기능적 특징 등을 조사하고 주민의 요구나 이해관계 등에 대해서도 파악해야 한다. 이를 바탕으로 도시 지역의 비전과 지역 경제 활성화 및 지역 경쟁력 강화 방안, 도시민의 삶의 질 향상 등 도시 재생 마스터 플랜을 작성하는 역할을 한다.

빠른 고령화와 대도시 집중 현상의 심화로 인구가 감소하는 지방자치단체가 증가하고, 노후 주택이 많은 구도심의 주거 환경과 도시 기능이 낙후되어 가는 것이 세계적 현상이다. 따라서 도시 재생 사업이 각국가의 주요 정책으로 떠오르고 있어 향후 도시 재생 분야의 전문가 활동이 증가할 것으로 보인다.

정신 건강 상담 전문가

정신 건강 상담 전문가란 정신 상담 분야에 대한 전문 지식을 갖추고 자살 또는 약물이나 행위 중독 등의 예방을 위한 상담 서비스나 단기 개입 서비스를 제공하는 전문가이다.

현재 우리나라는 정신 건강 증진 센터와 알코올 상담 센터에 배치된 정신 보건 전문 요원이 정신 건강 관련 상담 서비스를 제공하고 있다. 정신 보건 전문 요원은 정신 보건 임상 심리사 등 국가 자격을 취득한 사람 중에서 채용하고 있다.

미국, 뉴질랜드, 영국 등 선진국의 경우 국가의 자살 예방 대책이 체계적으로 갖춰져 있다. 이에 반해 우리나라는 자살률이 13년째 OECD 국가 1위를 차지하고 있고, 도박이나 알코올 중독자도 선진국보다 높은 수준이지만, 이를 개인의 문제로 보는 경향이 있어 국가적 예방 대책이 미흡한 설정이다. 최근 정부에서도 이에 대한 지원을 강화하기 위하여 자살 예방 상담 전문 요원, 약물 중독 예방 전문 요원, 행위 중독 예방 전문 요원 등 세분화된 직업을 신설하고 정신 건강 상담 인력을 확충하려는 등 대국민 정신 건강 서비스 질의 향상을 모색하고 있어 이 분야의 직업에 대한 전망은 밝다고 할 수 있다.

노년 플래너

노년 플래너란 노년기의 삶을 행복하고 건강하게 보낼 수 있도록 건강, 일, 자산 관리, 정서적·심리적 상담, 자살 예방, 죽음 관리 등 노후 생활 전반에 대하여 전문적으로 설계하는 직업이다. 노년 플래너가 되기 위해 아직까지 특별한 전공이 있는 것은 아니지만 사회 복지나 심리 상담 등에 관한 지식과 업무 경험이 있을 경우 도움이 될 것으로 보인다.*

향후 고령자가 급격히 증가할 것으로 예상되기 때문에 노후 플래너에 대한 수요는 증가할 것으로 보인다. 정부에서도 이 직업을 2015년 신직업으로 선정하여 전문가 양성 교육을 진행하고 있다. 이 분야는 노인 복지 차원에서 국가 또는 지방자치단체가 지원을 할 수 있기 때문에 향후 공공서비스 종사자(공무원 등)로서 활동할 가능성이 있을 것으로 보인다.

바이오 헬스 케어 전문가

2015년 한국생명과학연구원은 바이오헬스 분야 미래 유망 기술로 차세대 유전체 분석칩, 체내 이식형 바이오 센서, 유전자 교정 세포 3D 프린팅, 퍼스널 노화 속도계, 지능형 환자 맞춤약, 운동 효과 바이오닉스 등을 선정하였다. 바이오 헬스 케어 전문가는 이러한 분야를 연구·개발하는 전문가를 말한다.

고령자가 많은 사회에서는 개인이나 국가 모두 건강이 가장 중요한 관심사이다. 특히 헬스케어 분야는 노인들의 자가 건강 관리 능력을 향상시키기 위해서 운동이나 음식 섭취 및 식습관 등 생활 건강 전반에 대하여 관리를 해 주는 전문가가 많이 필요하다. 우리나라는 2026년이면 65세 이상 인구가 전체 인구의 20퍼센트를 차지하는 초고령 사회에 진입하게 된다. 당연히 건강과 관련한 다양한 산업이나 직업이 뜰 수밖에 없다.

....

* 노인 플래너에 대한 국가 공인 자격은 없으나 민간 자격으로 노후 생활 설계사, 노후 설계 상담사 등이 있다.

유품 정리사

유품 정리사란 혼자 살다 사망한 노인들의 유품을 정리해 주는 직업이다. 아직 우리나라에는 잘 알려지지 않았지만 우리보다 고령화가 빠른 일본에서는 유망 직종으로까지 부상하고 있다. 지난해 일본의 도쿄 도에서만 3,175명의 노인이 혼자서 쓸쓸히 사망할 정도로 고독사는 고령화의 한 단면이 되었다. 빠르게 고령화가 진행 중인 우리나라에서도 멀지 않은 미래에 유품 정리사라는 직업이 필요할 것으로 보인다.

동물 간호사

동물 간호사란 수의사가 개나 고양이 등의 동물에 대하여 수행하는 진료와 처치 등의 업무를 보조하는 직업이다.

미국, 유럽 등 선진국의 경우 전문적인 동물 간호 인력이 동물 병원에서 진료를 보조하고 있으나, 우리나라의 경우 전문 자격 제도가 없어 국가가 인정하는 전문 직업인으로 활동하지 못하고 있는 실정이다.

오늘날 반려동물을 키우는 인구가 1천만 명, 세대수로는 4백만 가구에 달하고 있다. 정부에서는 이러한 반려동물 관련 시장의 규모와 수의업계의 성장 등 시장 여건

동물 간호사

을 감안하여 단계적으로 동물 간호사 전문 자격을 부여하는 방안을 추진하고 있다. 따라서 앞으로 국가 자격을 취득한 동물 간호사에 대한 수요가 많아질 것으로 보인다. 동물을 사랑하는 사람이라면 직업적 만족을 느끼면서 전문 직업인으로 활동할 수 있는 기회가 될 것이다.

반려동물 매니저

반려동물 매니저란 반려동물의 학대 방지와 사후 관리 또는 사회성 훈련을 실시하거나 반려동물의 품종을 관리하고 사육·분양 등을 하는 전문가이다.*

평균 수명의 연장으로 고령 인구가 많아지고 있는 가운데, 1~2인 가구의 비중도 높아지면서 가족의 대안으로서 반려동물을 키우는 가정이 늘고 있고, 앞으로도 이러한 추세가 계속될 것으로 보인다. 반려동물을 키우는 집이 많지만 아직까지 우리나라는 반려동물과 관련해서 전문적인 관리를 받는 가구 수는 많지 않은 실정이다. 하지만 앞으로 반려동물 보호에 대한 사회적 관심 증가와 반려동물 애호 인구의 증가에 따라 반려동물에 대한 전문적인 관리를 도와주는 반려동물 매니저에 대한 수요도 증가할 것으로 보인다.

....
* 반려동물 관리에 대한 국가 공인 자격은 없으나 민간 자격으로 반려동물 관리사, 반려동물 장례 지도사가 있다.

3.
일자리 위협을 받게 될
직종과 직업군

　현재 우리나라 사람들이 종사하는 직업 가운데 얼마나 많은 직업이
인공지능과 로봇과 같은 신기술에 의해 대체될 수 있을까. 이에 대해 분
석한 자료를 소개할까 한다.[5] 이 분석 자료에 따르면 2015년 기술 수준
으로 볼 때, 현재 우리나라 전체 취업자 2,323만 명의 12.7퍼센트에 해
당하는 일자리가 스마트 기술로 대체될 수 있을 것으로 보인다. 다른 여
러 요인으로 인해 실제 이 비율대로 대체되지는 않겠지만 기술적 측면
에서 보면 그렇다는 것이다.

인공지능과 로봇으로부터
안전한 직업은 없다

———

현행의 기술 발전 속도를 감안했을 때 인공지능과 로봇이 인간을 대체 가능한 비율은 2020년에 41.7퍼센트, 2025년에는 71퍼센트까지 상승한다. 2025년에 이르면 전체 근로자 가운데 1,745만 명이 로봇 등에 의한 고용 위험에 직면할 수 있다. 특히 청소, 경비, 건설, 운송, 가사, 음식 및 판매 업종에서 근무하는 단순 노무 종사자의 경우는 91.1퍼센트가 대체될 위험에 노출된다. 이 인원만 하더라도 무려 245만 명이다. 농림·어업 숙련 종사자(86.4퍼센트), 장치·기계 조작 및 조립 종사자(79.1퍼센트), 서비스 종사자(76.5퍼센트), 판매 종사자(74.7퍼센트), 기능원 및 관련 기능 종사자(74.5퍼센트)도 높은 대체 가능 비율을 보이고 있다. 전문직의 경우는 대체 가능 비율이 56퍼센트로 다른 직종에 비해 상대적으로 낮은 것으로 보이지만, 이 직종의 취업자가 528만 명으로 가장 많기 때문에 전 직종 중 가장 많은 264만 명이 일자리를 위협받게 될 것이라는 점도 주목할 필요가 있다. 이러한 연구 결과를 놓고 볼 때, 앞으로 10년 후에는 어떤 직종이라도 인공지능과 로봇 등의 신기술로부터 안전하다고 장담할 수 없다.

다음은 2025년에 대체 비율이 높을 것으로 예상되는 직업을 1위부터 40위까지 순서대로 나열한 것이다. 살펴보면 알겠지만 주방 보조원, 청소원, 건설 종사원 등 대부분 단순 노무 업종들이 많이 분포한다. 특히 눈에 띄는 직업으로는 건축 관련 직업과 생산직 기계 조작원을 들

직종 분류별 스마트 기술의 고용 영향

(단위: 천 명)

직종	2015		2020		2025	
	취업자	직무 능력 대체 비율	취업자	직무 능력 대체 비율	취업자	직무 능력 대체 비율
전체	23,233	12.7%	24,068	41.7%	24,581	71.0%
관리자	284	7.2%	278	23.1%	277	50.0%
전문가* 및 관련 종사자	4,744	7.9%	5,068	30.4%	5,283	56.9%
사무 종사자	4,355	10.2%	4,565	32.3%	4,757	61.4%
서비스 종사자**	2,205	14.1%	2,338	45.7%	2,399	76.5%
판매 종사자	3,094	11.9%	3,168	39.7%	3,181	74.7%
농림·어업 숙련 종사자	1,234	17.7%	1,086	54.1%	973	86.4%
기능원 및 관련 기능 종사자***	1,949	11.0%	1,945	42.7%	1,946	74.5%
장치, 기계 조작 및 조립 종사자	2,876	11.8%	2,994	50.3%	3,070	79.1%
단순 노무 종사자	2,492	26.8%	2,627	65.3%	2,695	91.1%

자료: 한국고용정보원

··········

* 과학, 정보 통신, 공학, 보건 사회 복지 및 교육, 법률 및 행정, 경영 금융, 문화 예술, 스포츠 등의 분야

** 경찰 소방 보안, 이미용 예식 및 의료 보조, 운송 및 여가, 조리 및 음식 서비스, 판매 종사자, 영업직, 매장 판매직, 방문 노점 및 통산 판매 등 분야

*** 식품 가공, 섬유 의복 및 가죽, 목재 가구 악기 및 간판, 금속 성형, 운송 및 기계, 건설 및 채굴, 영상 및 통신 장비 등 분야

대체 비율이 높은 직업들(2025년)

주방 보조원, 청소원, 건설 및 광업 단순 종사원, 육류 어패류 낙농품 가공 및 생산직, 경량 철골공, 금속 가공 기계 조작원, 주차 관리원 및 안내원, 미장공, 낙농업 관련 종사원, 콘크리트공, 펄프 및 종이 생산직(기계 조작), 매표원 및 복권 판매원, 기타 생산직(기계 조작), 곡물 가공 제품 생산직(기계 조작), 단열공, 강구조물 가공원 및 건립원, 시멘트 석회 및 콘크리트 생산직, 주조원, 주유원, 세탁원 및 다림질원, 기타 자동차 운전원, 음식 배달원, 타이어 및 고무 제품 생산직(기계 조작), 곡식 작물 재배원, 정육원, 도축원, 철근공, 과실 및 채소 가공원(기계 조작), 건축 도장공, 노점 및 이동 판매원, 판금원, 기타 의복 제조원, 수금원, 화물차 및 특수차 운전원, 세탁 관련 기계 조작원, 떡 제조원, 한식 조리사(주방장 포함), 채소 및 특용 작물 재배원, 화학물 가공 및 생산직(기계 조작), 공업 배관공, 건축 석공

자료: 한국고용정보원

수 있다. 향후 공장에서 미리 건축 자재를 제작하여 조립하는 모듈러 주택이나 3D 프린팅 건축 기법이 일반화될 경우 미장공, 콘크리트공, 철근공 등은 필요로 하지 않게 될 것이다. 또한 제조업에 스마트 공장이 도입되면 제조 공장의 기계들은 사람이 조작하지 않아도 되기 때문에 기계를 조작하는 사람이 필요 없게 된다.

사라질 확률이 99%인 직업들

이번에는 영국의 옥스퍼드대학 마틴스쿨에서 제공한 분석 모형으로 한국과 영국의 주요 직업의 로봇 대체율을 분석한 결과를 보도록 하자.[6]

한국의 582개, 영국의 366개의 직업이 향후 20년 이내에 로봇으로 얼마나 대체될 것인지에 대해 그 확률과 순위를 정해 놓은 것이다.* 202쪽 표는 대체율이 높은 직업 1위부터 50위까지를 순서대로 정리해 놓은 것이다.

먼저 한국의 경우를 보면 전화 상담원, 권리 분석사, 보험 손해 사정인, 시계 수리공, 화물·창고업 종사자 등의 로봇 대체율은 무려 99퍼센트나 된다. 보험 청구인, 중개인, 대출 관련 종사자, 은행 창구 직원, 신용 분석사, 운전사, 영업직 사원, 회계 업무 종사자 등도 로봇 대체율이 98퍼센트에 이른다.

레스토랑·커피숍 직원, 부동산 중개인, 해충 방제 전문가, 염색 기계 기사, 농장 근로 도급업자, 전기 설비 조립공, 목공 기계 설비사 등은 97퍼센트, 직물 수선공, 카지노 딜러, 기관차 엔지니어, 보상 및 급여 담당 종사자, 일반 사무직원, 접수 및 안내 직원, 보석 및 철 세공사 등은 96퍼센트가 로봇으로 대체될 수 있는 직업으로 분류되고 있다.**

영국의 경우를 보면, 전화 판매원의 로봇 대체율이 99.0퍼센트로 가장 높다. 이어 재무 회계 관리자(97.6퍼센트), 영업 관리자(97.2퍼센트), 은

....

* 한국은 「매일경제신문」이 구축한 '직업의 미래'라는 웹사이트(http://channel.mk.co. kr/event/2016/job/)에서, 영국은 BBC방송이 운영하는 웹사이트(http://www.bbc. com/news/technology-34066941)에서 개별 직업별로 로봇 대체율과 순위를 확인할 수 있다.

** 반대로 대체될 확률이 낮은 직업으로는 임상심리사 0.28퍼센트, 정신 건강 상담 치료사 0.31퍼센트, 음향 치료사 0.33퍼센트 등이 있다. 사회복지사 0.35퍼센트, 다이어트 및 영양 관리사 0.39퍼센트, 초등학교 교사 0.44퍼센트, 컴퓨터 시스템 분석 전문가 0.65퍼센트, 성직자 0.81퍼센트, 직업 상담사 0.85퍼센트 등이 다음을 차지한다.

행 또는 우체국 점원(96.8퍼센트), 지방 자치 행정 사무직(96.8퍼센트), 비정부기구NGO 임원(96.8퍼센트), 도서관 직원(96.7퍼센트), 통신 사업자(96.5퍼센트), 섬유 가공 업체 직원(96.1퍼센트), 접수원(95.6퍼센트), 운송 및 유통 사무원(95.5퍼센트), 공인회계사(95.3퍼센트), 조세 전문가(95.3퍼센트), 판매 및 소매업 직원(95.1퍼센트) 등이 95퍼센트 이상의 로봇 대체율 직업으로 분류되고 있다. 청소 및 청소 관리인과 관리자(94.4퍼센트), 가사 도우미(94.4퍼센트), 약국 및 기타 조제 보조원(94.0퍼센트), 제약 기술자(91.7퍼센트), 플라스틱 가공 공정 종사자(90.7퍼센트), 소매점 직원 및 체크아웃 운영자(90.2퍼센트)도 대체율이 90퍼센트가 넘는 직업이다.

로봇 대체율이 높은 직업의 종류나 명칭은 조금씩 다르지만 두 나라 모두 공통적인 점은 이러한 직업들이 대부분 로봇과 인공지능에 의해 대체될 직업이라는 점이다. 로봇이 더욱 향상된 센서와 정밀한 로봇 손을 가지면서 기계를 조작하거나 물건을 조립하는 작업을 할 수 있는 수준까지 기술이 발전하고 있다. 앞으로는 로봇이 사람 수준의 복잡한 수작업까지 스스로 할 수 있게 되면서 많은 직업들이 대체 위험에 노출될 것이다. 인공지능은 이미 정교한 알고리즘으로 법률이나 금융 서비스 분야에서 사람의 역할을 대신하기 시작했고, 스스로 학습하는 딥 러닝 기술 등을 활용한 인공지능 서비스가 빠른 속도로 발전하고 있어서 많은 정신 노동자들의 일자리까지 위협받을 것이다.

하지만 이러한 연구 결과는 현재의 경제 상황과 직업 환경 등이 그대로 유지되고 신기술 개발이 전문가의 예측대로 진행된다는 전제에서 분석한 전망들이다. 즉, 현재의 상황이나 환경에 미래의 기술을 적용한 것이라 할 수 있다. 따라서 이러한 대체 비율에 절대적인 가치를 둘 필요는 없다. 많은 변수에 의해 예측과는 다른 결과가 얼마든지 나올 수 있다. 기술의 발전 정도나 속도가 예상만큼 달성되느냐가 변수이고, 기술적으로는 가능하더라도 기업들이 그 기술을 사용하여 제품이나 서비스를 내놓을 만큼 경제성이 있느냐도 변수이다. 또한 적당한 수준 이하로 제품과 서비스의 가격이 낮아져야 소비자가 확보될 것이다. 그 밖에 그 나라의 법이나 제도 그리고 신기술을 받아들이고자 하는 사회적 인식과 합의 등도 변수가 될 수 있다. 이러한 여러 변수들이 복합적으로 작용하기 때문에 신기술에 의한 일자리의 대체가 실제로 어떤 시기에 어느 정도 일어날지는 쉽게 예측하기 어렵다. 하지만 이러한 이유 때문에 우리는 더욱더 철저한 대응과 준비가 필요하다.

향후 20년 이내 로봇으로 대체될 확률이 높은 직업군들-1위~50위

순위	한국		영국	
	직업	로봇 대체율	직업	로봇 대체율
1	전화 상담원	99%	전화 판매원	99.0%
2	권리 분석사	99%	타이피스트 또는 키보드 작업자	98.5%
3	보험 손해 사정인	99%	법률 보조원	97.6%
4	시계 수리공	99%	재무 회계 관리자	97.6%
5	화물, 창고 업무 종사자	99%	정기 검사원 및 시험원	97.6%
6	세무 대리인	99%	계량원, 등급 조사원 또는 등급 분류원	97.6%
7	회계 관리인	99%	영업 관리자	97.2%
8	보험 청구인	98%	부기 담당자, 급여 관리자 또는 임금 사무원	97.0%
9	중개인	98%	재무 책임자	97.0%
10	물건 수주 종사자	98%	연금 및 보험 사무원	97.0%
11	대출 관련 종사자	98%	은행 또는 우체국 사무원	96.8%
12	보험 조정인	98%	재정 관리자(기타)	96.8%
13	스포츠 경기 심판	98%	지방 자치단체 직원	96.8%
14	은행 창구 직원	98%	비정부기구(NGO) 임원	96.8%
15	동판화가, 판화가	98%	도서관 사무원	96.7%
16	포장 기계 조작공	98%	조립공 및 단순 노무 종사자(기타)	96.7%
17	조달 업무 종사자	98%	종이 및 목공 기계 직공	96.5%
18	신용 분석사	98%	통신 운영자	96.5%
19	파트 타임 영업사원	98%	전화 교환수	96.5%

20	평가 및 조사 업무종사자	98%	섬유 가공 직공	96.1%
21	운전사, 영업직 사원	98%	재무 회계 전문가	95.9%
22	무선 통신사	98%	접수 담당 요원	95.6%
23	법률 비서	98%	운송 및 유통 사무원	95.5%
24	회계 업무 종사자	98%	평가사, 감정인 또는 사정인	95.5%
25	레스토랑, 커피숍 직원	97%	농어업 육체 노동자	95.4%
26	신용 등급 부여자 및 서무	97%	공인 회계사	95.3%
27	농산물 및 식품과학 기술자	97%	세무 전문가	95.3%
28	전화 교환원	97%	숙련된 거래인(기타)	95.2%
29	부동산 중개인	97%	영업 및 소매 보조원	95.1%
30	문서 정리원	97%	자동차 및 부품 판매원 및 자문	95.1%
31	사전 인쇄 기술자	97%	인쇄 및 제본 작업자	95.1%
32	카메라 수리공	97%	채무, 집세 및 기타 현금 징수원	94.7%
33	출납원	97%	표준 및 규정 조사원	94.5%
34	해충 방제 전문가	97%	공공 서비스 관련 전문가	94.5%
35	염색 기계 기사	97%	청소 및 청소 관리인 및 관리자	94.4%
36	농장 근로자 도급업자	97%	가정부	94.4%
37	전기 설비 조립공	97%	징수원, 영업 사원 또는 신용 대행사	94.4%
38	목공 기계 설비사	97%	시장 및 길거리 행상	94.4%
39	계산 담당 및 우체국 직원	97%	소매 및 영업 직원(기타)	94.4%
40	호텔 안내원	97%	순찰 근로자 또는 밴 판매원	94.4%

41	직물 수선공	96%	시장 조사원	94.2%
42	카지노 딜러	96%	약국 및 기타 조제 보조원	94.0%
43	기관차 엔지니어	96%	금속 세공업 종사자	93.5%
44	모형 제작자(나무)	96%	기타 행정 노동자	92.4%
45	지도 기술자	96%	조립원(전기 및 전자 제품)	92.4%
46	비서(법, 의료, 임원 제외)	96%	시설 및 기계 조작원(기타)	92.1%
47	보상 및 급여 담당 종사자	96%	제약 기술자	91.7%
48	일반 사무직원	96%	가구 제작자 또는 기타 공예품 제작자	91.6%
49	접수 및 안내 직원	96%	고객 서비스 종사자(기타)	91.0%
50	보석 및 철 세공사	96%	플라스틱 가공 조작원	90.7%

자료: http://channel.mk.co.kr/event/2016/job/, http://www.bbc.com/news/technology-34066941

4.
4차 산업혁명 기술로
일자리가 위협받을
대표적인 직업

앞에서는 미래에 인공지능이나 로봇으로 대체될 가능성이 높은 직업들에 대해 전반적으로 살펴보았다. 이번에는 인공지능, 사물 인터넷, 로봇, 드론, 3D 프린터, 자율 주행차 등 4차 산업혁명의 주요 기술들과 관련되어 일자리가 위협받을 것이라고 거론되고 있는 개별 직업들을 알아보고자 한다. 직업에 영향을 줄 신기술이 개발되고 있거나 이미 개발된 신기술이 산업 현장에서 일부 적용되고 있는 사례들을 근거로 제시하여 왜 그 직업이 위협을 받을 수 있는지를 설명하고자 한다. 이 직업들중에는 이미 일자리가 감소하기 시작한 직업도 있고, 수년 안에 이런 상황이 벌어질 것으로 예상되는 직업들도 있다. 물론 기술의 개발 속도나상용화 시기에 따라 수십 년 후에나 영향을 받을 직업도 있다. 또한 실제 일자리가 대체될지는 불분명하더라도 그 직업이 신기술과 경쟁하게 되어 위기 의식을 느낄 만한 직업도 소개할 것이다. 어디까지나 예측이고 미래의 일이다. 그러므로 예측이 예상보다 빠르게 밀려올 수도 있고 예상보다 늦게 다가올 수도 있다.

제조업 종사자

제조업 일자리는 4차 산업혁명의 영향을 가장 크게 받을 직업군이다. 크게 두 가지의 기술적 영향을 받을 것으로 보인다. 하나는 현재의 공장 시스템이 사물 인터넷과 로봇, 인공지능 등의 기술로 인해 스마트 공장으로 변신하는 것이다. 지금까지는 기계화와 자동화가 되어 있는 공장에서도 사람에게 일정한 역할이 주어졌지만, 스마트 공장에서는 이런 사람의 역할마저도 대부분 빼앗길 수 있다. 독일의 인더스트리 4.0 전략의 경우 스마트 공장을 통해 공장에서 일손을 놓은 인력을 해고하지 않고 더 나은 제품 서비스를 위해 활용한다는 것이지만, 다른 국가에서도 이러한 인력 재배치 방식이 통할지는 장담할 수 없다. 4차 산업혁명 시대에는 기업들 간 경쟁이 더욱 치열해지는 경영 환경이 펼쳐질 것이기 때문이다. 우리는 이미 언급했던 대만의 폭스콘 공장의 로봇화나 아디다스의 스마트 공장화의 사례를 통해 제조업 종사자들이 대량 실업에 직면할 가능성을 충분히 엿보았다.

다른 하나는 3D 프린터를 활용한 제조 방식이 기존 제조업 일자리를 잠식하는 것이다. 아직은 3D 프린터 제품에 대한 수요와 공급이 활성화되지 않고 있지만, 소비와 생산 여건이 지금보다 더 나아져 커다란 시장이 형성되고 산업으로 발전한다면 기존 제조업에 대한 파급 효과는 매우 클 것이다.

3D 프린터는 기존의 제조 공정과는 전혀 다른 방법으로 제품을 생산한다. 이로 인해 지금까지의 대량 생산 체제의 제조업 구조를 크게 바꿔 버릴 수 있다. 제조업 분야에서 3D 프린터는 우선 시제품을 만드는 데 활용될 수 있다. 시제품 제작 기간이 몇 개월에서 몇 시간으로 단축되고 수백만 원부터 수천만 원에 이르는 비용도 크게 절감되는 것이 가장 큰 장점이다. 제조업체들이 자사의 시제품을 3D 프린터로 만들게 될 경우 금형 제작원 같은 시제품 제작 업종에 종사하는 사람들의 일자리가 축소될 수 있다.

또한 3D 프린터가 다양한 재료를 활용하여 사람보다 더 정교한 작업을 수행할 수 있기 때문에 장인이나 숙련공에 대한 노동 수요도 줄어들 수 있다. 일본은 특유의 장인 정신이 바탕이 되어 중소 제조업이 발달한 나라이다. 그러나 일본 경제산업성의 「2013년 제조업 백서」를 보면 3D 프린팅 기술이 보급되면 숙련공 가공 기술이 필요하지 않을 수 있어 일본의 제조업 경쟁력이 약화될 것을 우려하고 있다.

앞으로 3D 프린팅 기술이 더 정밀해지고, 속도가 빨라지며 재료도 다양해진다면 지금보다 더 많은 소비재 제품까지 3D 프린터로 생산하게 될 것이다. 현재 대부분의 제조업 제품들은 소품종 대량 생산 방식으로 만들어지고 있다. 이는 개별 소비자의 다양한 수요를 모두 반영하기 어렵고 생산 비용 측면에서 효율성을 추구하는 기업 중심의 생산 방식이다. 그러나 3D 프린터는 개별 소비자가 원하는 제품을 얼마든지 만들어 낼 수 있다. 다품종 소량 생산은 물론 개인 맞춤형 제품의 주문 생산까지 가능하다. 이러한 변화에 맞춰 제품 제조 방식을 아예 3D 프린터로 바꾸는 기업이 나타날 수 있고, 지적재산권으로 보호받는 3D 프린팅 설계도를 이용하여 3D 프린팅샵이나 문방구 등에서도 소비자가 원하는 물건을 제작하여 판매할 수도 있다.

복잡하고 다양한 부품들을 조립하는 기존의 제품들과는 달리 3D 프린터로는 단순화한 부품이나 일체형 제품을 제작하기에도 편리하다. 이렇게 될 경우 일체형 부품이나 제품의 제작으로 조립 라인의 노동력을 줄이는 것(생력화省力化, laborsaving)이 가능하다. 실제로 자동차와 건물을 3D 프린터로 제작하고 있고, 유럽항공방위산업체는 바퀴, 페달, 안장과 몸체가 하나인 에어바이크Airbike라는 일체형 자전거를 3D 프린터로 만들기도 하였다. 따라서 3D 프린터 생산이 상용화되는 업종의 부품 생산 회사나 조립 회사는 크게 영향을 받을 것이고 부품 조립원, 부품 수리원 등의 일자리도 위협받을 수 있다.

펀드매니저

2017년 3월 28일 자 「뉴욕타임즈」에 따르면 세계 최대의 자산 운용사 블랙록BlackRock은 액티브 펀드를 운용하는 스타급 펀드매니저 7명을 해고했다. 대신에 운용 자금을 컴퓨터 알고리즘(인공지능)에 맡기기로 하였다. 회사가 이들 펀드매니저를 해고한 배경을 알아보자. 액티브 펀드는 펀드매니저들이 적극적인 투자 전략으로 주식을 사고팔면서 높은 수익률을 추구하는 펀드이다. 그런데 이들이 운용하는 액티브 펀드의 실적이 저조하여 컴퓨터 알고리즘이 운용하는 패시브 펀드보다도 실적이 낮아지자 무려 200억 달러(약 22조 2,740억 원)의 자금이 빠져나가는 일이 생겼다. 펀드매니저들은 높은 연봉을 받기 때문에 수수료가 비싸기 마련인데, 수익률까지 떨어지자 낮은 수수료에도 수익률이 더 좋은 컴퓨터 알고리즘으로 대체하기로 결정한 것이다.

이러한 인공지능 로보어드바이저robo-advisor의 역할이 빠르게 확대되고 있다. 최근 수년간 미국에서는 로보어드바이저 시장이 연평균 50퍼센트 성장률을 보이고 있다. 수수료가 매우 낮기 때문에 사람이 운용하는 펀드보다 수익률이 뒤지지 않는다면 로보어드바이저가 대세로 자리 잡을 수도 있다. 중국에서는 2016년 2월에 출시된 로보어드바이저 펀드 상품이 18.2퍼센트의 높은 수익률을 달성하기도 하였다.[7]

우리나라도 2016년 4월부터 인공지능 펀드매니저가 등장하기 시작했다. 펀드 평가사 에프엔가이드에 따르면, 2017년 3월 31일 자 기준으로 우리나라 로보어드바이저 펀드는 총 13개이며, 운용 설정액은 756억 원 규모라고 한다. 아직 이들 펀드의 운용 실적도 부진하고 국내 시장 규모가 작기 때문에 수수료도 0.7~0.9퍼센트 수준으로 일반 펀드보다 높은 편이다. 그래서 정착하기까지는 좀 더 시간이 필요하다는 것이 전문가들의 의견이다.

하지만 로보어드바이저는 빅데이터와 인공지능을 기반으로 한다는 점을 상기할 필요가 있다. 빅데이터를 기초로 학습하고 개인별 목표 수익률, 투자 성향 등을 분석하여 포트폴리오를 만들어 자금을 운용할 수 있다. 아직 로보어드바이저가 도입 초기이고 자산 운용 규모도 미미한 수준이지만 최근 인공지능의 진화 속도로 볼 때 로보어드바이저의 능력이 급격히 향상될 수 있을 것으로 예상된다. 미국처럼 로보어드바이저 시장이 확대되면 수수료도 크게 낮아질 것이다. 어느 날 갑자기 알파고처럼 업그레이드된 인공지능 펀드매니저가 높은 수익률을 기록하게 될 때 펀드매니저라는 일자리도 갑자기 사라질 수 있다.

콜센터 상담원

감정 노동자라고 하면 우선 언어 폭력이나 성희롱에 시달리는 콜센터 상담원이 떠오른다. 그런데 요즘은 인공지능으로 가장 먼저 사라질 직업으로 콜센터 상담원이 거론된다. 콜센터 상담원에게 물어오는 질문의 범위가 한정되어 있고 사람과 일상적인 대화까지 주고받을 수 있을 만큼 발전한 인공지능에게는 비교적 쉬운 업무가 되어 버렸기 때문이다. 이직률도 높아 기업 입장에서는 매년 채용 비용과 교육 비용이 들어가는 문제가 반복되고 있어서 인공지능으로 대체하려는 유인도 커지고 있다.

특히 국내에서는 금융권을 중심으로 인공지능 챗봇* 서비스 도입에 적극적이다. 지난해부터 NH농협은행, 신한은행 등 일부 은행들이 FAQ(자주 묻는 질문)나 금융 상품 안내 등에 대해 인공지능 금융 상담 서비스를 시작했고, 최근에는 은행·보험 등 대부분의 금융사들이 챗봇 서비스 구축에 적극 나섰다. 지난해 11월 신한은행은 '엠폴리오M-Folio' 라는 자산 관리 서비스앱을 오픈했는데, 고객이 인간 전문가 PB와 챗봇 로보어드바이저를 선택할 수 있도록 하였다. 그런데 이 엠폴리오를 통해 신규로 펀드에 가입한 고객 78퍼센트가 챗봇이 제안한 포트폴리오를 따랐다고 한다. 지난해 말 통합 IT 아웃소싱 업체인 SK(주) C&C는 한 외국 콜센터 보험사의 '차세대 콜센터 사업'의 우선 협상 대상자로 선정되기도 하였다. 이 사업은 인공지능이 상담원 역할을 하도록 하려는 것이다. 인공지능이 콜센터 상담원을 대체하는 날이 멀지 않았음을 보여 주는 사례다.

금융사들의 콜센터 상담은 많은 직원이 필요하고, 고객의 상담 주문이 몰리는 특정 시간대에는 대기 시간이 길어 제대로 응대하지 못해 고객 불만의 요인이 되기도 한다. 하지만 인공지능 상담원인 챗봇은 이러한 문제들을 단번에 해결할 수 있다. 365일 24시간 내내 상담 서비스를 제공할 수 있고 감정 노동에 시달리는 일도 없다. 향후 기업들은 업무 효율과 경비 절감을 위해 챗봇 상담원을 도입하게 될 것이고 인간 상담원의 일자리를 빠르게 대체할 것으로 보인다.

....
* 챗봇(Chatbot)이란 채팅과 로봇이 결합된 말로, 인공지능을 기반으로 빅데이터 분석을 통해 사람과 대화를 나누는 대화형 메신저를 말한다. 카카오톡이 인간끼리 주고받는 메신저라면 챗봇은 인간과 인공지능이 주고받는 메신저라 할 수 있다.

변호사

2016년 두낫페이DoNotPay라는 인공지능 변호사가 화제가 된 적이 있다. 이 인공지능 변호사는 영국의 조슈아 브로우더Joshua Browder라는 19세 청년이 개발한 프로그램이다. 인공지능 소프트웨어 채팅 방식으로 사용자와 대화하기 때문에 '챗봇 변호사'라 부르기도 했다. 이 인공지능 변호사는 교통 범칙금을 억울하게 부과받았다고 생각하는 사람에게 법률 자문과 함께 이의신청의 승산 여부를 판단해 주고 이의제기서까지 작성하여 해당 관청에 전송해 주는 서비스를 제공했다. 2015년 말부터 무료 서비스를 시작한 후 1년이 채 되지 않은 시점에 런던과 뉴욕에서만 25만 명이 두낫페이를 사용했다. 이 중 16만 명이 주차 위반 딱지의 취소를 이끌어 냈고, 이로 인해 이용자들은 총 400만 달러(약 47억 원)의 범칙금을 절감할 수 있었다. 두낫페이는 앞으로 항공편 지연에 따른 보상과 부동산 계약 관련 법률 자문 쪽으로도 범위를 확대할 계획이다.

또 2016년 5월에는 베이커앤호스테틀러Baker&Hostetler라는 미국의 대형 법률회사가 로스Ross라는 인공지능 변호사를 고용했다. 로스는 IBM의 왓슨을 기반으로 법률과 판례 분야에 특화된 인공지능이다. 로스의 첫 임무는 파산 분야의 수많은 판례를 검색해서 회사가 수임한 사건에 도움이 될 만한 내용들을 골라내는 일이었다. 로스는 이를 짧은 시간 내에 수행해 냈고, 사람이 동료와 대화하듯 일상 언어로 관련 법률과 사례를 분석해 알려 주었다. 2017년 2월 기준으로 미국 내 12개 법률 회사가 이 로스를 도입하고 있다.

또 2017년 8월에는 일본에서 변호사를 대신하여 계약서를 작성해주는 인공지능 변호사가 등장했다. 홈즈Holmes라는 계약서 작성 시스템이다. IBM의 인공지능 왓슨과 아마존 웹서비스를 기반으로 하고 있는데, 부동산 매매와 업무의 발주 등 약 300여 종의 각종 계약서 양식에 필요한 내용을 입력하면 단 몇 분만에 완성된다. 수십만 원을 주면서 변호사에 의뢰했던 일을 월 980엔(약 9,400원)만 지불하면 손쉽게 작성해준다. 이를 통해 시간과 비용을 획기적으로 절약할 수 있다.

로스나 홈즈 같은 인공지능 변호사를 활용하는 회사들은 점차 늘어날 것이다. 그렇게 될 경우 당연히 현재 이러한 역할을 담당하고 있는 변호사나 보조 인력들의 일자리가 위협받을 수밖에 없다.

법률 서비스를 크게 소송 수행과 법률 자문으로 나눈다면 인공지능의 영역은 법률 자문 쪽이다. 어떤 사건이 관련 법률과 판례에 비춰 볼때 다툴 만한 가능성이 있는지, 법적 다툼을 한다면 손해배상액이 얼마나 될 것인지, 어느 정도의 형벌을 예상할 수 있는지 등에 관한 판단이 필요할 때 이러한 인공지능 서비스를 사용할 수 있을 것이다. 판례를 검색하고 정리하는 데는 많은 시간과 노력이 필요한데, 인공지능은 이를 짧은 시간에 해낼 수 있다. 수천만 건의 기보를 단시간에 학습하고 딥러닝 기술로 승률을 계산하여 수를 결정하는 인공지능 알파고처럼 법률 분쟁에서 이길 확률을 판단하는 인공지능이 등장하면 인간 변호사를 보조하거나 대체할 가능성이 충분하다.

2016년 다국적 컨설팅 회사 딜로이트는 인공지능 기술이 법률 시장에서 3만 1,000개의 일자리 감소에 영향을 주었으며, 향후 20년 후에는 영국 법률 시장 일자리의 39퍼센트가 사라질 수 있다고 전망하기도 했다.

의사

의사는 의료 분야에 대한 고도의 전문 지식과 임상 경험이 필요한 직업이다. 특히 우리나라에서는 가장 선망하는 직업이어서 현실적으로 공부를 잘하는 학생들만이 선택할 수 있는 몇 안 되는 직업 중 하나이기도 하다. 하지만 이 직업도 인공지능의 도전으로부터 안전하다고는 말할 수 없다.

IBM사의 슈퍼컴퓨터 왓슨은 이미 2012년부터 암 진단과 처방에 활용되고 있다. 미국, 캐나다, 중국, 한국 등 세계 많은 나라의 병원에서 진료 업무를 보고 있는데, 2016년 11월 우리나라에서 제일 먼저 왓슨을 도입한 가천대 길병원은 도입 1년 동안 500여 건이 넘는 진료를 하였다. 아직까지 왓슨은 인간 의사의 진단과 판단을 돕는 조력자 정도로 인식되고 있다. 하지만 왓슨의 판단에 대해 환자들의 신뢰도가 높아지고 있고, 그 역할이 암 진단을 넘어 다른 영역으로까지 확대될 것으로 예상하고 있기 때문에 의사들은 긴장하지 않을 수 없다. 실제로 왓슨을 도입한 국내 병원에서 왓슨의 진단과 처방에 뒤지지 않기 위해 더 열심히 연구하고 공부하는 의료진들이 늘어났다는 것만 봐도 이러한 분위기를 감지할 수 있다.

최근 한 실험에서 폐암 초기 환자의 엑스레이를 18명의 영상의학과 전문의에게 판독 의뢰했는데 모두 종양을 발견하지 못했다고 한다. 초기인데다 종양의 위치가 뼈에 가려져 있었기 때문이다. 그러나 국내의 한 기업이 개발한 암 진단 인공지능 시스템은 단 2초도 걸리지 않은 시간에 종양의 위치를 정확하게 찾아냈다.[8] 이처럼 영상 의료 데이터의 판독

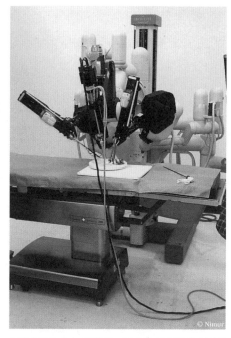
© Nimur
복강경 로봇 수술. 미래에는 인공지능과 로봇이 의사를 대신할지도 모른다.

과 진단이나 환자의 위험 징후 예측 등에서는 인간 의사의 실수나 한계를 인공지능을 통해 극복할 수 있다. 실제로 인공지능은 엑스레이, CT, MRI 같은 영상의학 데이터나 암 조직 검사 등 병리 데이터, 안과 영상이나 피부과 데이터 등을 분석하여 정확한 진단을 하는 수준까지 와 있다. 그러므로 영상의학과 전문의나 병리학 전문의 등 일부 영역에서는 당장 인공지능과 일자리 경쟁이 일어날 수도 있다.

또한 앞으로 10년 안에 수술용 로봇에 인공지능이 결합될 것으로 보인다.[9] 현재도 수술 로봇이 의료 현장에서 많이 사용되고 있지만 이는

어디까지나 의사의 통제 하에서 수술을 보조하는 역할을 하는 수준이다. 그러나 수술 로봇에 인공지능이 탑재될 경우 의사가 없는 곳에서도 진단과 수술이 가능해질 수 있다. 물론 인공지능 수술 로봇을 감독하고 새로운 수술법을 개발하기 위해 여전히 의사가 필요할 것이라는 게 전문가의 의견이지만 외과의사의 수술을 대신할 수 있다는 점에서는 대체 가능성을 생각해 볼 수 있다.

4차 산업혁명 시대에 인공지능의 진화와 발전 영역은 누구도 예측하기 힘들다. 하지만 의료 분야에서 인공지능의 능력과 역할이 커지리라는 것과 대체 가능성을 포함하여 인간 의사의 역할과 일자리에 커다란 변화를 몰고 오리라는 것은 확실하다.

기자

로봇 기자가 등장한 지도 수년이 지났다. 지난 2014년 3월 미국 로스앤젤레스에서 지진이 발생했을 때 처음 이 사실을 알린 건 「LA 타임즈」의 퀘이크봇Quakebot이라는 인공지능이었다. 퀘이크봇은 미국연방지질연구소를 통해 전달된 데이터를 바탕으로 진도 3.0 이상의 지진이 발생하면 수 분 안에 자동으로 기사를 작성한다. 이처럼 최근 세계 많은 언론들은 알고리즘이 기사를 작성하는 소위 로봇 저널리즘을 도입하고 있다. 「LA 타임즈」뿐만 아니라 「뉴욕타임즈」, 「로이터」, 「AP 통신」, 「블룸버그」 등 외신들도 일찍부터 로봇 기자 시스템을 도입하여 운영하고 있

퀘이크봇 트위터

다. 영국의 「가디언」이 운영하는 기사 작성 로봇은 자사의 기사 중에서 네티즌들의 댓글과 SNS 공유 상황 등을 분석하여 기사를 선별하고 읽기 편한 길이로 편집까지 한다. 「가디언」에서 발행하는 주간지 「더 롱 굿 리드The long good read」가 이렇게 만들어지고 있다.[10]

우리나라에서도 2015년 서울대 연구팀이 프로야구 뉴스 로봇을 선보였다. 이 로봇이 쓴 기사는 당시 2015년 인간 기자들이 쓴 기사의 문장과 큰 차이가 없었는데, 실제로 언론진흥재단에서 로봇이 작성한 기사를 제시하고 누가 쓴 기사인지 물어본 결과 일반인의 81.4퍼센트, 기자의 74.4퍼센트가 인간 기자가 썼다고 답을 했다. 또 2017년 8월에는 「연합뉴스」가 개발한 로봇 기자 '사커봇'이 영국 프로축구 프리미어리그 속보를 알고리즘을 통해 작성하여 해외 언론들의 많은 관심을 받기도 하였다.

이러한 로봇 저널리즘의 등장은 앞으로 인공지능이 '기자'라는 직업을 대체할 가능성에 대한 논쟁을 일으키고 있다. 하지만 아직까지 로봇 기자는 스포츠, 날씨, 증시 현황, 기업 실적 등의 일부 분야에서 미리 입력된 알고리즘의 틀 안에서 데이터나 단순 정보에 대한 속보성 기사를 작성하는 수준이다. 기자 업무의 본질이 취재에 있다는 측면에서 로봇 기자가 기자의 업무를 대체하지 못할 것이라는 주장도 있다. 오히려 로봇 기자가 기자의 보조원으로서 역할을 하면서 단순 자료 기사를 대신 써 준다면 인간 기자는 취재에 집중하고 질 높은 기사를 쓸 수 있다. 맞는 주장이다. 이렇게 앞으로는 인간 기자와 로봇 기자의 협업이 이루어질 것이다.

더 나아가 로봇 기자가 인간 기자를 대체할 수 있을 것인가에 관한 질문에는 다음과 같은 몇 가지를 생각해 보고 답을 해야 한다. 우선 미래 인공지능의 수준이 이런 단순한 기사 작성 수준에 머물지 않을 것이라는 점이다. 인공지능은 스스로 학습하고 인간만이 지니고 있다는 창의성까지 발휘하고 있다. 이러한 능력을 기반으로 인공지능이 작성하는 기사의 영역은 빠르게 확대되어 갈 것이다. 심지어 2020년대 중반에는 전체 기사의 90퍼센트가 인공지능에 의해 쓰일 것이라는 전망도 나와 있다.[11] 이를 준비라도 하듯 구글은 최근 영국 통신사 프레스 어소시에이션Press Association에 약 81만 달러(약 9억 3천만 원)를 투자하였다. 이를 통해 공공 데이터를 기반으로 매월 최대 3만 건의 지역 뉴스를 로봇으로 제공해 주는 서비스 레이더RADAR, Reporters And Data And Robots 프로젝트를 진행 중이다.

또 하나는 빅데이터 시대에 일반인에게 제공되는 기사가 모두 현장을 취재하여 얻은 기사는 아닐 것이라는 점도 생각해 보아야 한다. 모바일과 인터넷, SNS 등으로부터 쏟아지는 수많은 정보를 기사화하는 것도 매우 유용한 기삿거리인데, 이 분야는 인간 기자가 인공지능 기자를 따라올 수 없을 것이다. 인간으로서는 도저히 범접할 수 없는 빅데이터의 세계를 인공지능은 기사로 써낼 수 있다. 우리 인간은 이를 검증조차 하지 못하고, 그대로 받아들여야 할 수도 있다. 인공지능으로 인해 지금과는 다른, 지금은 존재하지 않는 새로운 기사의 영역이 열릴 수도 있다. 따라서 현재 기사의 취재 방식과 작성의 틀로만 미래 기자의 영역을 바라보아서는 안 된다.

디지털 시대에 익숙해진 대중들은 점점 빠르고 가벼운 기사에 익숙해지고 있다. 이는 인공지능 기자에게 우호적인 흐름이라 할 수 있다. 모든 신기술이 그러하듯 그 능력이 검증되고 사용자가 많아지기 시작하면 가격이 낮아진다. 로봇 기자의 능력이 향상되고 영역이 확대되면 결국 기업이나 언론사들은 인간 기자와 로봇 기자를 두고 누구를 활용할 것인가를 고민하지 않을 수 없을 것이다. 인간만이 할 수 있는 통찰력이 필요한 분야나, 로봇 기자와의 협업을 통해 수준 높은 기사를 쓸 수 있는 능력을 갖추는 것이 로봇 저널리즘의 시대에 기자가 살아남을 수 있는 방법이다.

신용분석가

신용분석가는 개인이나 기업에 대한 대출이나 연장, 거래와 관련한 위험 정도를 판단하기 위하여 신용 자료와 금융 관련 자료 등을 분석하는 직업이다. 금융 기관은 이에 따라 대출이나 금리를 결정하여 금융 거래를 진행하게 된다. 신용 분석에 활용되는 자료에는 자산, 소득, 현재의 부채 수준, 상환 이력, 신용 거래 기간이나 형태 등 통상 20개 내외의 항목이 활용된다. 그런데 이런 신용 평가 방식은 객관적 지표이다 보니 획일적인 등급을 산정하게 되어 사회 초년생이나 객관적 지표는 낮으나 대출을 갚을 의지가 충분한 사람들에게는 매우 불리하게 작용한다. 결국 이들은 제2금융권이나 고금리 대출 시장으로 가는 문제가 발생해 왔다.

이러한 신용 분석의 문제를 해결하기 위해 인공지능이 나서고 있다. 기존의 금융 자료뿐만 아니라 그동안 평가할 수 없었던 소셜 네트워크 서비스, 문자, 이메일, 통신, 인터넷 데이터 등에 나타난 대출 희망자의 비금융적 특성을 분석해 신용 평가에 활용하고 있는 것이다.

실제로 2013년에 설립된 미국의 핀테크 기업 트러스팅 소셜Trusting Social이라는 회사는 SNS(페이스북, 링크드인, 트위터, 웨이보 등), 인터넷 등에 공개된 대량 샘플 데이터를 이용한 딥 러닝 학습 알고리즘을 사용해 개인의 신용을 평가하고 있다. 'CREDIT SCORING 2.0'이라는 신용 평가 시스템인데, 유럽과 아시아 신흥국의 금융회사와 캐피털사에 제공하고 있다.

구글의 엔지니어들이 만든 미국의 스타트업 제스트 파이낸스Zest Finance는 머신러닝을 활용하여 1만 개 이상의 변수로 신용도를 분석해 대출 여부를 결정하고 있다. 이 업체의 부도율은 미국 대부업 전체 평균의 3분의 1 정도로 낮은 것으로 알려져 있다. 이 밖에도 미국의 소상공인 대출회사 캐비지Kabbage, 독일의 핀테크 기업 '크레디테크Kreditech', 일본의 미즈호 은행 등 최근 인공지능을 활용하여 신용 평가를 하는 업체들이 늘어나고 있다. 최근 우리나라에서도 텐스페이스TenSpace라는 핀테크 업체가 페이스북이나 네이버, 블로그 같은 SNS 상의 비정형 소셜 정보를 딥 러닝과 기계 학습 기법으로 분석하여 개인의 신용도를 평가하는 인공지능 솔루션을 개발하였다.

이처럼 이제 개인이나 기업의 신용을 분석하는 데 인공지능이 활용됨으로써 신용분석가라는 직업들도 일자리가 위협받고 있다.

번역가, 통역사

2017년 3월 21일, 서울에서 인간과 인공지능의 번역 대결이 벌어졌다. 국제통역번역협회와 세종대학이 함께 개최한 대회였다. 전문 번역사 4인과 구글, 네이버, 시스트란이 운영하는 인공지능 번역기가 각각 번역한 '한영 번역'과 '영한 번역' 내용에 대해서 점수를 매기는 방식이었다. 결과는 60점 만점에 인간 번역사의 평균은 49점, 인공지능은 각각 20점, 17점, 15점을 받아 큰 점수 차를 보였다.

2016년 인공지능 알파고에게 패하면서 구겨진 인간의 자존심을 다시 되찾은 기분에서였을까. 언론에서는 인간의 압승이라고, 번역에서는 인공지능이 아직 멀었다고 보도하였다. 이 대회 결과만 놓고 보면 아직 인공지능이 인간의 번역 실력에 못 미친다고 할 수 있다. 하지만 인공지능이 인간 번역가를 넘어서는 데는 그리 오랜 시간이 걸릴 것 같지 않다. 여기에는 두 가지 요건이 충족되어야 하는데 하나는 번역 내용의 정확도이고 다른 하나는 번역의 속도이다.

첫째 정확도를 살펴보면 이번 대회에서 인공지능의 정확도는 인간에 비해 50퍼센트 수준이었다. 그런데 대회에 참가한 네이버의 인공지능 번역기 '파파고'는 200자 이하로 입력되는 텍스트에 대해서는 인공 신경망 번역Neural Machine Translation 이 적용되고, 200자 이상의 텍스트가 입력되면 종전의 번역 방식이 적용되었다고 한다. 네이버에 따르면 2016년 10월에 인공 신경망 번역이 적용된 번역은 기존 방식보다 두 배 이상 향상된 실력을 보인다. 하지만 이 대회에서 파파고에는 200자 이상의 텍스트가 입력되어 인공 신경망 번역이 적용되지 않았다.

인공 신경망 번역은 기존처럼 단어별로 해석하는 것이 아니라 문장 단위로 묶어 전체 맥락을 파악하는 번역으로 인간의 언어 구사 방식을 따르기 때문에 정확도가 높다. 구글은 2016년 11월부터 이 기술을 적용하여 번역 오류가 55퍼센트~85퍼센트로 감소했다고 한다. 실제로 최근의 인공지능 번역기들을 사용해 보면 몇 년 전보다 번역 내용이 매우 좋아진 것을 확인할 수 있다.

빠르게 진화하고 있는 인공지능은 번역과 통역 분야에도 적용되고 있다. 스스로 학습하는 기계 학습과 딥 러닝 기술을 기반으로 빅데이터를 활용하기 때문에 인공지능의 번역 정확도는 시간이 지날수록 크게 향상될 것으로 보인다.

둘째는 속도이다. 이번 대회에서 인간 번역가는 50분 동안 번역을 하였지만 인공지능은 단 5분, 그것도 주로 인간이 텍스트를 입력하는데 걸린 시간이다. 만약 번역량이 10배로 증가한다면 인간은 500분이 소요되겠지만, 인공지능의 번역 시간은 여전히 단 5분이면 끝난다. 번역량이 방대하여 많은 인력과 시간이 필요한 경우에도 인공지능을 단 몇 초, 몇 분 만에 이를 처리할 수 있다. 속도 면에서 인간은 인공지능은 이길 수 없다. 이처럼 속도에서 압도적인 인공지능 번역기가 정확도까지 향상된다면 인간 번역가와 통역사라는 직업은 점점 입지가 줄어들 수밖에 없을 것이다.

작곡가, 화가

2017년 2월 일본 소니의 한 연구팀이 인공지능 딥바흐Deep Bach가 작곡한 음악을 청취자를 대상으로 실험한 적이 있었다. 400명의 음악 전문가를 포함하여 1,600명이 참여했는데, 참여자의 40퍼센트는 인공지능 딥바흐가 작곡한 곡을 바흐의 곡으로 선택했다. 최근 일본의 오사카 대학 이노베이션센터의 지원을 받은 연구진들은 음악 청취자의 뇌 반응까지 반영하여 작곡하는 인공지능을 개발했다.[12] 이 인공지능 시스템은 사람이 뇌파 센서가 달린 헤드폰을 끼고 음악을 들으면 이에 반응하는 뇌파를 읽어 내서 그 사람의 감정을 추출하고 감정적인 반응을 불러일으킬 수 있는 일련의 패턴을 가진 음악을 작곡한다.

국내의 한 스타트업 기업은 일반인도 쉽게 작곡을 할 수 있는 인공지

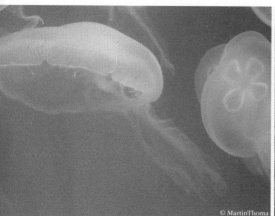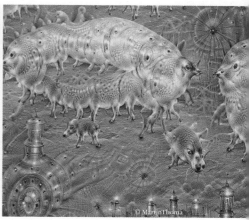

원본 이미지(왼쪽)를 10번 반복해서 자체적으로 재해석한 후 딥드림이 그린 그림(오른쪽). 미래에는 화가라는 직업도 더 이상 인간만의 영역이 아니다.

능 작곡 앱을 개발하였다. 머릿속에 떠오르는 선율을 콧노래로 부르면 이를 악보로 편성하고 편곡과 악보에 맞는 반주도 넣어 곡을 완성해 준다. 이 앱은 아기의 옹알이까지도 악보로 옮겨 특별한 곡을 만들어 낸다.

2016년 2월에는 미국 샌프란시스코의 한 그림 전시회 경매장에서 구글이 그림을 팔아 1억 2,000만 원을 벌었다. 구글의 인공지능 화가 '딥드림Deep Dream'이 그린 그림 29점이 9만 7,605달러(약 1억 2,046만 원)에 낙찰된 것이다. 딥드림이라는 이름은 딥 러닝 기술을 이미지에 적용시켜 나온 결과물이 마치 꿈을 꾸는 듯한 추상적 이미지와 같다고 하여 붙여진 이름이다. 그러면 이 딥드림은 과연 창의적으로 그림을 그리는 걸까. 인공지능인 딥드림은 많은 이미지 데이터를 학습하여 사물의 형상을 인지하고, 그 이미지의 패턴, 즉 형상의 내용까지 인식할 수 있다. 어떤 이미지가 입력되면 이미 알고 있는 이미지 패턴과 새로 입력된 이미지 패턴을 구분하는 것은 물론, 자신이 알고 있는 이미지 패턴을 적용하여 이 새로운 이미지를 조작하고 변형해서 또 다른 새로운 이미지, 즉 새로운 그림을 그려 낸다. 충분히 창의적이라 할 수 있다.

2016년 4월에는 마이크로소프트와 네덜란드의 한 연구진이 인공지능 프로그램에 램브란트 작품의 화풍에 대한 패턴을 학습시킨 후 새로운 그림을 그리도록 했다. 램브란트는 네덜란드 암스테르담에서 활동하면서 귀족 청년들의 초상화를 주로 그렸는데, 이 인공지능은 램브란트와 똑같은 화풍으로 초상화를 그려 냈다. 딥 러닝 기술이 적용된 이 인공지능은 램브란트의 작품들을 분석하고 특징을 학습해 램브란트를 흉내 낸 것이다.

인공지능이 당장 작곡가나 화가의 일자리를 얼마나 위협하게 될지는 알 수 없지만 인간이 창의성을 발휘할 수 있는 중요한 영역에까지 도전장을 내밀고 있다는 사실에 놀라지 않을 수 없다. 실제로 이렇게 인공지능이 작곡한 곡이나 그림이 사람들에 의해 호응을 얻고, 구매로까지 연결된다면 작곡가나 화가라는 직업도 인공지능의 위협으로부터 안전한 직업이라고 말할 수는 없다.

은행원

얼마 전까지만 해도 아주 시골이 아닌 도시 지역에서 가장 흔하게 찾은 수 있는 점포가 은행 지점이었다. 시원한 에어컨이 나오는 사무실에서 흰 와이셔츠를 입고 고객을 상대하는 은행원은 오래전부터 대표적인 화이트칼라였다. 그런데 요즘은 이런 은행원들을 자주 볼 수 없다. 온라인뱅킹으로 은행 갈 일이 거의 없어졌기 때문이다. 지난해 전체 은행 거래 중 비대면 거래 비중이 90퍼센트에 달했다. 2017년에는 아예 영업점이 없는 인터넷 전문 은행까지 등장했다. 이렇게 인터넷이나 모바일 뱅킹을 통한 비대면 거래가 증가하면서 은행들이 점포를 계속 축소하고 있다. 2016년만 하더라도 국내 165개 은행 점포가 축소되었는데 2017년에는 415개가 추가로 사라질 예정이다.[13] 우리나라보다 일찍 핀테크를 도입해 온 유럽 국가들은 이미 많은 은행 점포를 감축해 왔다. 영국에서는 1990년 이후 은행 지점의 약 40퍼센트가 감소했고, 덴마크도 최근 4년간 전체 은행 지점의 30퍼센트 이상이 감소하는 등 유럽에서 지난 5년간 2만 개가 넘는 은행 지점들이 문을 닫았다.

이러한 금융 환경의 변화는 은행원들의 일자리를 크게 위협하고 있다. 2015년 영국 옥스퍼드대학 마틴스쿨이 연구한 결과에 따르면 은행 창구 직원이 20년 내에 컴퓨터로 대체될 확률은 무려 98퍼센트에 달한다. 비대면 금융 거래가 확산되고 기존 은행을 거치지 않고 송금이나 대출 등을 할 수 있는 핀테크 기업들이 등장하면서 종전 은행원의 업무나 일자리는 갈수록 줄어들고 있다. 오랫동안 높은 보수와 안정적인 직장으로 인정받았던 은행원의 일자리가 4차 산업혁명 앞에서 흔들리고 있는 것이다.

바리스타

2017년 1월 미국 샌프란시스코에 '카페 X'라는 무인 카페가 문을 열었다. 이 카페에는 주문을 받거나 커피를 만드는 종업원이 없다. 대신 키오스크와 바리스타 로봇이 이들의 업무를 대신한다. 커피숍에 들어오는 고객들은 매장에 설치된 터치스크린이나 자신의 스마트폰 앱을 이용하여 주문하고 커피 값을 계산한다. 흰색 팔 모양을 한 로봇 바리스타는 고객이 주문한 대로 20초~1분 이내에 커피를 만들어 제공한다. 아메리카노, 에스프레소, 라떼 등 일곱 가지 메뉴를 고를 수 있고, 커피콩의 품종에 따라 쓴맛과 신맛 등도 선택할 수 있다. 인건비가 줄어들어 커피 값도 저렴하다. 스타벅스 커피 3.75달러(약 4,200원)보다 낮은 2.95달러(약 3,300원)이다. 시간당 100잔~120잔을 제조할 수 있기 때문에 고객이 기다리는 시간도 단축된다.

우리나라에서도 최근 경남 테크노밸리에 있는 한 업체가 바리스타 로봇의 시제품을 처음으로 출시하였다.[14] 여기도 카페 X처럼 스마트폰을 통해 주문과 결제가 이루어진다. 이 시제품에는 따뜻한 아메리카노와 아이스 아메리카노 두 종류 메뉴만 있지만 더 많은 종류의 커피를 만들 전망이다. 이 회사는 앞으로 커피 맛을 더 정교하게 만들어 숙련되지 않은 바리스타보다 훨씬 더 뛰어난 맛을 낼 계획이다.

이러한 바리스타 로봇의 보급은 인간 바리스타의 일자리를 위협할 수 있다. 사람보다 신속하게 커피를 만들고, 일정한 맛을 항상 유지할 수 있는 장점이 있는데다 무엇보다 인건비 부담을 크게 줄일 수 있기 때

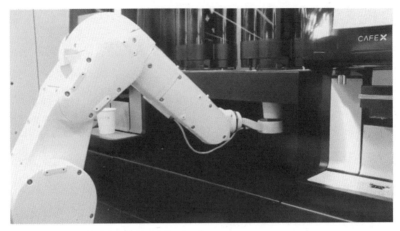
바리스타 로봇이 인간 대신 근무하는 카페 X의 모습

문이다. 현재 우리나라의 커피 시장은 한 집 건너 카페가 있고 편의점, 빵집 등 다른 영업점에서도 커피를 판매할 정도로 포화 상태이다. 이로 인해 결국 커피 전문점들의 수익률이 낮아 폐업하는 카페가 속출하고 있다. 이런 상황을 감안할 때 바리스타 로봇은 인건비 절감 효과가 있으므로 로봇의 가격과 성능 여하에 따라 인간 바리스타 대신 바리스타 로봇을 들여놓을 가능성이 충분하다.

소비자 입장에서도 사람이 직접 정성을 다해 내려 주는 커피를 좋아하는 사람이 여전히 있겠지만 기계가 만들어 주는 커피라도 신속하게 제공되고 어느 정도 맛이 보장된다면 기꺼이 마시겠다는 사람도 있다. 국내 한 바리스타는 "자동으로 해 주는 장비들이 비숙련자가 한 것보다 훨씬 좋은 맛을 만들어 주는 경우가 있기 때문에 위기감을 느끼고 있다"고 말하고 있다.[15] 2015년 기준으로 국내에서 활동하는 바리스타는 12만 명 정도로 알려져 있지만 지금은 이보다 훨씬 많을 것으로 추정된다. 바리스타 로봇의 보급이 확대된다면 이들의 일자리가 위협받을 수밖에 없다.

요리사

요리하는 로봇이 속속 등장하고 있다. 햄버거를 굽는 로봇 '플리피'나 피자를 만드는 로봇이 있는가 하면, 영국의 로봇 개발 업체 몰리 로보틱스Moley Robotics가 개발한 '몰리 로보틱 키친'이라는 요리 로봇도 있다.[16] 2개의 팔 형태를 가진 이 로봇은 유명 셰프의 조리법을 똑같이 재현할 수 있고 백 가지가 넘는 요리를 만들 수 있다.

샐러드를 만드는 로봇도 등장했다. 미국의 로봇 회사 차우보틱스Chobotics라는 회사가 개발한 '샐리Sally'라는 로봇이다. 20개의 샐러드 재료통에 각기 다른 식재료를 넣어 두고 고객의 취향에 따라 1,000여 종의 샐러드를 만들 수 있다. 회사가 샐러드 레시피를 제공하거나 고객이 직접 자신의 레시피를 입력할 수도 있다. 이 회사는 '샐리'를 호텔, 병원, 공항, 쇼핑몰, 놀이 시설 등에 위치한 식당에 판매할 계획이라고 한다.[17]

우리나라 한국과학기술연구원에서 개발한 주방 로봇 씨로스CIROS는 스스로 오이나 토마토를 썰고 소스를 곁들인 샐러드를 만들어 낸다. 씨로스는 주방의 식탁과 냉장고, 싱크대 등 주변 환경을 센서로 인식하고 스스로 자신의 동작을 계획한다. 또 칼, 도마, 채소, 빵 등 도구와 음식 재료를 인식해서 샐러드나 샌드위치 등의 요리를 만들어 낸다.

요리사의 일자리를 위협하는 기계는 또 있다. '3D 푸드 프린터'이다. 2016년 스페인의 내추럴 머신스Natural Machines라는 회사는 음식을 만드는 3D 프린터 '푸디니Foodini'를 개발하여 공개했다. 푸디니는 다양한 재료를 사용하여 피자, 햄버거, 쿠키 등 여러 가지 요리를 만든다.

푸드 프린팅의 장점에는 여러 가지가 있다. 첫째는 특별한 요리 기술이 필요 없다는 것이다. 유명 요리사가 개발한 요리를 집에서도 쉽게 프린트해서 먹을 수 있다. 다양한 래시피가 내장된 푸드 프린터의 단추만 누르면 원하는 음식을 만들어 내는 것이다. 둘째는 영양학적으로 균형 잡힌 식사를 할 수 있고 개인 맞춤형 음식을 만들 수 있다는 점이다. 당뇨병 환자의 경우에는 저당분과 저염식 재료를 활용한 당뇨식을 만들어 먹을 수 있다. 비만인 사람을 위하여 다이어트 식단을 만들 수 있고, 한창 크는 학생들에게는 고단백질과 고칼슘 등이 들어간 재료를 활용한 음식을 제공할 수도 있다. 셋째는 건강에 좋고 친환경적인 음식을 먹을 가능성이 지금보다 많아진다는 것이다. 좋은 재료를 직접 확인하고 고를 수 있기 때문이다. 특히 빈곤 상태에 있는 계층이나 저소득 국가 국민들에게 영양 있는 음식을 제공하기가 훨씬 수월해질 것이다.

요리하는 로봇과 3D 푸드 프린터는 요리 속도가 빨라지고 인건비 절감 효과까지 있어서 활발한 개발이 이어질 것이다. 우리가 보아왔듯 신기술은 상용화되기까지 시간이 걸리는 경우가 많지만 한번 확산되기 시작하면 순식간에 퍼진다.

요식업은 이직이 상대적으로 많은 직종이다. 요리사를 제때 구하지 못하는 경우도 있고, 요리사가 갑자기 바뀌어 음식 맛이 달라지면 손님이 줄어드는 문제도 일어난다. 그만큼 일관된 맛을 유지하는 것이 중요하다. 로봇은 갑자기 그만두는 일이 없고, 래시피를 정교하게 설계해 두면 음식 맛도 일관되게 유지할 수 있다. 이러한 로봇의 가격이 낮아진다면 요리사나 요리를 보조하는 사람들의 일자리가 줄어들 가능성이 커질 수밖에 없다.

물류 창고 관리원

아마존의 물류 센터에 배치된 물류 로봇은 대략 4만 5천 대 규모이다. 이 로봇들은 두 종류인데, 하나는 물건을 쌓아 올리고 내리는 역할을 하는 대형 로봇팔 '로보스토Robo-Stow'이고, 다른 하나는 바닥을 미끄러지듯 다니며 물건을 포장하는 직원들에게 날라다 주는 소형 로봇 '키바KIVA'이다. 키바는 자신 몸무게의 5배인 1.4톤까지 옮길 수 있다. 이 물류 로봇 덕분에 아마존은 주문에서 출고까지의 시간이 60분에서 15분으로 줄었다. 사람이 다니던 통로를 없애면서 물동량도 50퍼센트가 늘었고, 주문당 인건비도 45센트에서 36센트로 약 20퍼센트 정도 감소했다.

2012년 키바 시스템KIVA System을 인수한 아마존은 무인 물류 센터를 향해 가고 있다. 아마존은 2015년부터는 아마존 피킹 챌린지Amazon Picking Challenge를 개최하고 있다. 2015년에는 포장하는 로봇, 2016년에는 딥 러닝 기술이 적용된 창고 정리 로봇이 우승하였다. 2016년 7월 4일 BBC는 "로봇이 포장 직원들을 대체할 날도 어쩌면 멀지 않아 보인다"고 보도했다. 아마존은 아예 물류 센터 직원들을 대상으로 전직 교육을 실시하고 있다. 항공 정비, 웹디자인, 간호 업무 등 회사 업무와 상관없는 분야의 교육비를 95퍼센트까지 지원한다고 한다.

향후에 3D 프린터에 의한 제품 생산이 보편화될 경우, 현재의 물류와 유통 체계에도 큰 변화가 발생할 것이다. 현재는 생산 비용을 낮추기 위해 시설비나 인건비가 싼 지방이나 해외 지역에서 상품을 생산하여 도시 지역으로 공급하고 있다. 이때 육상 교통이나 선박, 항공을 이용하여 상품을 운송하는 것이 일반적이다. 그러나 공장제 생산 방식이 3D 프린터 생산 방식으로 대체될 경우 이러한 유통 구조에 커다란 변혁이 일어날 수 있다. 공장 설비를 갖출 필요 없이 3D 프린터를 놓을 수 있는 곳이면 어디에서든지 제품을 생산할 수 있어서 굳이 소비 지역과 떨어진 생산 지역에서 상품을 만들어 운송할 필요가 없어지기 때문이다.

3D 프린터 생산 방식은 도시형 업종이라 할 수 있어 도심의 아파트형 공장에서도 생산이 가능하고 간단한 부품이나 문구류 및 일상용품 등은 3D 프린팅샵이나 가정에서도 생산이 가능할 것이다. 중국이나 동남아시아 등에 있는 생산 기지가 미국이나 유럽 등의 도시 지역이나 인근으로 이전할지도 모른다. 그러면 육상 운송은 물론 해운 및 항공 수송 물동량도 감소할 수 있다. 또한 맞춤형 주문 생산이 가능한 3D 프린터의 특징 때문에 더 이상 수요를 예측하고 제품을 생산하여 창고에 보관할 필요도 없게 된다. 이렇게 운송 수요와 재고 관리의 필요성이 줄어들게 되면 물류 창고 관리원의 일자리가 축소될 수밖에 없다.

택시 기사

인구 밀도가 높고 교통 체증이 심한 도시국가인 싱가포르는 무인 택시를 이용한 대중교통 상용화를 위해 2017년부터 시범 주행을 실시하고 있다. 시범 주행 업체는 미국의 자동차 부품 업체 델파이^{Delphi}이다. 자율 주행차 개발에 뛰어든 델파이는 2015년 3월 자율 주행차로 미국 횡단에 성공하였다. 시범 운영은 처음에는 비상 상황을 대비하여 운전자가 동승하는 무인 택시를 운영하다 2019년부터는 운전자가 동승하지 않는 무인 택시로 전환할 계획이다. 싱가포르는 시범 운행에 성공할 경우 2022년부터는 본격적인 상용화 서비스에 들어가려 한다. 무인 택시가 운행되면 요금은 현재의 3분의 1 정도로 내려가고 교통 체증 해소와 탄소 배출 감소 등의 효과가 있을 것이다.

2016년 2월 29일, 일본의 후지사와 시에서는 실제 승객을 태운 무인 택시가 운행되었다. '로봇 택시'라는 회사가 이날부터 12일간 후지사와 시내에 거주하는 열 가구를 대상으로 시범 운행을 한 것이다. 무인 택시는 집에서부터 일본의 대형 마트 이온까지 무인 자율 주행이 허용된 2.4킬로미터를 주행하였다. 승객이 스마트폰으로 현재 위치와 목적지, 출발 시각을 입력하면 무인 택시가 바로 달려온다. 보조 운전자가 탑승하지만 정해진 코스를 벗어난 도로와 타고 내릴 때를 제외하고는 운전을 하지 않는다. 목적지에 도착하면 미리 설정해 놓은 계좌에서 택시 회사 계좌로 요금이 자동으로 빠져나간다. 시범 운행에 참여한 승객들 반응도 좋았다. "사람이 운전하는 것처럼 부드럽게 운전하고, 차 간 거리를

두고 달리는 것에 감동했다"고 말하기도 하고 "생각보다 안전한 것 같다"고 하는 사람도 있었다.[18]

이 회사는 정부와 협력하여 2020년까지 무인 택시를 상용화할 예정이다. 그러나 국제적인 교통 규칙을 정하고 있는 '제네바 조약'에서는 운전 중 차내에 운전자가 반드시 탑승하도록 하고 있어서 이때까지 법적 보완이 이루어지는 것을 전제로 하고 있다. 가능성은 큰 것으로 보인다. 일본 정부가 적극적으로 나서고 있기 때문이다. 2016년 5월 일본 정부는 자율 주행 택시나 버스로 승객을 운송하는 서비스를 지역을 한정해서 2020년 도쿄 올림픽까지 실용화하기로 발표한 바 있다.

글로벌 기업들도 무인 자율 택시 사업에 뛰어들고 있다. 구글은 2015년 12월 자율 주행차를 활용한 택시 사업에 뛰어들었다. 포드와 BMW도 2021년까지 무인 택시 서비스를 시작하겠다고 발표하였고, 제너럴모터스도 해당 기술을 개발 중인 것으로 알려져 있다. 이미 후발 주자가 되어 버린 벤츠도 2017년 4월 4일 앞으로 3년 안에 무인 택시 서비스를 상용화하겠다고 선언하였다. 무인 택시 서비스에 대한 개발 경쟁이 치열하게 벌어지고 있는 것이다.

그중에서 가장 적극적인 기업은 공유 경제 대표 기업인 우버다. 무인 택시가 상용화될 경우 우버 택시 시장이 사라질 수 있기 때문에 우버는 사업 방식을 근본적으로 바꿀 수밖에 없는 절박함이 있다. 우버는 한발 앞서 2016년 9월부터 미국의 피츠버그에서 자율 주행 택시를 시범 운행하고 있다. 시범 운행 지역도 애리조나, 캘리포니아 등을 거쳐 미국 전역으로 확대했다. 스마트폰 앱으로 우버 X를 호출할 경우 볼보

XC90 자율 주행 택시가 나타난다. 아직 운전기사 없는 것은 아니다. 교통국의 규정에 따라야 하고 필요한 경우 운전에 개입할 필요가 있기 때문이다. 미국 정부도 자율 주행차 운행 관련 법률 제정과 차량 간 정보 교환 등 제도 보완 마련에 적극적인 모습을 보이고 있다. 이제 영화에서나 보았던 무인 택시가 머잖아 현실화될 것으로 보인다.

그러면 이처럼 무인 택시에 기업들이 너나없이 뛰어드는 이유는 무엇일까? 바로 선점 효과 때문이다. 미래의 자동차는 애플의 아이폰과 삼성의 갤럭시처럼 IT 제품이 될 것이다. 자신의 회사가 만든 무인 자율 주행차가 전 세계의 많은 사람들이 이용하는 택시로 이용된다면 그 기업에 가져다줄 수 있는 효과는 매우 클 것이다. 하드웨어뿐 아니라 그 안에 들어가는 여러 소프트웨어는 물론이고 광고 수입도 막대할 수밖에 없다.

또 우버의 경우 현재 택시 요금의 대부분은 택시 기사가 가져가고 우버는 일부 수수료만 받고 있는데, 직접 무인 택시를 운영할 경우 그 요금의 전부를 가져올 수 있는 것도 큰 장점이다. 택시업은 50퍼센트 이상 인건비로 나가는 사업이기 때문에 택시 기사에게 지급하는 인건비가 절감될 경우 택시 요금이 크게 인하될 수 있어 소비자에게도 이득을 가져다준다. 또 교통 혼잡이 완화되고 교통사고는 줄어들면서 연료비 절감과 이산화탄소 배출도 줄이는 등 사회적 효용도 증가한다. 문제는 택시 기사들의 일자리가 사라진다는 점이다.

트럭 운전사

2016년 10월 미국의 콜로라도주 포트콜린스에서 스프링스로 가는 고속도로에 대형 트럭 한 대가 달려가고 있었다. 트럭에는 맥주 2,000 상자가 가득 실려 있었는데 운전석에 있어야 할 운전자는 보이질 않았다. 그 시각 운전자는 운전석 뒤에 여유롭게 앉아 있었다. 이 트럭은 자율 주행 트럭이었다. 운전사는 탑승은 했지만 고속도로에 진입하고 나올 때만 운전을 하고 고속도로 구간에서는 뒤에 앉아 자율 주행 시스템을 모니터링만 했다. 당시 「LA 타임즈」는 "자율 주행 트럭이 상업용으로 실어 나른 첫 번째 대상은 맥주였다"는 기사를 내보냈다. '안호이저부시 인베브Anheuser-Busch InBev'라는 맥주 제조회사가 자율 주행 트럭 개발 업체인 오토Otto의 자율 주행 트럭으로 맥주를 실제로 운송한 것이다.

오토는 구글의 자율 주행차 개발 인력들이 차린 스타트 업체인데, 2016년 8월 우버가 6억 8,000만 달러(약 7,583억 원)에 인수한 회사이다. 우버는 중국에서 우버 택시 등 차량 호출 사업을 포기한 대신 곧바로 자율 주행 택시와 무인 트럭 시장에 뛰어들었다. 유럽이나 미국 등의 화물 운송 트럭 산업이 매우 크기 때문에 자율 주행 트럭을 앞세워 이 시장을 선점해 보겠다는 의도이다. 이러한 시도를 한 업체는 우버만이 아니다. 볼보, 다임러 등 세계 주요 자동차 업체들이 개발 경쟁에 뛰어들고 있다. 미국 내에서도 이미 자율 주행 트럭의 시험 주행을 선보인 오토 외에도 엠바크Embark, 스타스카이 로보틱스Starsky Robotics 같은 스타트업 기업 등이 최근 개발에 나서고 있다.

오토의 자율 주행 트럭

　자율 주행 트럭은 도시의 시내보다 도로 환경이 단순하고 보행자가 없는 고속도로를 주로 운행한다. 그래서 자율 주행 자동차보다 상대적으로 낮은 기술로도 상용화가 가능하다는 것이 장점이다. 대표적인 것이 군집 주행 트럭이다. 군집 주행은 여러 대의 트럭이 함께 운행하는데 선두 차량에만 운전자가 탑승하고 뒤따르는 트럭은 선두 차량과 네트워크로 연결되어 무인 자율 주행을 한다. 뒤따른 무인 트럭은 선두 차량에 문제가 생기면 바로 전달되는데, 반응 속도가 사람보다 25배나 빠르다. 유럽이나 미국의 경우 한 트럭에 운전사가 2명씩 탑승하고 있으나 군집 주행은 혼자서도 10대의 트럭을 몰고 갈 수 있다. 그럴 경우 운전자는 10분의 1 또는 20분의 1까지도 줄일 수 있다. 이것이 군집 주행 트럭 개발에 나서는 이유이다. 2016년 4월에는 네덜란드에서 '유럽 트럭 군집 주행 챌린지 2016'이 개최되었는데, 볼보, 다임러, 스카니아, 이베코, 다프 등 유럽의 많은 업체들이 참여하여 모두 완주하였다. 기술적 완성도가 그만큼 높은 수준에 와 있다는 이야기다. 자율 주행 트럭 개발은 운송업체 입장에서도 크게 반길 만한 일이다. 자율 주행 트럭을 도입함으로써 운송비의 50퍼센트가 넘는 인건비를 절감할 수 있는 것은 물론이고 24시간 가동하는 등 물류 시스템을 획기적으로 개선할 수 있다. 또 운전자에 대한 인력난 해소와 사고 예방에도 크게 도움이 될 것으로 보고 있다.

정부 입장에서도 무인 트럭의 운행은 물류의 효율성을 기할 수 있음은 물론 사람이 운전하는 것보다 연료 소비량이 줄어 이산화탄소 배출도 감소시킬 수 있다. 아시아 국가들의 경우에도 정부가 보다 적극적으로 나서고 있다. 우선 일본은 정부 차원에서 2030년까지 물류 부문을 무인화하겠다는 로드맵을 세워 놓고 있다. 고령화로 인하여 부족해진 물류 인력난을 인공지능을 활용하여 해결하겠다는 것이 기본 골격이다. 우선 물류 센터나 터미널 등지에서는 상·하차 및 분류 작업을 위해 다기능 인공지능이 투입된다. 이와 연계하여 상품 배송은 무인 자율 주행 트럭이나 드론이 수행할 예정이다. 이를 위해 일본 정부는 자율 주행이나 드론 활용 실험에 필요한 관련 법령의 근거를 마련하고 전문 인력 육성과 벤처기업을 지원할 계획이다.

싱가포르도 무인 택시에 이어 자율 주행 트럭을 도입하기로 결정하고 트럭 제조사인 스카니아와 도요타를 사업자로 선정하였다. 일본과 마찬가지로 화물의 운송과 관리 인력이 부족하여 이를 해결하는 방안으로 항구 등에서의 물류 작업과 운송을 무인화하겠다는 방침이다.

중국은 'FAW 지에팡'이라는 업체가 만든 자율 주행 트럭이 주행 시험에 성공하여 이르면 2018년에 상용화할 계획이다.

자율 주행 트럭이 언제 상용화될지에 대해서는 전문가마다 의견이 다르다. 2030년쯤 가야 가능할 것이라는 전문가도 있고, 향후 5년 이내에 상용화가 가능하다고 보는 전문가도 있다. 사실 이러한 것들은 그리 중요한 것이 아니다. 실제 그 시기에 가서 꼭 실현될지는 아무도 모른다. 예측보다 앞당겨 실현될 수도 있고, 예측보다 훨씬 늦어질 수도 있다. 그럼에도 이러한 예측을 소개하는 것은 업체나 정부의 의지를 엿볼 수 있고, 개인이나 기업 또는 정부가 이를 참고하여 미래를 대비하는데 참고가 될 수 있기 때문이다.

자동차 보험 종사자, 손해사정인

자율 주행차는 2020년쯤 상용화가 될 것이라는 게 대체적인 전망이다. 자율 주행차를 직접 개발하는 업체들이 대부분 2020년 전후로 개발을 완료하겠다는 목표에 근거를 둔 것이다. 현재 시범 운행 중인 자율 주행차의 수준을 감안할 때 차량 자체에 대해서는 기술적으로 충분히 가능하다는 것이 전문가들의 일반적인 시각이다. 다만, 법적, 제도적 사항 등이 각 나라마다 다를 수 있어 변수로 작용할 수 있다. 기술적, 법적 문제가 모두 해결되어 상용화가 이루어져도 도로에 얼마나 많은 자율 주행차가 다닐지를 정확하게 예측하는 것은 쉬운 일이 아니다. 그것은 자율 주행차에 대한 소비자의 신뢰 인식이나 차량의 가격, 스마트 교통 인프라 구축, 규제의 정도 등에 따라 크게 달라질 수 있기 때문이다.

어찌 되었건 실제 도로에 자율 주행차가 등장하고 그 수가 많아질수록 교통에는 많은 변화가 오게 될 것이다. 그중에서도 가장 큰 변화는 교통사고의 감소를 꼽을 수 있다. 현재 교통사고의 90퍼센트 이상은 사람의 실수에 의해 발생한다. 자율 주행차가 운행될 도로 환경에서는 사람이 인지하지 못하는 것까지 인지하고 반응 속도도 훨씬 빠른 인공지능 시스템이 운전을 하기 때문에 교통사고가 현저히 줄어들 것이다. 차량과 차량이 통신을 하고 신호등 등 교통 체계와도 연결되어 있어서 사고가 날 확률이 크게 줄 수밖에 없다. 자율 주행차는 신호를 무시하며 주행하지 않고 졸음 운전, 음주 운전도 하지 않으며, 운전 미숙으로 사고를 일으킬 염려도 없기 때문이다.

또한 완전 자율 주행차는 사람이 전혀 운전하지 않기 때문에 사고 발생 시 소유주나 탑승자의 책임으로 돌리기에도 곤란하다. 그래서 자동차 제조사가 책임을 져야 한다는 방향으로 국제적 논의가 진행되고 있다. 이럴 경우 현재 모든 차량 소유주가 가입하고 있는 자동차 보험의 가입자는 크게 줄어들 수 있다. 무인 택시가 등장할 경우에도 사람들이 자동차 소유를 줄이는 요인이 되어 보험 가입자 감소로 연결될 것이다.

이와 같이 교통사고 발생이 현저히 감소하고 개인 보험 가입자가 줄어든다면 자동차 보험 관련 종사자의 일자리 또한 감소할 것이다. 2016년

12월 국내의 한 증권사가 분석한 바에 따르면, 완전 또는 부분 자율 주행차의 확산이 보험 상품 수요를 감소시켜 자동차 보험 시장 규모가 축소되는 것은 불가피할 것으로 보고 있다.[19]

각종 보험 사고로 생긴 손해에 대해 그 원인과 손해의 정도를 조사하고 손해액과 보험금을 산출하고 결정하는 직업으로 손해사정인이 있다. 손해사정인은 관련 법규, 보험 약관, 유사한 판례나 보험 사례 등에 관한 지식을 바탕으로 교통사고가 발생하면 사고 현장으로 달려가 조사하고 증거를 수집하여 손해 정도를 산출하는 역할을 한다. 자동차 사고가 크게 감소되면 당연히 손해사정인의 업무량도 줄어들 것이다.

자동차 정비사

자동차 정비사에게도 미래의 자동차는 반갑지 않을 것이다. 정비할 일거리가 줄어들기 때문이다. 자동차 정비업은 현재도 경영난에 허덕이고 있는 업체들이 많다. 정비 업체 수가 적정 수준을 넘어 과당 경쟁을 하고 있는 데다 자동차 메이커들이 정비업에 진출한 것도 원인이다. 최근 자동차의 제작 기술과 성능 개선으로 고장이 덜 나는 것도 정비 수요가 감소하고 있는 원인 가운데 하나이다. 현재도 이러한데 미래의 자동차는 더욱 이들의 일거리를 줄일 것으로 보인다. 그 이유로는 크게 두 가지를 얘기할 수 있다.

첫째는 앞에서도 언급했듯이 자율 주행차가 상용화되면 교통사고가

최초의 3D 프린팅 전기차인 스트라티

현저히 감소한다는 점이다. 교통사고가 줄어들면 당연히 자동차의 정비 수요도 줄어들게 된다.

둘째로는 내연기관차가 전기자동차로 대체되면서 엔진이나 변속기, 각종 오일, 연료 탱크와 그 부속품 등 많은 부품들이 사라지게 된다는 점을 들 수 있다. 당연히 차량의 부품 교환이나 고장이 크게 줄어들게 될 것이다. 최근에는 자동차를 3D 프린터로 찍어 내는 기업까지 등장했다. 미국의 '로컬모터스'는 2014년에 '스트라티Strati'라는 최초의 3D 프린팅 전기차를 만들었고, 2016년엔 '올리Olli'라는 12인승 전기버스를 만들었는데, 이 버스에는 IBM의 인공지능이 탑재돼 자율 주행이 가능하다. 이 차들은 대시보드 등 차체의 여러 부품들이 결합된 구조물을 한꺼번에 출력하기 때문에 2만여 개의 부품이 단 40여 개 정도로 줄어든다.

자율 주행차, 커넥티드카, 전기자동차가 결합하게 될 미래의 자동차는 기계 장치라기보다는 IT 기기에 가깝다. 따라서 기계를 정비한다는 개념보다는 IT 전문가에게 AS를 받는다는 개념으로 바뀔 것이다. 미래의 자동차 정비사를 꿈꾸는 사람은 자동차 부품 관련 IT 전문가로 변신을 준비해야 할 때이다.

자동차 부품 제조업자

몇 해 전까지만 해도 글로벌 내연자동차 회사들은 전기차의 개발에 소극적이었다. 내연기관차가 전기차로 대체될 경우 수익성이 감소될 것으로 판단해서이다. 충전 인프라가 부족한데다 충전 시간도 길고 차량 가격도 높기 때문에 전기차 수요가 쉽게 확대되지 않을 것으로 보았다. 이러한 전기차의 단점을 자동차 제조업체가 쉽게 해결할 수 없는 것은 사실이다. 정부의 적극적인 인프라 지원이 수반되어야 문제들을 해결할 수 있기 때문이다. 그래서 각국 정부가 나서서 전기차 보급을 위해 충전소를 설치하고 보조금도 지급하고 있다. 국가가 적극적으로 지원하는 가장 큰 이유는 온실가스 감축에 대한 국제 협약 때문이다.*

....

* 2015년 12월 프랑스 파리에서 열린 '파리기후협약' 총회에서 197개국이 참여해 만든 '신기후체제'를 말한다. 1997년의 파리기후협약에서 선진 37개국의 온실가스 감축을

여기에는 유럽 국가들이 가장 적극적으로 참여하고 있다. 유럽은 현재 킬로미터당 130그램까지 허용된 이산화탄소 배출량을 2020년부터는 킬로미터당 95그램으로 제한하기로 결정했고, 2025년부터는 킬로미터당 75그램으로 강화된다. 이럴 경우 현재의 내연기관차, 즉 휘발유와 경유로 운행되는 자동차의 유럽 수출이 사실상 어려워질 수 있다. 더구나 노르웨이와 네덜란드는 2025년부터 내연기관차의 판매를 전면 금지하는 방안을 논의하고 있고, 독일도 연방상원에서 2030년부터 내연기관차의 신규 등록을 허용하지 않겠다는 내용의 결의안을 채택하기도 했다.

미국 역시 캘리포니아주를 포함한 10개 주에서 'ZEV(탄소무배출차) 동맹'을 맺고 내연기관차 판매 금지 정책을 추진하고 있다. 캘리포니아주는 2030년부터 내연기관차의 신규 판매를 금지할 예정이다.

세계 최대의 자동차 시장인 중국도 적극적으로 참여하고 있다. 내연기관차 시장에서 뒤처진 중국은 전기차에 있어서는 밀리지 않겠다는 입장이다. 중국은 2018년부터 자국에서 생산하는 차량의 8퍼센트를 친환경 자동차로 생산할 것을 의무화할 계획이다. 이후 매년 이 비율을 높여나가 2016년 30만 대 정도인 전기자동차를 2020년까지 누적 판매량

....
채택했던 '교토의정서'를 신기후체제로 대체하면서 개발도상국까지 참여시키게 되었다. 지구의 평균 온도를 산업화 이전 수준 대비 2도 이상 오르지 않도록 온실가스를 줄이자는 것(1.5도까지 제한 노력)이 골자이다. 각국은 자발적인 감축 목표를 설정해 5년마다 이행 사항을 점검하도록 하였다. 유럽연합, 일본, 러시아, 중국, 인도 등 주요 배출국들은 오는 2030년까지 신재생에너지 비중과 전기자동차 보급 확대를 통해 온실가스 배출량을 26~65퍼센트까지 감축할 예정이고, 우리나라도 2030년까지 배출전망치(BAU; 특별한 감축 노력을 하지 않을 경우 예상되는 미래의 배출량) 대비 37퍼센트를 줄이겠다는 계획이다.

을 500만 대까지 늘리려 한다. 인구 7억 명인 인도에서도 2030년부터는 내연기관차의 신규 판매를 금지하겠다는 논의가 진행 중에 있다. 우리나라는 금년에 14,000대의 전기차를 보급할 계획인데 2020년까지 전기차를 25만 대로 늘린다는 목표를 세워 놓고 있다.

세계 각국이 이와 같이 전기차를 확대하는 방향으로 가고 있다. 다가오는 4차 산업혁명 시대에는 전기차가 자동차의 대세가 될 것이다. 자동차를 팔기 위해서는 이제 전기자동차를 만들지 않을 수 없다.

내연기관차가 전기자동차로 바뀌게 될 경우 자동차 산업의 일자리에는 어떤 변화가 일어나게 될까. 내연기관차의 부품은 자그마치 2만 개가 넘는다. 엔진과 변속기 등 주로 동력 전달 장치의 부품 수가 많기 때문이다. 그런데 전기차로 바뀌면 이 엔진과 변속기가 없어져 버린다. 엔진 오일·미션 오일 등 각종 오일도 불필요하고, 연료 탱크와 여기에 부수된 연료 펌프나 연료 필터도 필요 없게 될 것이다. 즉, 부품 수가 크게 감소하게 된다. 그러면 부품 제조 회사 종사자들의 일자리가 줄어들게될 것은 뻔한 일이다.

주유소 종사자

앞서 보았듯이 시간이 갈수록 휘발유나 경유 등 화석연료를 사용하는 내연기관차는 점차 줄어들고 전기자동차의 비중은 확대될 것이다. 그런데 전기차는 자동차 부품 종사자의 일자리만 빼앗는 것이 아니다.

전기차가 늘어나는 만큼 화석연료를 파는 주유소에도 영향을 미치게 된다. 카메라가 디지털카메라나 스마트폰으로 대체되면서 사진을 현상하는 사진관이 사라져 간 것처럼 내연기관차가 전기차로 대체되면서 주유소도 하나 둘 사라지게 될 것이다. 통계청 자료에 따르면 2014년 기준으로 전국의 차량용 주유소와 가스 충전소는 1만 4,170개가 있고 종사자 수는 5만 8,258명에 이른다. 전기차 시대가 도래하면 이를 대체하는 충전소가 생기겠지만 여기에는 사람이 있을 필요가 없다. 그만큼 일자리가 사라지는 것이다. 지금은 비교적 쉽게 구할 수 있는 주유소 아르바이트 자리도 앞으로는 점점 구하기 어렵게 될 것이다.

검침원

사물 인터넷으로 인하여 일자리가 위협받는 대표적인 직업이 있다. 각 가정에 설치된 가스나 전기, 수도 등 계량기의 사용량을 확인하고 기록하는 검침원이라는 직업이다. 과다한 업무량과 열악한 노동 환경 속에서 낮은 임금을 받는 직업 중 하나이기도 하다. 특별한 기술이나 숙련된 작업을 요구하지 않기 때문에 경력 단절 여성이나 재취업을 원하는 중장년층에게 주로 제공되었던 일자리이다. 그런데 이 일자리가 4차 산업혁명 기술인 사물 인터넷의 직격탄을 맞고 있다. 사물 인터넷을 이용한 원격 검침 시스템의 도입 때문이다.

한국전력은 지난 2013년부터 지능형 전력계량기 인프라 사업을 시작하여 2020년까지 국내 모든 가구에 지능형 전력계량기를 설치한다는 계획이다. 이렇게 되면 검침원이 각 가정을 일일이 방문할 필요 없이 원격으로 전력 소비량을 확인할 수 있다. 5,000명이 넘는 전기 검침원이 실직 위기에 놓이는 것이다.

상수도나 도시가스의 경우에도 최근 원격 검침 시스템을 도입한다는 계획들이 발표되고 있다. 전라북도 고창군이 2017년 중 상수도 원격 시스템을 전면 도입하기로 하였고, 대구시에서도 2017년 6월까지 일부 지역(달성군 가창면 3,649가구)에 원격 시스템을 구축한다는 계획이다. 대구시에서는 주민들이 스마트폰 앱을 통해 수돗물 사용량이나 요금을 실시간으로 조회하고 요금 납부도 가능하도록 할 방침이다.

2016년 7월 정부(산업자원부)가 에너지 신산업 육성 분야 중 하나로 도시가스에 대해서 원격 검침 계량 시스템 선진화 사업을 추진하기로 하고 2022년까지 1,687만 호에 보급하겠다는 계획을 발표하였다. 우선 지방자치단체나 민간사를 참여시켜 시범 사업을 수행할 예정이다. 이에 따라 강원도 참빛원주도시가스는 KT와 업무 협약을 체결하고 원주 지역에 대해 원격 검침 시범 사업을 수행하기로 했다.[20]

검침원은 계량기가 집 안에 있는 경우 초인종을 누르고 들어가야 한다. 낮 동안 부재중인 집도 많고 반가워하지 않는 집도 있다. 원격 검침은 부재 가구의 검침 누락이나 직접 방문으로 인한 불편함을 해소할 수 있어 일반 가정에서는 혜택을 보게 되지만 결과적으로 여기에 종사하는 검침원들은 직업을 잃게 된다.

도둑

___

날씨 다음으로 꾸준히 많이 나오는 뉴스가 범죄 관련 뉴스다. 그중에서도 주택이나 편의점 등에 침입한 강도나 도둑에 관한 내용이 흔하게 등장한다. 다만 도둑은 직업은 아니다. 직업이란 "생계를 위해 사회 구성원이 각자의 역량을 발휘하여 일정한 일에 지속적으로 종사하는 사회 활동"을 의미한다. 그러므로 직업의 사전적 의미로 볼 때 절도 행위는 그 사회의 구성원으로서 분담해야 할 사회적 역할이 아니기 때문에 직업이라 부를 수 없다.

하지만 현실적으로 존재하는 도둑으로서의 업(?)도 4차 산업혁명 기술의 위협을 피할 수 없을 것이다. 지금까지의 보안 장치는 주로 상점 안이나 아파트 현관, 엘리베이터 또는 거리에 설치된 CCTV 정도였다. 그런데 CCTV는 범인이 훼손하거나 변장하여 식별하기 곤란하면 무용지물이 되어 버린다. 또한 도둑이 침입하여 일이 벌어지고 난 후 범인 수사에 주로 활용되기 때문에 예방에도 한계가 있다. 더구나 CCTV마저 설치되어 있지 않은 일반 주택이나 아파트의 베란다, 가스 배관을 통해 침입하는 경우에는 속수무책이다.

이제 인터넷이 접목된 기기들이 나오면서 사전적인 조치가 가능해졌다. 창문에 설치된 마그네틱 센서 또는 집 안 곳곳에 설치된 움직임 감지 센서들이 침입자를 감지하고 이와 연동된 IP 카메라가 작동한다. 스마트폰을 통해 집 안 감시카메라를 작동시켜 내부를 관찰할 수도 있다. 침입자가 발견되면 즉시 주변을 환하게 밝혀 발각 사실을 경고하고 경찰에 신고할 수도 있다. 센서와 IP 카메라, 스마트폰이 융합된 사물 인터넷 무인 경비 시스템 덕분이다. 이러한 기능을 갖춘 제품들이 상용화되어 이미 시중에 판매되고 있다.

한국전자통신연구원에서는 몇 년 전부터 범죄 용의자를 추적하기 위한 '인공지능 CCTV'를 개발 중이다. 용의자의 인상착의나 차량 번호만 입력하면 'AI CCTV'가 용의자나 용의자 탑승 차량을 자동으로 식별하고 연속적으로 추적하도록 하는 시스템이다.

이처럼 4차 산업혁명의 기술들은 주택 등에 침입하거나 거리를 활보하는 도둑들의 일자리도 위협하고 있다.

고속도로 요금 징수원

요즘 많은 사람들이 고속도로 톨게이트를 통과할 때 하이패스 통로를 이용한다. 일반 통로보다 훨씬 편리하기 때문이다. 자동 충전 기능까지 되기 때문에 종전의 번거로움을 생각하면 더욱 편리함을 느낀다. 요즘은 자동차에 이미 하이패스 단말기가 내장되어 있다. 하이패스는 사물 인터넷의 초기 단계로 전자 태그를 활용한 M2MMachine To Machine(기기간 연결) 사업 모델이다. 이보다 한 단계 더 나아간 것이 스마트 하이웨이다. 현재 정부는 새로 건설하는 서울-세종 고속도로에 스마트 하이웨이를 구축한다는 계획이다. 스마트 하이웨이는 고속 주행 중에도 차량 번호판을 인식하고 자동으로 통행료를 결제하는 '스마트 톨링' 시스템과 차량과 차량, 차량과 도로의 신호체계가 서로 신호와 도로 상황을 실시간으로 주고받을 수 있는 차세대 지능형 교통 체계C-ITS를 갖춘 도로이다. 이 스마트 하이웨이는 향후 자율 주행차의 주행 환경을 제공하는 기본 인프라이기 때문에 모든 도로로 확산될 것이다. 이렇게 될 경우 고속도로 요금소는 필요 없게 되고 모든 고속도로 요금 징수원의 일자리도 사라지게 된다.

택배업 종사자

드론은 매우 빠르게 물건을 실어 나른다. 그래서 지금 전 세계는 온라인 전자 상거래 업체, 기존의 오프라인 전문 운송 업체 등 업종 구분없이 드론 배송 준비가 한창이다.

세계 최대 전자 상거래 업체인 아마존은 자체 운송 시스템 구축을 준비하고 있다. 자사의 항공기, 트럭 등 물류 시스템을 갖추겠다는 것이다. 아마존은 2013년부터 프라임 에어Prime Air라는 이름의 드론 배송 시스템을 준비했다. 물류 센터에서 반경 16킬로미터 이내에 있는 소비자에게 30분 안에 물건을 배달하는 것이 목표이다. 2015년 11월에는 항속거리가 24킬로미터이고 제품을 기체에 내장한 신형 드론 시제품을 공개했다. 중국 최대 전자 상거래 업체인 알리바바는 2015년 2월에 드론을 이용한 택배 서비스 계획을 발표하였다. 세계에서 가장 먼저 무인 자동차를 공개한 구글도 드론을 2017년부터 자사의 물품 배송 사업에 사용

디에이치엘(DHL)이 일부 운송에 활용한 바 있는 파셀콥터

하겠다는 계획을 밝힌 바 있다. 구글은 지난해 연방항공청의 승인을 받아 드론을 시험 비행하였으며 검색 서비스와 연계하고 있는 '구글 익스프레스Google Express'라는 배송 사업에 드론을 활용할 계획이다.

미국의 대형 유통기업 월마트는 2016년 10월 연방항공청에 드론 배송 시범 운항을 신청하였다. 미국 인구의 70퍼센트가 월마트 매장 반경 8킬로미터 안에 거주한다고 한다. 월마트는 이러한 인프라를 십분 활용할 계획이다.

세계적인 전문 배송업체 DHL은 이미 파셀콥터Parcelcopter라는 드론을 일부 운송에 활용하고 있다. 이미 이 드론으로 2014년 9월 독일 북부 노르덴시의 노르트다이흐 항구에서 12킬로미터 떨어진 위스트 섬까지 물품을 배달한 바 있다. DHL은 선박이나 항공 운송이 여의치 않을 때 드론을 이용한다. 이 드론은 무선 조종을 하지 않고 기체에 내장된 비행 경로대로 자동 비행을 한다.

일본은 정부 차원에서 드론 활용에 적극적인 지원을 하고 있다. 2015년 12월 도쿄 인접의 지바시를 국가 전략 특구로 지정하여 드론 택배를 허용하였다. 지바시의 신도심 아파트 주변에 집적소를 설치하고 약 10킬로미터 떨어진 물류 창고에서 집적소까지 드론으로 물건을 배송하는 것이다. 또한 신도심 지역에 있는 약국이나 상점에서 드론으로 일반 주택의 베란다 등에 약이나 물건을 배달하는 것도 포함되어 있다.

앞으로는 배터리 용량이나 충전 기술이 진보하여 항속거리가 길어지고 드론이 더욱 정밀화될 것이다. 그렇게 되면 드론 배송으로 인해 택배업 방식에 커다란 변화가 올 가능성이 있다. 대형 화물과 일부 복잡한 도심 지역은 여전히 차량으로 운송을 하겠지만, 지금의 차량 택배의 상당 부분이 드론으로 대체될 수 있다. 그 결과 차량을 이용한 택배업이 줄어들고, 택배 차량 운전자의 일자리는 감소하게 될 것이다.

2014년 영국에서는 도미노피자가 드론으로 6.4킬로미터 거리에 있는 소비자에게 10분 만에 피자를 배달한 바 있다. 피자와 같은 음식은 신속한 배달이 매우 중요하다. 만약 피자 업체들이 정교하고 안전한 피자 드론을 이용하여 배달한다면 피자 배달원의 일자리도 위협받게 된다.

상품 매장 판매원

2016년 미국의 유통업체 로우즈Lowe's는 고객들의 쇼핑을 도와주는 로우봇LoweBot이라는 쇼핑 안내 로봇을 매장에 배치하였다. 손님이 매장에 들어오면 자동으로 다가가서 음성이나 터치스크린을 통해 찾고자 하는 상품이 있는 곳으로 고객을 안내한다. 이 회사는 2014년부터 로우봇과 기능이 유사한 오쉬봇OSHbot이라는 로봇 점원을 시범 운영하여 고객들로부터 좋은 반응을 얻기도 하였다. 미국의 가전 소매업체 베스트 바이Best Buy도 클로에Chloe라는 로봇 점원을 뉴욕 매장에서 시범 운영하고 있다.21 판매 자동화 부스를 설치하고 헤드폰, 충전기, DVD 등 1만 5,000개의 상품을 클로에가 판매한다. 고객이 터치스크린을 통해 주문하면 클로에가 해당 상품을 찾아 주문자에게 가져다준다. 세계적인 식품업체 네슬레는 로봇 페퍼를 일본 각지 매장에 배치하여 커피 머신 판매원으로 활용하고 있다. 페퍼는 최근 은행, 마트, 초밥집 등에서도 활용하고 있는데, 사람의 얼굴 표정과 감정을 분석하고, 제품을 설명하고 질문에 답하는 등 고객과 대화를 나눌 수 있다.

인공지능 판매원 또는 로봇 점원은 상품을 정확하고 신속하게 찾아준다. 인간 점원을 직접 상대하기를 꺼리는 고객에게는 오히려 좋은 평가를 받기도 한다. 회사 입장에서는 더 좋을 수 있다. 로봇 점원은 인간 직원처럼 아프거나 결근하지 않고 불평도 없다. 임금을 올려 달라고 요구하지도 않고 파업을 하지도 않는다. 휴일 근로나 연장 근로로 인해 수당을 더 주는 일도 없다. 당연히 비용이 절감되고 노사 분쟁도 발생하지 않는다. 2013년 12월 「워싱턴포스트」지는 의류 판매원을 로봇에게 빼앗길 8개 직업 중 하나로 발표하였다. 사물 인터넷, 생체 인증 기술, 빅데이터, 인공지능 등 신기술들이 결합된 로봇들이 상품 판매원 역할을 하는 것이다. 앞으로 상품 매장 판매원은 인공지능이나 로봇 점원과 경쟁하거나 대체 관계가 될 것이고, 매장 직원이 보이지 않는 쇼핑몰이나 상점도 늘어나게 될 것이다.

계산원, 매표원

계산원은 상품 매장, 식당 등에서 상품이나 음식값을 계산하고 결제를 하는 직업이다. 이와 업무가 유사한 매표원은 극장, 공원, 유원지 등을 이용하는 고객에게 표를 판매하는 직업이다. 그런데 최근 이들의 일자리가 주변에서 급속하게 줄어드는 모습을 쉽게 보게 된다.

최근 맥도날드 매장에는 '디지털 키오스크'가 설치되고 있다. 매장에서 먹을지 포장해 갈 것인지와 메뉴를 선택하고 결제를 하면 끝이다. 잠시 후 주문 번호가 나오고 햄버거를 받아 나오면 된다. 계산원이 필요 없게 된 것이다. 맥도날드는 전 세계의 자사 매장에 이런 무인 시스템을 확대하고 있다. 2016년 5월 맥도날드의 전 CEO 에드런시가 "최저임금을 인상하느니 로봇을 쓰는 게 낫다"고 한 말은 빈말이 아니었다. 맥도날드는 우리나라에서만도 디지털 키오스크를 설치하는 매장을 금년 상반기까지 전국 250개 매장으로 늘린다는 계획을 가지고 있다.

키오스크는 고객 입장에서도 주문 시간이 짧아져서 좋고 직원과 대면하지 않는 것을 더 선호하는 사람들에게도 편리하다. 따라서 경쟁 업체인 롯데리아나 버거킹 등도 '디지털 키오스크'를 뒤따라 도입하게 될 것으로 보인다. 국제적으로 최저임금이 인상되는 움직임이 커질수록 프랜차이즈, 패스트푸드나 레스토랑 등에서의 키오스크 도입이 확산될 것이다. 가뜩이나 청년 일자리가 없어 사회적 문제가 되고 있는데, 청년들의 대표적 아르바이트 일자리마저 줄어들고 있다.

청소원

청소원은 이미 언급했듯 한국고용정보원이 내놓은 일자리 보고서에서 로봇으로 대체될 직업 1순위이다. 지금 개발되고 있는 로봇 기술을 감안할 때 청소원이 가장 먼저 대체될 수 있다고 본 것이다.

일본의 대형 유통업체 이온은 2018년부터 청소 로봇 400대를 도입할 계획이다. 전국의 쇼핑센터당 1~2대씩을 배치하여 쇼핑몰 폐점 후에 매일 바닥 청소를 할 예정이다. 이 회사가 청소 로봇을 도입하는 이유는 인력 부족과 비용 절감 때문이다. 이온은 이로 인해 연간 1억 5,000만 엔(약 16억 3,000만 원)의 경비가 절감될 것으로 예측하고 있다.[22]

싱가포르에서는 고층빌딩을 청소하는 로봇이 개발되었다.[23] 싱가포르 난양공대 연구팀이 개발한 오우토봇OutoBot이라는 로봇이다. 이 로봇은 건물에 매달린 채로 층을 오르내리며 로봇 팔에 달린 카메라로 작업할 부분을 확인하고 물을 뿌리며 작업한다. 사람은 지상에서 이 로봇의 작동을 점검만 하면 된다. 물론 이 사람은 기존의 청소원이 아니라 로봇을 조종할 수 있는 사람이다. 현재의 청소원이 로봇을 조종하는 기술을 익혀 그 자리를 얻지 못하면 일자리를 잃는 것이다.

우리나라의 인천공항공사도 청소 로봇을 도입할 계획이다. 공사는 지난 2017년 2월부터 공항 대합실 등을 청소하고 돌아다니는 청소 로봇을 시험 운행 중에 있다. 눈사람 모양의 이 로봇은 사람들과 캐리어를 피해 요리조리 바닥을 청소하고 다닌다. 여러 개의 모터와 브러시, 큰 먼지통을 탑재하고 타일이나 카펫 등 바닥 소재와 상관없이 깨끗하게 청소한다. 이 로봇에는 딥 러닝 기반의 인식 기술과 자율 주행 기술, 제어 기술, 사물 인터넷 등의 4차 산업혁명 기술들이 결합되어 있다. 또한 자기 위치 인식과 정확한 이동 경로 추적이 가능하여 길을 잃거나 빠뜨리지 않고 주어진 영역을 정확히 청소할 수 있다.

건설 노동자

2017년 2월 러시아의 모스크바에서는 38제곱미터 크기의 1층짜리 원형 모양의 단독주택이 24시간 만에 지어졌다. 러시아의 건설 벤처 회사 '아피스 코어Apis Cor'의 대형 3D 프린터가 지은 집이다. 콘크리트 혼합물로 벽과 지붕은 3D 프린터가 만들고 문과 창틀을 사람이 달면 집 하나가 금세 완성된다. 수명은 약 175년 정도로 길지만 가격은 1만 134달러(약 1,100만 원)에 불과하다. 2014년 중국의 3D 프린팅 건설업체 윈선WinSun은 4대의 대형 3D 프린터로 10채의 사무실 건물을 하루 만에 건축해서 화제를 모은 적이 있다. 이 업체는 2015년에 5층짜리 아파트와

2층짜리 고급 빌라를 짓기도 하였다. 이때 사용된 기술은 높이 6.6미터, 너비 10미터, 길이 40미터에 달하는 초대형 3D 프린터로 건물의 부분들을 제작한 뒤 조립하는 모듈형 방식이었다. 이후 철골 등 골조나 단열재 등을 보강했다. 윈선은 미국 회사와 협력하여 3D 프린팅 건축을 통하여 주택 대량 공급 사업을 시작할 계획을 가지고 있고, 이집트 정부와는 2만여 채의 주택 생산 계약을 체결한 것으로 알려졌다.

지난해 9월 이탈리아의 3D 프린팅 업체 'WASP World's Advanced Saving Project'는 높이 12미터인 세계 최대 크기의 3D 프린터를 공개하였다. '빅델타'라는 건축용 프린터이다. 이 프린터는 주변에서 쉽게 발견할 수 있는 진흙이나 모래 같은 건축 자재를 활용하여 벽면과 천장 등을 제작해 원통 모양의 집을 지어 나간다. 유엔에서는 이 프린터를 널리 보급하여 지구촌 곳곳에 저소득층 주택을 건설할 계획을 세우고 있다.

최근에는 철골 구조물은 물론 건물 내부의 가구 등도 3D 프린터로 만드는 신생 기업들이 생겨나고 있다. 얼마 전 미국의 위스콘신대학은 3D 프린터용 건축 재료로 활용할 바이오콘크리트를 개발했는데, 강도는 일반 콘크리트보다 네 배나 단단하면서 수명은 100년에 이른다고 한다.

이처럼 건설 분야에 3D 프린팅 기술이 도입되는 것은 전통적인 건축 방식에 큰 변화를 몰고 올 수 있다. 비용과 시간 측면에서 현재의 10분의 1 정도로 획기적으로 줄어들기 때문이다. 문제는 인간의 노동력이 필요 없게 된다는 것이다.

주택 등 전통적인 건물을 건축하기 위해서는 다양한 건설 노동자들이 필요하다. 우선 건축에 사용되는 철재 골조 또는 구조물을 제작하여 이를 배근, 절단, 고정시키는 일을 하는 철근공이 있어야 한다. 골조가 세워지고 나면 콘크리트를 배합하고 레미콘차가 운반하는 액상의 콘크리트를 거푸집 등에 넣어 다지는 일은 콘크리트공이 해야 한다. 그다음에는 건축물의 벽이나 기둥 등의 구조물을 만들기 위해 벽돌, 블록 등을 쌓는 조적공이 필요하다. 또한 대리석이나 화강암 등과 같은 각종 석재로 건물의 벽면이나 바닥 등에 붙이는 일을 하는 석공도 필요하다. 콘크리트 공사나 조적공사가 끝난 후 벽면이나 바닥 등의 표면을 매끄럽게 마감하는 일은 미장공이 해야 한다. 기존 건축 방식은 이렇게 많은 종류의 건설 노동자가 필요하다. 그러나 3D 프린터로 건물을 짓게 되면 이러한 노동자들은 거의 없어도 된다.

치과기공사

치과기공사는 치과 보철물을 제작하거나 가공하는 직업이다. 치과 병·의원으로부터 의뢰받은 환자의 치아 모형을 분석, 설계하여 석고 모형을 뜨고 금, 아말감, 레진, 세라믹 등을 재료로 활용하여 인공 치아를 만들거나, 의치나 교정틀 등 치과 보철물을 연마하고 가공·수리하는 작업 등이 이들의 주된 활동이다. 그런데 얼마 전부터 의료 분야에 3D 프린터가 활용되기 시작하였다. 최근에는 보청기, 틀니, 치아 교정 장치, 인공 관절 등을 3D 프린터로 제작하고 있다. 3D 프린터로 환자 개인별 특성을 고려한 맞춤형 보형물 제작이 가능해졌기 때문이다.

양악 수술, 광대 복원술, 대동맥 수술, 부비동암 수술 등에도 이 기술이 사용되고 있다. 수술할 부분을 3D 프린터로 모형물을 만들고 사전에 시술 계획을 세워 연습함으로써 수술의 정확도를 크게 향상시키고 있다.

이러한 의료 분야에서 특히 치아 교정을 전문으로 하는 치과를 중심으로 3D 프린팅 기술이 빠르게 도입되고 있다. 석고 모형을 뜨고 교정 장치 등 보철물을 치과기공사가 손으로 직접 제작하는 현행 방식은 인건비는 물론 시간이 많이 걸리고 파손되거나 재료의 낭비도 발생할 수 있다. 그러나 3D 프린터는 제작 시간을 단축하고 재료 낭비도 방지하면서 치과기공사를 대신하여 보철물을 직접 제작할 수 있다. 3차원으로 환자의 구강을 스캔한 데이터를 장기간 보존하여 언제든지 재활용할 수도 있다. 후처리·후가공을 해야 하는 등 아직 치아를 대신하는 보철물이나 인공 치아 완성품을 직접 만드는 수준이 일반화된 것은 아니지만, 3D 프린팅 기술의 정밀도가 향상되면서 시간과 비용 면에서 기존 방식을 대체할 가능성은 점차 커지고 있다. 블로터 컨퍼런스에 따르면 미국의 치과용 보철 생산 전문 업체 얼라인 테크놀로지가 보철 3D 모델링 데이터를 바탕으로 환자의 치아에 꼭 맞는 보철물을 생산하고 있으며, 2012년에만 '인비즈 얼라인'이라는 치과용 보철물을 3D 프린터로 1,700만 개나 생산했다.[24]

생활 수준이 향상되고 평균 수명이 늘어나면서 건강에 대한 관심이 높아지고 있다. 특히 노년 생활을 건강하게 보내기 위해서는 치아 관리가 더욱 중요하다. 고가이던 임플란트 비용이 낮아지고 시술 방법도 발달하면서 임플란트 시술이 대중화되고 있는 추세이다. 이와 더불어 외모에 대한 관심도 증가함에 따라 치아 교정에 대한 수요도 증가하고 있다. 노년층의 증가는 당연히 노인성 질환에 대한 의료 서비스의 증가로 이어지고 있으며, 그중 치과 서비스에 대한 수요가 급증하고 있는 상황이다. 이러한 추세에 따라 정부에서는 2015년 7월부터 75세 이상이던 틀니 및 치과 임플란트 건강 보험 요양 급여 대상을 65세 이상으로 확대하여 의료비 부담을 줄여 주고 있다.

이처럼 치아 치료 및 교정 등에 대한 수요가 확대되는 의료 환경이 조성되고 정책적 지원도 뒷받침되면서 보철물에 대한 수요도 증가할 것으로 보인다. 그러면 당연히 이를 제작하는 치과기공사의 역할이 늘어나고 이들에 대한 고용도 증가할 것으로 예상할 수 있다. 그러나 보철물을 3D 프린터로 제작하는 방식이 확대된다면 치과 의료와 보철물에 대한 수요가 증가하더라도 치과기공사의 업무와 고용은 오히려 감소할 수 있다.

『유엔미래보고서 2045』에서 저자 박영숙은 치과기공사들이 순식간에 소멸할 수 있다고 예측했다. 현재 치과는 크라운, 틀니 등 전체 세트를 제작하기 위해 기공사와 같은 숙련된 노동력을 사용하고 있지만 3D 프린터는 고도의 전문 훈련이 없이도 사용이 가능하므로 치과대학에서 치과기공학을 배울 필요도 없다는 것이다. 시간과 비용 및 정밀도 측면에서 치과기공사보다 우위에 서는 3D 프린터의 보급이 일반화되는 시점에 치과기공사의 일자리는 급격하게 줄어들 것이다.

미래 유망 직업
선정 사례

정부는 미래 직업 세계의 변화에 대비하기 위하여 몇 년 전부터 신직업을 발굴하는 사업을 하고 있다. 국내에 없는 선진국의 직업 중에서 국내에 도입하면 활성화될 가능성이 있는 직업과 국내에서 새롭게 태동할 수 있는 직업이 대상이다. 2013년부터 시작하여 2014년에 44개, 2015년에 17개, 2016년에 10개 등 총 71개의 신직업을 선정하여 발표하였다. 법령이 제정되거나 개정되어야 하는 직업도 있고 자격 제도를 신설해야 하는 직업도 있다.

정부가 발굴한 71개 신직업

연도	신직업
2014년 (44개)	민간 조사원, 전직 지원 전문가, 산림 치유 지도사, 연구 기획 평가사, 연구 장비 전문가, 연구실 안전 전문가, 주거 복지사, 문화 여가사, 온실가스 관리 컨설턴트, 화학물질 안전 관리사, 협동조합 코디네이터, 소셜미디어 전문가, 지속 가능 경영 전문가, 녹색 건축 전문가, 인공지능 전문가, 감성 인식 기술 전문가, 정밀 농업 기술자, 빅데이터 전문가, 도시 재생 전문가, 홀로그램 전문가, BIM(Building Information Modeling) 디자이너, 임신 출산 육아 전문가, 과학 커뮤니케이터, 정신 건강 상담 전문가(자살 예방 상담 전문 요원, 약물 중독 예방 전문 요원, 행위 중독 예방 전문 요원), 기업 컨시어지, 노년 플래너, 사이버 평판 관리자, 가정 에코 컨설턴트, 병원 아동 생활 전문가, 기업 프로파일러, 영유아 안전 장치 설치원, 매매주택 연출가, 이혼 상담가, 주변 환경 정리 전문가, 애완동물 행동 상담원, 신사업 아이디어 컨설턴트, 그린 장례 지도사, 생활 코치, 정신 대화사, 동물 간호사, 분쟁 조정사, 디지털 장의사
2015년 (17개)	기업 재난 관리자, 의약품 규제 과학 전문가, 주택 임대 관리사, 레저 선박 전문가, 대체 투자 전문가, 해양 플랜트 기본 설계사, 방재 전문가, 미디어 콘텐츠 크리에이터, 진로 체험 코디네이터, 직무 능력 평가사, 3D 프린팅 매니저, 상품/공간 스토리텔러, P2P 대출 전문가, 의료 관광 경영 상담사, 크루즈 승무원, 테크니컬 커뮤니케이터, 타투이스트
2016년 (10개)	공공 조달 지도사, 자동차 튜닝 엔지니어, 곤충 컨설턴트, 의료 정보 관리사, 원격 진료 코디네이터, 할랄 전문가, 스마트팜 구축가, 사물 인터넷 전문가, 핀테크 전문가, 증강현실 전문가

자료: 고용노동부(각 연도)

또 2017년 3월에는 고용노동부가 '제4차 산업혁명 대비 국가기술자격 개편방안'을 확정하여 발표하였다. 여기에는 4차 산업혁명 분야 등의 국가 자격증을 매년 발굴하여 신설한다는 계획을 담고 있다. 2017년에는 로봇 관련 3개, 3D 프린터 관련 2개, 빅데이터 1개 등 총 17개의 국가기술자격을 선정하였다.

17개 신설 국가 기술 자격

신설 자격
로봇 기구 개발(기사), 로봇 소프트웨어 개발(기사), 로봇 제어 하드웨어 개발(기사), 3D 프린터 개발(산업기사), 3D 프린팅 전문 운용사(기능사), 의료 정보 분석사(기사), 바이오 의약품 제조(산업기사), 바이오 의약품 제조(기사), 바이오 화학 제품 제조(산업기사), 태양열 에너지 생산 기술(기사), 연료 전지 에너지 생산 기술(기사), 해양 에너지 생산 기술(기사), 풍력 에너지 생산 기술(기사), 바이오 에너지 생산 기술(기사), 폐자원 에너지 생산 기술(기사), 환경 위해 관리(기사), 방재(기사)

자료: 고용노동부

한국고용정보원은 2018년 1월 「4차 산업혁명 시대의 신직업-2017 신직업 연구」 보고서를 통해 클라우드 서비스, 스마트 공장, 빅데이터 플랫폼, 블록체인 등 4차 산업혁명의 첨단 기술 분야와 관련된 신직업 15개와 4차 산업혁명 시대의 새로운 사회적 수요에 부응하고 양극화 등으로 소외되는 사람들의 삶의 질을 개선하는 분야의 신직업 6개 등 총 21개의 신직업을 선정하여 제시하였다.

신직업

신설 자격

O2O(Online to Offline) 서비스 기획자, 클라우드 서비스 개발자, 스마트 공장 설계자, 데이터 거래 중개인, 빅데이터 플랫폼 개발자, 블록체인 기술 개발자, 로보 어드바이저 개발자, 뇌-컴퓨터 인터페이스 개발자, 뉴로모픽칩 개발자, 사물 인터넷(기기) 인증 심사원, 클라우드 컴퓨팅 보안 개발자, 자율 주행차 개발자, 로봇 윤리학자, 스마트 공장 코디네이터, 스마트 시티 전문가, 영적 돌봄 전문가, 화장품 MD, 사회 공헌 기획가, 독립 투자 자문업자, 메디컬 라이터, 치매 코디네이터(치매 케어 매니저)

2015년 런던 비즈니스 스쿨의 린다 그랜튼Lynda Granton 교수와 미래학자 데이비드 스미스David Smith가 작성한 미래보고서 「A Future That Works Report」에서는 미래 사회를 이끌어 갈 100가지 직업을 소개하고 있다. IT, 로봇, 우주 분야 등 총 7개 분야에 대한 각각의 유망 직업들이다.

미래 사회를 이끌어 갈 직업 100가지

분야	직업
IT 분야 (1~32)	현장 분석가, 개인 엔터테인먼트 프로그래머, 맞춤 정신분석학자, 인간-기계 인터페이스 전문가, 내로캐스터(맞춤 프로그램 기획자), 데이터 마이너, 쓰레기 데이터 관리자, SNS 분석가, 기업 단순화 분석가, 기업 업무 프로세서 관리자, 사생활 보호 컨설턴트, 보안 솔루션 개발자, 최고 네트워킹 책임자, 가상현실 조작자, 기계 언어 전문가, 마인드 리딩 전문가, 양자컴퓨터 전문가, 미디어 윤리학자, 인공지능 인터페이스 디자이너, 지식 가이드, 지식 브로커, 가상현실 전문가, 가상 변호사, 가상 자산 관리 매니저, 지능형 에

	이전트 디자이너, 아바타 매니저, 네트워크 관계 상담사/치료사, 개인 네트워크 디자이너, 가상 경찰관, 가상 개인 대리 구매자, 인터넷 정보 관리자, 홀로그램 촬영기사
로봇 분야 (33~42)	로봇 디자이너, 로봇 트레이너, 로봇 수리공, 로봇 상담사, 첨단 비행선 조종사, 대체 에너지 자동차 개발자, 순간 이동 장치 개발자, 태양열 비행기 개발자, 로봇 인프라 전문가, 모노레일 디자이너
우주 분야 (43~48)	우주선 조종사, 우주 항공 디자이너, 우주 여행 가이드, 우주 시설 건축가, 우주 식민지화 기획자, 우주 지질학자/물리학자/생물학자
인구 분야 (49~57)	인구 상태 관리자, 개별 학습 프로그램 개발자, 사회 시스템 디자이너, 일자리 연결 전문가, 스마트 의류 디자이너/엔지니어, 최면술사, 프리랜서, 재사회화 전문가, 첨단 게임 전문가,
에너지 분야 (58~63)	정제 기술 전문가, 풍력 농사 전문가, 배터리 기술자, 곤충 기반 식품 개발자/요리사/영양사, 엽록소 전문가, 융합형 엔지니어
환경 분야 (64~78)	자원 소비 컨설턴트, 수직 농장 농부, 기후 변화 전문가, 홍수 처리 전문가, 검역관, 암석 실험 전문가, 사내 지속 가능성 관리자, 기상 조절 경찰관, 에너지 사용 패턴 전문가, 물 거래상, 무주지(無主地) 거래 전문가, 기후 변화 감독관, 친환경 비즈니스 컨설턴트, 환경 변화 감시자, 재활용 전문가
의료, 생물, 유전 분야 (79~100)	유전자 개발자/설계자, 아기 디자이너, 신체 부분 개발자, 신체 능력 향상 장치 개발자, 나노 기술 의사, 인공 생명체 디자이너/과학자/엔지니어, 사내 최고 건강 증진 책임자, 원격 의약 처방 기술 전문가, 유전자 조작 약품 개발자, 유전자 조작 곡물·가축 개발자, 사내 유전자 감독관, 생체인식 기술 전문가, 생체 정보학자, 지질 미생물학자, 심리 치료사, 노인 건강 관리사/컨설턴트, 개인 체중 컨설턴트, 기억력 증진 수술 의사, 유전자 조작 전문가, 수명 증진 전문 연구원, 냉동 보존술 기술자, 인생 재설계 플래너

4차 산업혁명과
그 혁신기술들

4차 산업혁명 시대의 특징

4차 산업혁명이란 무엇인가라는 질문에 대해 사람마다 대답이 각양각색이다. 4차 산업혁명의 어떤 기술에 방점을 두느냐에 따라 관점이 달라지기 때문이다. 인공지능이 모든 산업과 생활에 일상화된다는 관점에서 보기도 하고, 사물 인터넷이 모든 사물에 접속되어 커다란 변화를 몰고 올 것이라는 관점을 강조하기도 한다. 또 제조업의 스마트화가 4차 산업혁명의 핵심이라고 보는 견해도 있다.

인터넷에 나와 있는 용어 사전들을 보면 'ICT 융합으로 이뤄지는 차세대 산업혁명', '사물 인터넷을 통해 생산 기기와 생산품 간 상호 소통 체계를 구축하고 전체 생산 과정의 최적화를 구축하는 산업혁명', '기업들이 제조업과 ICT를 융합해 작업 경쟁력을 제고하는 차세대 산업혁명' 등으로 다양하게 설명하고 있다.

어떤 개념 정의가 더 정답에 가까운가를 굳이 따질 필요는 없다. 4차 산업혁명의 개념과 범위가 다양해서 한마디로 정의하기가 어렵다. 다 맞는 말이므로 모두 포함해서 이해하면 된다.

여러 얘기들을 종합하여 볼 때, 4차 산업혁명이란 '기술 혁신으로 초 연결, 초지능, 초현실 그리고 초융합이 일어나면서 개방과 협력, 공유의 가치가 중시되는 사회로 바뀌게 되는 혁명적 변화'라고 말할 수 있다. 이를 좀 더 풀어서 살펴보기로 하자.

첫째, 4차 산업혁명은 초연결 시대를 열 것이다. 3차 산업혁명으로 나타난 인터넷은 컴퓨터와 모바일 등 한정된 정보화 기기들끼리만 연결되었다. 하지만 앞으로는 사물 인터넷 나아가 만물 인터넷 시대가 펼쳐지면서 모든 사물에 인터넷이 연결된다. 사물들이 메인컴퓨터나 모바일로 연결되는 것은 물론 다른 지역, 다른 도시와 국가 등 전 지구의 모든 사물들까지도 서로 연결될 수 있는 초연결 세상이 된다. 인터넷이 연결됨으로써 컴퓨터가 생명력을 얻었듯이 4차 산업혁명 시대에는 모든 사물들이 생명력을 얻어 서로 소통하고 정보를 주고받는 세상이 된다.

둘째, 4차 산업혁명은 초지능 시대를 만들 것이다. 인공지능에 대한 연구는 20세기 중반(2차 산업혁명 시기)부터 시작되어 조금씩 발전하고 진화되어 왔지만 산업이나 인간의 생활에 크게 영향을 미치지는 못했다. 하지만 우리가 알파고의 성능을 이세돌과의 대결 하루 전까지만 해도 전혀 예측하지 못했듯 이제 인공지능의 진화 속도가 급속히 빨라지고 있다. 자연어에 대한 인공지능 번역 실력이 급상승하고 각종 인공지능 기기들이 이미 현실에서 상용화되고 있다. 앞으로는 자동차, 로봇, 드론, 3D 프린터 등 신기술들에 탑재되는 것은 물론 모든 사물에도 사물 인터넷과 인공지능이 들어가 지능화되는 시대가 될 것이다.

셋째, 4차 산업혁명으로 초현실 시대를 맞이하게 될 것이다. 현재 가상현실과 증강현실 기술은 게임 등 일부 분야에서만 사용되고 있다. 하지만 몇 년 후 데이터의 전송 속도와 용량이 획기적으로 향상된 5세대 이동 통신을 기반으로 가상현실과 증강현실 기술은 현실 같은 가상세계를 구현할 것이다. 직접 가지 않아도 만리장성이나 아마존 밀림을 체험할 수 있고, 백화점에 진열된 가구나 상품들을 쇼핑할 수 있으며, 홀로그램을 띄워 놓고 인체 해부나 산업 시설에 대한 현장 실습 교육도 생생하게 할 수 있을 것이다. 현실과 가상을 구분하기 힘든 다양한 서비스들도 제공될 것이다.

넷째, 4차 산업혁명은 초융합의 시대를 도래하게 할 것이다. 1, 2차 산업혁명 시대는 오프라인(물질)이 중심인 시대였고 3차 산업혁명 시대는 온라인(가상)이 중심인 시대였다. 지금까지는 실물과 가상이 따로 존재했지만 4차 산업혁명 시대에는 실물과 가상이 융합하는 시대가 될 것이다. 기계나 부품 같은 실물에 사물 인터넷이나 인공지능이라는 가상이 들어가는 융합도 있고, 온라인 플랫폼을 통해 현실의 재화와 서비스를 주문하고 판매하는 융합도 있다. 또 여러 기술들끼리의 융합도 있다. 로봇이나 드론, 자동차에 사물 인터넷이 연결되고 인공지능과 가상현실 기술이 들어간다. 사물에 부착된 센서를 통해 데이터를 수집하고 빅데이터 기술과 인공지능으로 분석한다. 서로 다른 기술들이 융합하여 새로운 제품과 서비스를 만들게 된다.

다섯째, 4차 산업혁명은 개방과 협력, 공유의 시대를 열 것이다. 지금까지 시장경제는 경쟁과 효율의 가치가 기업의 경제 활동을 지배하였다. 기업들이 많은 돈과 시간을 투자해서 기술을 개발한 후 제품으로 만들고 이를 마케팅해서 판매하는 과정을 그 기업 스스로 감당해야 했다. 하지만 이제 이런 기업은 살아남기 어려운 시대가 되고 있다. 많은 자본을 투자해 개발한 지적 재산을 개방하고 많은 기업들은 이 오픈 소스를 사용한다. 빠른 시장 변화에 적응하기 위해 다른 기업과 협업해서 제품을 만들고 판매도 한다. 연결 비용이 거의 없는 온라인 세상은 공유의 환경을 만들었고, 여기에 구축된 플랫폼을 통해서 공급자와 수요자가 재화와 서비스를 공유하기 시작했다. 앞으로 4차 산업혁명 시대에 이런 개방, 협력, 공유의 가치는 자본주의 경제를 이끌 또 하나의 새로운 축이 될 것이다.

2.
4차 산업혁명의
11가지 혁신 기술

자율 주행차

자율 주행차self-driving car란 자동차가 스스로 환경을 인식하고 핸들과 가속페달, 브레이크 등을 조작하여 입력된 목표 지점까지 이동하는 자동차를 말한다. 자율 주행차에는 카메라, 초음파, 적외선, 레이더, 라이다 등 각종 첨단 센서들이 운전자의 눈을 대신한다. 이 같은 주행 환경 인지 시스템을 통하여 신호등, 차선, 전후좌우 차량, 보행자는 물론 주변의 여러 장애물 등을 인지하여 얻은 데이터는 차량의 제어 시스템과 판단 시스템에 제공된다. 여기에는 현재 위치를 파악하는 GPS 시스템과 차량간 무선통신V2V - Vehicle to Vehicle Communication 그리고 차량과 인프라 간 통신V2I - Vehicle-to-Infrastructure Communication을 연계하는 IT 융합 기술이 적용된다.

자율 주행차의 발전 단계는 국제자동차공학회가 레벨 0부터 레벨 5 까지 구분하고 있다.

레벨 0: 자율 주행이 없는 일반 차량

레벨 1: 운전 보조 기능 수행(자동 브레이크와 자동 속도 조절 등)

레벨 2: 부분 자율 주행 단계(운전자의 상시 감독 필요)

레벨 3: 조건부 자율 주행 단계(운전자의 제어가 필요할 때만 신호를 보냄)

레벨 4: 고도 자율 주행 단계(주변 환경 관계없이 운전자 제어 불필요)

레벨 5: 완전 자율 주행 단계(사람이 탑승하지 않고도 주행하는 무인 자
동차)

2020년이면 내 옆에서 자율 주행차가 달린다

한 시각장애인이 자동차에 올라타고 시동을 켜자 차가 스스로 움직이기 시작한다. 운전자는 핸들과 브레이크를 조작하지 않고 그냥 앉아만 있다. 차가 목적지에 도착하자 그는 쇼핑몰에 들어가 음식과 세탁물을 찾아 다시 차를 타고 집으로 돌아온다. 구글이 2012년 유튜브에 올린 자율 주행차 시범 운행 장면이다. 구글은 이보다 앞선 2010년에 도요타의 프리우스를 개조하여 만든 자율 주행차로 샌프란시스코에서 로스앤젤레스까지 총 22만 4천 킬로미터를 주행하여 세상을 놀라게 했다.

이에 충격을 받은 자동차 제조 업체들은 앞다퉈 자율 주행차 개발에 적극 나서기 시작했고, 요즘 세계 자동차 업계는 자율 주행차 개발 경쟁으로 뜨겁게 달궈져 있다.

그러면 언제쯤 자율 주행차가 상용화되어 실제 도로 위를 달릴 수 있게 될까. 세계적인 경영 컨설팅 회사인 보스턴컨설팅그룹의 전망에 따르면 2020년부터 자율 주행차 시장이 형성될 것이고, 도심을 주행하는 자율 주행차는 2022년까지 개발이 완료될 것이라고 한다.[1] 하지만 최근 자율 주행차 개발 업체들은 이러한 예상을 앞당겨 실현시키려는 의욕을 불태우고 있다. 제너럴모터스는 금년 1월 핸들과 페달이 없는 자율 주행차 '크루즈 AV'를 공개하면서 이 차가 2019년부터 도로를 주행할 수 있도록 미국의 교통 당국에 신청한 상태라고 발표하였다. 2015년 벤츠의 자율 주행 트럭으로 독일의 일반 고속도로에서 운전자의 개입 없이 자율 주행에 성공했던 다임러는 2020년까지 운전자가 없는 완전 자율 주행 트럭을 출시할 계획이다. 미국의 포드는 2017년 인공지능 스타트업 '아르고 AI'를 인수하였고 2021년에는 운전대와 브레이크가 없는 완전 자율 주행차를 출시하겠다는 계획이다. 2015년 자율 주행 시스템을 탑재한 'A7'로 미국에서 약 885킬로미터를 시험 주행하였던 폭스바겐 산하 브랜드인 아우디는 2017년에 레벨 3 수준인 'A8'을 출시하였다. 최근 폭스바겐은 세계적인 AI 컴퓨팅 기업 엔디비아와 협업하여 2021년까지 완전 자율 주행차를 출시하겠다고 발표했다. 스웨덴에서 100대의 자율 주행차로 '드라이브 미Drive Me' 프로젝트를 운영하고 있는 볼보 또한 2021년까지 완전 자율 주행차 개발을 완료할 예정이다. 일본의 닛산

'드라이브 미(Drive Me)' 프로젝트를 운용하는 볼보의 승용차

은 2020년까지 시내 자율 주행 가능 차량을 선보이고 2022년에는 완전 자율 주행 자동차를 출시할 예정이다.

그러면 국내 업체의 자율 주행차 개발은 어느 수준까지 와 있을까. 선진국들에 비해 다소 뒤처졌다는 평가를 받고 있다. 한국산업기술평 가관리원의 2015년 조사에 따르면 유럽을 100으로 했을 때 우리나라 는 79.9 수준이고 1.6년의 기술 격차가 나는 것으로 나타났다.[*] 글로벌 시장 조사 업체 내비건트 리서치Navigant Research가 최근 발표한 자율 주 행차 개발 선도 기업 순위에서 우리나라의 현대차 그룹은 15위를 차지 하였다.[**] 2010년 '투싼 ix'를 내놓으며 자율 주행차 개발 경쟁에 합류했

....

[*] 미국은 96.8점-0.2년, 일본은 94.3점-0.4년, 중국은 68.0점-2.7년의 점수와 기술 격차를 보였다.

던 현대차 그룹은 2015년에는 미국 네바다 주에서 수소 전기차 자율 주행 면허를 취득했고, 2017년에는 레벨 4 수준의 자율 주행차 '아이오닉 일렉트릭'으로 라스베가스 도심을 시범 운행하기도 했다. 최근에는 자율 주행 기술 전문 기업인 '오로라'와 협력하여 레벨 4 수준의 자율 주행차를 2021년까지 상용화하고 2030년에는 완전 자율 주행차를 내놓겠다는 계획을 내놓았다.

왜 IT 기업들이 자율 주행차 개발 경쟁에 뛰어드는가

IT 기업들 중에서는 구글 외에도 엔비디아, 모빌아이, 애플, 바이두 같은 기업이 자율 주행차 개발에 뛰어들었고, 우리나라의 네이버, 삼성전자, LG 전자뿐 아니라 SK 텔레콤과 KT 등의 통신사도 여기에 가세하고 있다. 그러면 지금까지 자동차 제조와는 아무 관련이 없는 IT 기업들이 자율 주행차 시장에 뛰어드는 이유는 무엇일까.

지금까지 자동차는 하나의 이동수단이었다. 운전자는 안전하게 목적지까지 이동하기 위해 최대한 운전에 집중해야 했다. 이동 중에는 한

....

** 내비건트 리서치는 향후 10년간 레벨 2 이상의 자율 주행차를 출시할 것으로 예상되는 19개 기업을 대상으로 비전, 시장 진출 전략, 파트너, 생산 전략, 과학 기술, 제품 기능, 판매·마케팅, 품질·신뢰성, 제품 포트폴리오, 지속성 등 10개 항목을 조사하여 순위를 발표하였다. 1위는 미국의 제너럴모터스, 뒤이어 구글의 웨이모, 다임러·보쉬, 포드, 폭스바겐그룹, BMW·인텔·FCA, 앱티브, 르노-닛산 얼라이언스, 볼보·오토리브·에릭슨·제뉴이티, PSA 등의 순위이다.

눈을 팔거나 핸드폰을 볼 수도 없고 내비게이션도 함부로 조작할 수 없다. 고작 음악을 듣는 정도이다. 그런데 자율 주행차가 되면 운전자는 이제 운전에 신경을 쓸 필요가 없게 된다. 무언가를 할 수 있는 자유를 얻게 되는 것이다. 차를 마시며 음악도 듣고 영화도 보고 업무도 처리할 수 있다. 차 안으로 인공지능과 사물 인터넷, 가상현실 기술들이 들어온 자율 주행차는 단순한 기계 장치가 아닌 첨단 전자 기기가 된다. 움직이는 모바일이 되어 버리는 것이다.

그렇기 때문에 자동차는 이제 하드웨어가 아니라 그 안에 들어갈 콘텐츠가 중요하다. 자동차의 외형은 껍데기에 불과하게 될 것이다. 지금 IT 기업들은 자율 주행차가 도래할 이후의 세상을 내다보고 있다. 그 안에서 소비자가 무슨 음악을 듣고, 어떤 영화를 보고, 게임을 할 것인지를 고민하고 또 광고를 어떻게 보여 줄지를 연구하고 있다. IT 산업은 속성상 빠르고 넓게 세계 시장을 장악하는 파급력을 가지고 있다. 그래서 모든 기업이 이 새로운 시장을 선점하기 위해 치열한 경쟁에 뛰어들 것이다.

자율 주행차가 또 한 번 세상을 바꿀 것이다

4차 산업혁명 시대를 대표하는 자율 주행차는 모든 신기술들의 집합체이고 직업과 일자리 측면에서 많은 변화를 몰고 올 것이다. 여기에서는 이와 관련된 자율 주행차의 특징 몇 가지만 간략하게 말하고자 한다.

첫째, 자율 주행차는 고성능의 카메라, 레이더, 각종 센서 등으로 보행자와 주변 상황을 파악하고 차와 차, 차와 신호등이 상호 소통하면서 이동하기 때문에 교통사고가 현저하게 줄어들 것이다. 현재 일어나는 교통사고의 90퍼센트 이상은 운전자의 실수나 부주의 때문이다. 컴퓨터는 이런 사고를 줄여 준다.

둘째, 자율 주행차가 일상화될 경우 차량과 교통 체계가 서로 긴밀하게 연결되어 효율적으로 차량 소통이 이루어지도록 하기 때문에 교통 체증이 사라지게 될 것이다. 이는 우리나라에서만 연 33조 원(2015년 기준)이 넘는 교통 혼잡 비용을 줄일 수 있다는 얘기이다.

셋째, 자율 주행차로 출퇴근하게 될 경우 꼭 도심에서 살 필요도 없다. 지금처럼 교통 체증이 없어서 시간을 허비하거나 스트레스를 주지 않기 때문에 장거리 출퇴근도 가능하다. 오히려 출퇴근 시간이 휴식을 취하고 즐거움을 얻는 시간이 될 수도 있다. 그러므로 쾌적하고 여유로우며 살기 좋은 주변 도시들이 주거지로서 경쟁력을 갖게 될 것이다.

넷째, 자율 주행차가 자동차를 소유에서 공유로 바꾸는 촉매적 역할을 하게 될 것이다. 현재도 공유 경제 개념의 확산으로 차량 공유가 증가하고 있다. 우버와 같은 차량 공유 서비스뿐만 아니라 기존의 자동차 판매 업체들도 렌트 방식의 공유 서비스를 제공하고 있다. 메르세데스-벤츠의 모회사 다임러의 경우 자회사 '카투고car2go'를 설립해 차량 공유 서비스를 하고 있고, BMW, 도요타, 현대차 등 다른 자동차 업체들도 이러한 차량 공유 시장에 뛰어들고 있다. 이런 차량 공유 서비스를 더욱 성장하게 만드는 것이 자율 주행차이다. 고가의 자율 주행차를 소유하기보다는 공유하는 경향이 더욱 강해질 것으로 보인다. 현재 구글, 우버 등 여러 업체들이 자율 주행 택시를 개발하고 있고, 세계 여러 나라에서 시범 운영도 하고 있다. 이들 기업들은 훨씬 더 많은 사람들이 무인 자율 주행 택시를 이용할 것으로 보고 있다. 컨설팅 업체 맥킨지는 2030년에는 일반 소비자의 자동차 구매량이 현재보다 연간 최대 400만 대가 감소하는 반면, 차량 공유용 판매량은 200만 대 증가할 것으로 전망한 바 있다.

자율 주행차가 도로 위를 자유롭게 질주하기 위해서는 자율 주행차의 사고와 해킹으로 인한 신뢰도 문제, 피할 수 없는 상황에서 보행자와 운전자 중 누구를 보호할 것인가에 대한 윤리적 딜레마 등에 대한 해결 과제가 아직 남아 있다. 각 국가마다 법적·제도적 보완 조치도 뒤따라야 한다. 하지만 기술적 완성도는 높아질 것이고 결국 이러한 문제들은 해결될 것이다. 일단 자율 주행차가 상용화되면 빠르게 확산될 것으로 보인다. 글로벌 시장 조사 업체 주니퍼 리서치는 2025년까지 세계적으로 약 2,200만 대의 자율 주행차가 보급될 것으로 전망하고 있고, IHS는 2025년 이후 자율 주행차 시장이 10년간 연 43퍼센트씩 급성장할 것으로 예측하고 있다. 2018년 1월 세계가전전시회에 참가한 엔디비아의 젠슨 황 CEO는 "미래에는 모든 자동차가 자율 주행차가 될 것이다. 해마다 1억 대의 자동차, 수백만 대의 로봇 택시, 수십만 대의 트럭이 생산될 것이며 이 모든 차량이 자율 주행을 할 것입니다"라고 말하기도 했다.

20세기 들어 포드 시스템으로 대량 생산 체제를 만들고, 중산층 형성에 직접적 계기를 마련했던 자동차는 그간 인류에 엄청난 변화를 가져왔다. 수많은 전·후방 연관 산업을 만들어 경제 성장에 막대한 영향을 미쳤다. 자동차로 인해 도로가 생기고, 병원과 보험회사가 생겼고, 또 여가 문화를 만들었다. 호텔과 여행, 관광, 외식 등의 산업을 만들어 인류가 이전에 경험하지 못했던 생활과 문화도 누리게 했다.

자율 주행차가 이제 또 한 번 세상을 변화시킬 것이다. '사람이 운전하는 내연기관의 차'에서 '전기로 운행하는 자율 주행차'로 바뀜으로써 모든 것이 달라져 버린다. 자동차가 기계에서 첨단 IT 기기로 바뀌고 자동차와 관련된 모든 산업이 완전히 변할 것이다. 이동 중인 자동차 안은 여가와 엔터테인먼트, 업무 공간이 되고, 교통 체계와 교통 문화가 달라질 것이다. 또한 자동차를 소유할 것이냐 공유할 것이냐를 두고 고민할 것이다. 단순히 자동차가 달라졌다가 아니라 자동차에 대한 개념과 우리의 인식이 완전히 달라지는 것이다.

드론

드론drone이란 무인 항공기 또는 무인 비행물체를 말한다. 웅웅거리는 소리 또는 윙윙 소리를 내며 나는 수벌을 의미하는 영어 drone에서 유래한 말이다. 국립국어원에서는 드론의 우리말 순화어를 '무인기'로 명명하기도 하였다. 드론은 사람이 탑승하지 않고 지상에서 원격조종을 하거나 미리 입력된 프로그램에 따라 스스로 비행을 하면서 임무를 수행한다.

드론

드론에는 위쪽에 여러 개의 프로펠러가 달려 있어서 멀티콥터multicopter라고도 하는데, 날개의 수에 따라 4개는 쿼드콥터quadcopter, 6개는 헥사콥터hexacopter, 8개는 옥타콥터octacopter라고 부른다. 이렇게 드론의 날개가 짝수인 이유는 뉴턴의 역학 제3법칙인 '작용-반작용 원리'*에 따른 것이다. 대각선으로 마주보는 프로펠러 2개가 한 쌍이 되어 같은 방향으로 돌고 다른 쌍은 반대 방향으로 돌면서 중력을 거슬러 하늘로 떠오르게 된다.

새로운 하늘 길을 찾은 인류

2015년 무인기 제조 업체 플러티 사가 미국 버이지니아 공항에서 주변 와이즈카운티 지역 병원까지 드론 배송을 했다. 엔진 소리와 함께 수직으로 솟아오른 드론은 목표 지점을 향해 빠르게 날아간다. 숲과 목장, 들판을 지나 드론은 어느새 목적지 상공에 도달한다. 고도를 낮춘 드론

....

* '작용-반작용의 원리'란 물체 A가 물체 B에 힘을 가하면 그와 동시에 물체 B도 물체 A에 크기가 같고 방향은 반대인 반작용의 힘을 가한다는 원리이다.

은 곧바로 줄을 통해 물품 상자를 지상으로 내려 보낸다. 이륙 후 걸린 시간은 고작 3분이다. 자동차로는 1시간 반이 걸리는 거리였다.

인류가 새로운 하늘 길을 찾은 셈이다. 지금까지 인류는 바다로는 배로, 지상으로는 자동차로, 하늘로는 비행기로 물건을 실어 날랐다. 그런데 비행기는 지상으로부터 최소 수 킬로미터 이상 높은 고도를 유지하면서 시속 수백 킬로미터 이상의 속도로 비행을 해야 한다. 이 지상과 비행기 사이의 공간을 새롭게 찾은 것이다. 이제 인간은 드론이라는 새로운 비행체를 이용해서 이 공간을 활용하기 시작했다. 드론으로 신속하게 물건을 배송하고 농약을 살포하고 사진이나 영상도 촬영한다. 산업 시설물의 안전 진단과 감시용으로도 활용된다. 공공 분야에서는 재난용으로 사용되어 의약품이나 구명 장비를 현장으로 신속하게 투입하기도 한다.

드론은 원래 1·2차 세계대전 당시부터 군사용으로 사용되기 시작하여 감시·정찰용이나 훈련 표적용 또는 폭격용으로 쓰여 왔다. 지난 2015년에는 미군이 이슬람 무장단체 IS의 이라크 지역 근거지를 드론으로 공습하기도 하였다. 이렇게 주로 군사용으로 활용되어 오던 드론이 최근에 산업용으로 시장을 형성하면서 급속하게 확대되고 있으며, 취미용으로도 빠르게 저변을 넓혀 가고 있다.

고성능 센서와 배터리가 드론에 장착되면서 단순 장난감을 넘는 비행 수준과 탑재 능력을 갖추게 된 것이 이런 변화의 직접적인 이유이다. 손바닥보다도 훨씬 작은 초소형부터 사람이 탑승하는 것은 물론 200킬로그램이 넘는 물건을 운송할 수 있는 대형까지 크기도 다양하다. 이런 드론에 네트워크가 연결되고 인공지능이 탑재되어 스마트해지기까지 하고 있다. 목적지를 스스로 찾아가 미션을 수행하는 자율 주행까지 가능하게 되는 것이다. 사용자의 스마트폰 위치를 파악하여 배송을 하고, 카메라를 포함한 각종 센서나 적외선을 활용하여 사람이나 동물, 건물 등 장애물을 피해 비행을 한다. 배송지에 정확하게 찾아가 물품을 내려놓고 돌아오는 것은 물론이고 교통사고나 재난 지역의 상황을 실시간으로 촬영하여 현장 상황을 전송할 수도 있다. 정찰용 드론과 신호를 주고받은 구조용 드론이 신속하게 구명보트를 재난자에게 전달하기도 한다. 최근 세계 드론 시장의 70퍼센트 이상을 차지하고 있는 중국의 세계적인 드론 제조업체 DJI는 교량 등의 공사 현장을 드론으로 점검할 수 있도록 했다. 이처럼 드론의 활용성은 날로 확대되어 가고 있다.

택배 드론이 이륙 준비 중이다

드론은 현재 취미용이나 공공용으로 활용이 확대되고 있으며, 상업용으로는 특히 제품을 배송하는 드론을 세계 곳곳에서 실험 중에 있다. 세계 최대 유통업체인 아마존은 이미 2013년부터 '아마존 프라임 에어'라는 드론 배송 서비스를 준비해 오고 있다. 이를 이용하여 2016년 12월에는 영국 케임브리지에 사는 고객에게 실제로 물품을 배송했다. 아마존 사이트를 통해 TV 셋톱박스와 팝콘 한 봉지를 주문했는데 주문 후 13분 만에 배송지 집 뒷마당에 내려놓고 돌아간 것이다. 기존의 택배 배송으로는 한나절이 걸리는 거리였다. 중국의 최대 전자상거래 기업인 알리바바도 2015년부터 드론 배송 서비스를 준비하고 있고, 중국의 전자상거래 2위 업체인 징둥닷컴도 앞으로 드론 배송으로 물류 비용을 70퍼센트까지 절감할 예정이다. 징둥닷컴은 지방의 각 지역에 택배원을 두고 그 택배원의 집까지 드론으로 물품을 배송하면 택배원이 제품을 고객에게 배달하는 방식을 구상하고 있다.**2** 이들 업체 외에도 이베이, 월마트, 구글, 세븐일레븐, 도미노피자 등이 드론으로 시험 배송을 하는 등 드론 택배를 준비하고 있다. 도시 지역에서 실제 드론 택배 서비스를 시작한 기업도 나타났다. 플라이트렉스Flytrex라는 이스라엘 무인 항공 물류회사가 2017년 8월부터 아이슬란드의 수도 레이캬비크에서 주민들에게 햄버거, 초밥, 맥주 등을 드론으로 배달하고 있다. 이 회사는 고층 건물이 많은 도심에서도 건물 입구나 옥상에 물건을 배달하는 프로젝트도 진행하고 있다.

우리나라에서도 우정사업본부가 2017년 11월 실제 우편물을 드론으로 배송하는 시연을 하였다. 8킬로그램 무게의 우편물을 고흥 선착장에서 4킬로미터 떨어진 섬 득량도로 단 10분 만에 배송을 한 것이다. 지금까지는 2시간 동안 집배원이 여객선을 타고 가서 배송을 해야 했다. 이처럼 드론 배송의 효과는 상당하다. 시간을 획기적으로 단축하는 것은 물론 집배원나 여객선 운용에 드는 비용도 절감할 수 있다. 우정사업본부는 앞으로 2022년부터 우편물의 드론 배송 서비스를 시작할 계획이다.

드론은 파괴적이면서 촉매적인 혁신 기술이다

그렇다고 당장 택배가 드론으로 배송될 것이라고는 쉽게 말할 수 없다. 안정성 때문이다. 도심에서의 드론은 비행과 이착륙이 쉽지 않을 뿐 아니라 사고 시 큰 인명 피해를 줄 수 있다. 그래서 드론 배송은 우선 위험이 덜한 도서 산간 지역부터 실시될 것으로 보인다. 도심 지역은 많은 안전성이 확보된 이후에 가능할 것이다. 하지만 기업들이 드론을 배송 시간과 물류 비용을 획기적으로 줄일 수 있는 혁신 기술로 인식하고 개발 경쟁을 벌이고 있기 때문에 멀지 않은 날에 드론 배송이 일상화되는 날이 올 것으로 보인다.

드론이 택배업 등 일부 직업의 일자리를 빼앗을지 모른다는 우려가 나올 수 있다. 하지만 드론은 지금까지 우리가 생각하지 못하고 경험해 보지 못한 새로운 서비스를 창출할 수 있다. 고속도로 갓길 주차나 전용 차선 침범을 단속하고, 사람이 접근하기 어려운 교량이나 위험 시설을 상시 점검하며, 국·공유지를 무단으로 점유한 경우에도 드론을 활용해 조사할 수 있다. 일본에서는 최근 드론이 야간에 사무실을 돌며 퇴근을 독려하는 서비스를 할 계획이라고 한다. 모두 지금까지 없던 새로운 일자리가 만들어질 수 있는 영역들이다.

드론 산업 자체의 일자리는 물론 이와 같이 새로운 서비스 분야에서 새로운 직업과 일자리가 창출될 수 있다. 그래서 드론은 세계적인 미래학자 토마스 프레이가 말하는 파괴적 혁신과 촉매적 혁신을 동시에 일으키는 혁신 기술이라 할 수 있다.* 최근 각광을 받고 있는 드론 조종사**와 같은 신직업이 생겨나는 현상이 이를 설명해 주고 있다. 파괴적 효과와 촉매적 효과 중 어떤 효과가 더 크게 일어날지는 그 국가와 사회가 어떻게 하느냐에 달렸다고 할 수 있다.

3D 프린터

3D 프린터Three Dimension Printer란 2D 프린터로 활자나 그림을 인쇄하듯이 컴퓨터 디자인 프로그램으로 만든 3차원의 디지털 설계도를 활용하여 실제로 물건을 출력하는 기계를 말한다. 재료를 깎거나 잘라 내는 전통적인 제조업 방식과 달리 플라스틱이나 금속 같은 소재를 얇은 층으로 쌓아 올려 형상을 구현하는 방식이다.

3D 프린팅 기술에는 여러 가지가 있다. 레이저 광선 같은 빛으로 원료를 굳히면서 입체 모형을 만드는 광경화 적층 방식Photo Curing

....

* 모든 신기술은 파괴적 속성과 촉매적 속성을 같이 지니고 있는 것이 보통이다. 하지만 4차 산업혁명 기술들은 파괴적 속성들이 훨씬 강하다. 자율 주행차나 3D 프린터가 직접 사람 대신 운전을 하거나 물건을 제조함으로써 파괴되는 기존 일자리가 이들 기술로부터 새로 생겨나는 일자리보다 훨씬 많다는 이야기이다. 그러나 드론이나 가상현실, 5세대 이동통신은 이를 활용함으로써 기존의 일자리를 새롭게 하거나 전에 없던 일자리를 새로 창출할 수 있는 촉매적 속성을 더 많이 지니고 있다.

** 정식 명칭은 '초경량비행장치 비행자격 조종 증명서'로 12킬로그램 이상 150킬로그램 이하의 상업용 드론을 조종하는 자격증으로 필기와 실기 시험을 거쳐 교통안전공단이 발급한다. 2015년 국가공인자격시험으로 치러지면서 2017년에는 3,255명이 응시하여 1,972명이 합격하였으며 드론 조종사 자격증 보유자가 약 5,500명 정도 되는 것으로 파악되고 있다.

Process,* 노즐에서 액체를 분사할 때 고체로 변하는 특수 플라스틱 수지를 활용하는 폴리젯 적층 방식Polyjet Process, 분말 형태의 소재를 베드 bed에 도포한 후 레이저를 비춰 원하는 부분만 굳히는 레이저 소결 방식Laser Sintering Process,** 노즐에 열을 가해 안에 있는 고체 필라멘트를 녹여 층층이 쌓는 압출 적층 방식Fused Deposition Modeling 등이 있다.

초기에는 주로 플라스틱을 재료로 하는 단순한 제품 위주였지만 최근에는 재료와 제품이 다양해지고 있다. 재료로는 고무, 종이, 유리, 설탕, 모래, 식재료 등 생활 분야의 소재는 물론 금속, 티타늄 등 고가의 산업 분야 소재까지 사용되고 있다.

제품도 완구, 의류, 항공·우주, 자동차 부품, 의료, 스포츠, 건축, 가구, 엔터테인먼트, 식품 가공 등에서 3D 프린팅 제품들이 속속 등장하고 있다.

3D 프린터 제조 혁명, 그 가능성이 곳곳에서 보여지고 있다

2015년 1월 미국 디트로이트에서 열린 국제 모터쇼에서 화제가 된 자동차가 있다. '스트라티'라는 전기 자동차이다. 사람들에게 특별한 관심

....
* 여기에는 SLA(Stereo Lithography Apparatus), DLP(Digital Light Processing) 방식이 있다.

** 여기에는 SLS(Selective Laser Sintering) 방식이 대표적이다.

을 받았던 이유는 현장에 설치된 3D 프린터가 직접 찍어 낸 자동차였기 때문이다. 제작 시간은 단 44시간, 부품 수는 고작 49개에 불과했다. 스트라티의 가장 큰 특징은 제작 공정이 매우 단순하고 부품을 통합 제작한다는 점이다. 바디, 섀시, 대시보드, 후드 등 차체의 주요 부분이 일체화되어 있고 타이어, 전지 모터, 배터리, 세스펜션, 전기 배선과 휠, 창 등도 세트로 만든다.

"특별한 도구가 없이도, 도색을 위한 염료가 없어도, 작업 공정을 패턴화하지 않아도 됩니다. 비용이 획기적으로 줄고, 노동력도 최소한으로 유지할 수 있습니다. 그저 프린팅만 하면 됩니다."

이 자동차를 제작한 로컬모터스사의 CEO인 조지 로저스의 말이다. 이 회사는 2015년에 약 64킬로미터 정도인 스트라티의 속도를 보완하여 고속도로 주행이 가능하도록 만든 LD3D 스웜LD3D Swim을 개발하고, 2016년에는 IBM의 인공지능 왓슨을 정착한 자율 주행 전기 버스 '올리'를 개발하였다. 제작 시간도 하루로 단축하였다. 큰 생산 공장이 없어도 되고 제작 인원도 3D 프린터를 다루는 3명이면 된다. 이 회사는 현재 세계 각 도시 안에 생산 시설을 갖추고 주문을 받아 자동차를 찍어 낼 준비를 하고 있다. 대규모 자동차 생산 산업 단지와 수만 명의 직원이 필요하고 부품이 2만 개나 되는 기존의 자동차 생산 방식과 비교하면 분명 자동차 제조의 혁명이라 할 수 있다.

현재 3D 프린터를 가장 활발하게 사용하고 있는 분야는 시제품 제작이다.[*] 3D 프린터로 시제품을 제작할 경우 몇 개월씩 걸리는 제작 기간을 단 몇 시간 또는 며칠로 단축하고 비용도 크게 절감할 수 있다. 하지만 이제는 시제품 제작에 머물지 않고 항공, 우주, 의료 등의 부품이나 주택 건설 또는 일상 용품을 만들어 사용하고 있는 사례가 크게 증가하고 있다.

미국의 대표적인 항공 우주기업 보잉사는 이미 2012년부터 300여 개의 항공 부품을 3D 프린터로 생산하고 있다. 이를 통해 가볍고 단단한 부품을 제작하여 연료 소모량과 탄소 배출량을 줄이고 비용도 절감할 수 있다. 미국의 제너럴일렉트릭은 2015년에 제트기 엔진 부품을 3D 프린터로 만드는 기술을 상용화하면서 미국에 항공기 부품을 대량 생산하기 위한 공장을 건립하였다. 현재는 연간 약 10만 개 이상의 항공기 엔진과 발전기 터빈 등의 부품을 3D 프린터로 생산하고 있다. 미항공우주국도 3D 프린터 활용에 적극적이다. 우주 공간에서 필요한 부품을 직접 만들어 쓰고, 수십 년간 보관할 수 있는 분말 형태의 음식 재료를 가져가 3D 프린터로 직접 만들어 먹을 수 있도록 하기 위해서다. 실제로 미항공우주국은 2013년에 로켓 엔진 연료 분사 장치를 3D 프린터로 제작하는데 성공했다. 또 3D 프린터 개발 업체를 지원하여 우주정거장이나 우주선 안에서 피자를 만들어 먹을 수 있도록 개발한 '3D 푸드 프린터'의 프로토 타입을 공개하기도 하였다. 앞으로는 3D 프린터가 우주기지

....

* 한 외국 기업이 3D 프린터의 사용 목적에 대하여 조사한 결과를 보면, 시제품 제작이 34퍼센트, 제품 컨셉 정할 때 23퍼센트, 제품 생산 22퍼센트, 마케팅 샘플 10퍼센트, 예술 활동 8퍼센트, 교육 7퍼센트, 취미 5퍼센트, 기타 5퍼센트(복수 응답)로 활용되는 것으로 나타나고 있다(자료: 스컬프테오(프랑스 3D 프린팅 기업), 중앙일보(2017. 12. 5.) "30분 만에 피카추 인형 뚝딱…3D 프린터 대중화 성큼" 재인용).

건설이나 우주여행 등 우주산업의 발전에 크게 기여할 것으로 보인다.

독일의 세계적인 전기·전자 기업인 지멘스도 슬로베니아 전력 생산의 25퍼센트를 차지하고 있는 원자력 발전소에 '금속 임펠러'라는 부품을 3D 프린터로 생산하여 공급하고 있다.

의료 분야에서도 3D 프린팅 제품이 활용되기 시작했다. 2017년 12월 건양대 병원은 3D 프린팅 기술로 제작된 인공관절을 이용하여 개인 맞춤형 수술에 성공했다. 사람마다 뼈의 생김새나 연골의 마모 정도 또는 변형 상태가 다르지만, 그동안은 규격화된 제품을 사용한 탓에 불편함이나 부작용이 나타나는 경우가 많았다. 하지만 무릎 관절 모양과 크기를 정확하게 측정하여 환자에게 딱 맞는 인공관절 수술을 함으로써 부작용이나 합병증을 줄일 수 있게 된 것이다.

외국에서는 이미 3D 프린터로 의료용 제품을 양산하는 기업도 있다. 독일의 산업용 3D 프린팅 업체 EOS사는 이미 1,000만 개의 치아 보철물을 양산하고 있고, 3D 프린터로 만든 금형을 세계의 다양한 타이어 기업에 납품하고 있다.

3D 프린터로 집도 짓고 있다. 건축 재료로 콘크리트 혼합물을 써서 대형 3D 프린터가 미리 입력된 설계도에 따라 건물을 짓는다. 3D 프린터가 집의 골격을 만들고 사람이 문과 창틀을 달기만 하면 간단하게 집 하나가 완성되는 것이다. 중국의 3D 프린팅 건설 기업인 윈선은 2014년 높이 6.6미터, 너비 10미터, 길이 40미터에 달하는 초대형 3D 프린터 4대로 10채의 사무실 건물을 하루 만에 건축했다. 2017년에는 러시아의 건설 벤처회사 '아피스 코어'가 모스크바에 38제곱미터 크기의 1층짜리

원형 모양의 단독주택을 하루 만에 짓기도 하였다.

최근에는 가격이 낮아진 3D 프린터의 보급이 확대되면서 메이커들의 활동이 활발해지고 있다. 이들은 다양한 일상의 생활용품들을 제조하여 상품화하고 있다. 세계적인 온라인 쇼핑몰 아마존닷컴에서는 이미 몇 해 전부터 3D 프린터로 만든 제품을 판매하고 있다. '3D 프린티드 프로덕트 스토어3D Printed Products store'라는 코너에서는 피규어, 장난감, 옷, 액세서리, 신발, 핸드폰 케이스 등 다양한 3D 프린팅 제품들을 볼 수 있다. 모두 소비자가 주문한 대로 만들어진 맞춤형 상품들이다.

3D 프린팅이 가져올 미래

3D 프린터가 미래의 제조업에 큰 변혁을 가져올 것이라는 전망이 잇따르고 있다. 영국의 『이코노미스트』지는 3D 프린팅 기술이 4차 산업혁명의 대표 주자로서 100여 년 전 포드가 자동차 대량 생산을 시작한 것에 맞먹는 파급력을 가져올 것이라고 전망하였다. 세계적인 컨설팅 전문 업체 맥킨지도 2013년 보고서를 통해 2025년 세계 경제에 가장 위력적인 열두 가지 기술에 3D 프린팅을 포함시켰다. 이 보고서는 2025년에도 전통적 제조 방식이 대량 생산에서는 우위가 예상되지만, 3D 프린팅 기술이 임플란트, 각종 공구, 항공기나 자동차 부품 같은 복잡하고 소형인 제품의 제조 분야로 확대될 것이라 예상하였다. 또 이들 시장의 30~50퍼센트가 3D 프린팅 제품으로 대체될 것으로 내다봤다. 대부분

의 소비자가 3D 프린터와 접촉할 것이며 5~10퍼센트의 사람들은 직접 제품을 만들어 쓸 수 있을 것으로 예측되었다. 리서치 기관인 스마테크 마켓은 세계 3D 프린터 시장이 2017년 62억 7,130달러(약 6조 8,100억 원)에서 2023년에는 193억 6,363달러(약 21조 원)까지 성장할 것으로 내다보고 있다.[3]

미국의 오바마 전 대통령은 2013년 "3D 프린터 산업은 우리가 만드는 거의 모든 제조 방법에 혁명을 가져올 것"이라고 전망했다. 미래학자 제러미 리프킨은 그의 『3차 산업혁명』에서 앞으로는 고도로 자본화된 '중앙집권형 대량 생산 체제'와 달리 3D 프린팅 기술로 인하여 누구나 제조업자가 될 수 있는 '분산형 생산 체제'의 세계가 열릴 것이라 예견했다.

하지만 3D 프린터 제조 방식은 당초의 예상과는 달리 인공지능 등 다른 신기술들에 비해서 상용화가 다소 더딘 모습을 보이고 있다. 이는 소재의 한계와 느린 제작 속도, 다양한 3D 프린터 제품 개발의 미흡 등으로 인해 아직까지 기존의 대량 생산 제품보다 경쟁력을 갖춘 제품들이 많이 나오고 있지 않기 때문이다. 또한 3D 프린팅 제품의 인체에 대한 안전성 문제나 지적재산권에 대한 법적 보호 미비 등도 그 원인 중 하나이다. 그러나 3D 프린터는 기존의 대량 생산 체제에 도전장을 내밀기에 충분한 잠재력을 지니고 있다. 버튼 한 번을 누르면 상상하는 물건을 만들어 내는 도깨비 방망이인 3D 프린터는 분명 제조업의 패러다임을 혁신적으로 바꿀 것이다. 3D 프린터로는 고객이 원하는 대로 개인 맞춤형 제품을 만들고, 나만의 개성을 살린 물건, 세상에서 나만 가질 수 있는 물건을 만들 수 있다. 이를 바탕으로 소비자가 생산자가 되고,

생산자가 소비자가 되는 소비와 생산이 구분되지 않는 시대를 열 것으로 보인다.

빅데이터

빅데이터Big Data는 빅Big과 데이터Data의 합성어이다. 하지만 그 의미는 단순히 '대용량 데이터'라는 뜻 이상의 의미를 내포하고 있다. 일반적으로 분량Volume, 다양성Variety, 속도Velocity를 빅데이터의 특징으로 꼽는다.

인터넷과 스마트폰의 확산으로 인터넷 검색, 전자 상거래, SNS, 공유 플랫폼 등을 통하여 매일 수많은 데이터들이 생산되고 있다. 숫자, 문자, 사진, 동영상, 각종 이미지 등 그 형태도 다양해지고 각종 웹 문서, 소셜 데이터, 이메일, 메타 정보, 센서 데이터 등 비정형화된 데이터까지 그 형식도 다양하다. 이 모든 자료들이 실시간으로 매분 매초 엄청나게 생산되어 업로드되는 것이다. 어마어마하게 쌓이는 데이터가 그냥 수집된 상태로만 있다면 아무런 효용 가치가 없다. 이 방대한 데이터를 효과적으로 처리하고 분석하여 유용한 정보를 찾아내는 기술에 초점을 둔 것이 빅데이터이다. 이러한 의미에서 시장조사기관 IDCInternational Data Corporation는 "빅데이터란 다양한 형태로 구성된 방대한 크기의 데이터로부터 경제적으로 필요한 가치를 추출할 수 있도록 디자인된 차세대 기술이다"라고 정의하고 있다.

우리가 알지 못하는 것들, 빅데이터는 이미 알고 있다

2016년 미국 대통령 선거에서 선거 당일 아침까지도 대부분의 언론 사들은 힐러리 클린턴이 선거에서 승리할 것으로 예측하였다. 「뉴욕타임즈」 여론 조사는 85퍼센트, CNN은 91퍼센트의 확률로 힐러리가 압승할 것으로 보도했다. 그러나 빅데이터는 트럼프의 당선을 점쳤다. 인도의 벤처기업 '제닉 AI'라는 회사가 트위터, 페이스북, 유튜브, 구글 등에서 수집한 2,000만 건의 데이터를 분석해서 트럼프의 승리를 정확하게 맞춘 것이다.

이보다 훨씬 앞선 2008년에 구글은 미국 보건 당국보다 2주나 먼저 미국에서 유행할 독감 경보를 발표하였다. 구글 독감 동향Google Flu Trends이라는 독감 확산 조기 경보 서비스를 개시한 것이다. 이 서비스는 현장 조사가 아닌 일정한 검색 패턴에서 얻은 빅데이터를 기반으로 하였기 때문에 미국 질병통제예방센터보다 빠르게 예측할 수 있었다. 구글 검색에 기침, 발열, 몸살, 감기약 등의 어휘들의 검색 빈도가 늘어나면 독감 증상이 있는 사람들이 많아지는 것을 빅데이터로 분석한 것이다. 이 사례는 당시 빅데이터가 사람들에게 제대로 알려지기 전에 '빅데이터 활용을 통한 문제 해결'이라는 새로운 영역을 세상에 내놓았다는 점에서 큰 의미가 있었다.

빅데이터는 문제 해결사!

　이제 많은 기업들이 빅데이터를 사업에 활용하고 있다. 아마존은 소비자의 소비 패턴을 분석하여 소비 계층과 구매 상품 그리고 소비 지역까지 예측한다. 또 다품종 소량 생산의 패션 브랜드 기업으로 잘 알려진 자라ZARA도 개별 소비자의 수요 예측과 매장별 재고량, 상품 가격, 운송 등을 실시간으로 파악할 수 있도록 개발한 빅데이터를 활용하고 있다.

　2017년 3월 세계 최대 모바일 전시회인 MWCMobile World Congress에서 일본의 통신업체 NTT 도코모는 '사용자 수요 예측 AI 택시'를 선보였다. 이 서비스는 빅데이터 분석을 통하여 30분 후의 시내 구역별 택시 수요를 예측하여 운전자에게 알려 준다. 가입자들의 과거 승차 이력과 현재 위치 정보, 일기 예보 등을 종합하여 빅데이터 분석을 한 것이다. 이를 통해 택시 기사는 빈 차로 돌아다니는 시간을 줄일 수 있고 고객은 더 짧은 시간에 택시를 잡을 수 있게 해 준다. 이 회사가 지난해 도쿄와 나고야에서 시범 운영을 해 본 결과 이 지역 택시 기사들의 소득이 하루 4,500엔에서 6,732엔으로 49퍼센트나 증가했다.

　우리나라에서도 행정 서비스 향상을 위해 빅데이터를 활용하고 있다. 지난 2013년에 서울시에서 빅데이터 분석을 통해 교통 행정을 개선한 사례가 있다. 당시 서울시는 밤늦게 귀가하는 직장인이나 청소년 등에게 대중 교통을 제공하기 위해 심야 버스를 도입하려 했다. 그러나 노선을 짜는 일이 쉽지 않았다. 이를 해결하기 위해 서울시는 통신업체의 협조를 얻어 자정부터 새벽 5시까지 서울에서 사용한 휴대전화 콜 데이터 30억 건과 스마트카드를 이용한 심야 택시 승하차 자료 500만 건을 활용했다. 전화를 걸고 받은 위치와 유동 인구의 방향 등을 분석하여 심야 버스의 노선과 배차 간격을 결정한 것이다. 서울시는 2017년 5월부터는 버스의 교통카드 태그 정보를 활용해 승하차 인원을 집계하고 버스 규모에 따라 차내 혼잡도를 알려 주는 서비스도 제공하고 있다.

코리아텍 직업능력심사평가원은 전국의 7,000개 직업 훈련 기관에서 교육생들이 작성한 교육 후기를 빅데이터로 분석하여 부정 훈련을 적발하거나 사전에 차단하고 있다.[4] 또 도로교통공단에서는 '빅데이터 분석 기법을 활용한 교통사고 위험 예측 서비스'를 제공하고 있다. 이 서비스는 교통사고 통계, 시민 제보, 교통 소통 자료, 기상청 정보 등의 종합 자료를 빅데이터로 분석한 후 교통사고 위험 지역을 사전에 알려 교통사고 예방에 활용하는 서비스다. 현재는 대구시에서 시범 실시 중이지만 이를 다른 도시로 확대한다는 계획이다.

SK 텔레콤은 '빅데이터 허브'라는 빅데이터 개방 프로그램을 2013년부터 제공해 오고 있다. 이를 통해 배달 업종 및 치킨집 이용 분석 자료와 영화관 이용 트랜드 등 867건의 빅데이터 분석 정보를 무료로 서비스하고 있다. 예컨대 종로구, 용산구에서는 중국 음식을 선호하고 강서구, 은평구에서는 치킨을 더 선호한다는 정보나 중국 음식은 남성, 40대에서 더 선호하고 치킨은 여성, 30대가 더 선호한다는 등의 정보들이 담겨 있다. 음식점 등을 창업하려면 기본적으로 지역이나 업종에 따른 상권 분석을 먼저 해야 한다. 그때 이러한 빅데이터 정보는 프랜차이즈 업체나 자영업자에게 큰 도움이 될 수 있다.

제약 업계에서도 빅데이터를 활용하여 신제품 개발이나 영업 전략을 짜도록 지원하는 서비스가 등장하고 있다. 이 서비스는 심사평가원 청구 데이터를 분석해 환자 수, 진료 건수, 처방 일수 및 수량 그리고 처방 금액 등에 대해 연도별·분기별 추이를 빅데이터로 분석한 것이다. 또한 1회 투여량, 1일 투약 횟수, 질환별·진료과별 처방 분석, 시도별·병원 종별 분석, 성별과 연령대별 분석 등 매우 다양한 자료들을 분석하여, 신제품 개발이나 출시 전략, 제품의 영업과 마케팅까지 활용하고 있다. 이처럼 빅데이터는 공공 및 민간 분야에서 다양하게 사용하는 중이다. 이를 통해 공공 기관이 해결해야 할 많은 정책 현안들의 해법을 제시해주고, 기업의 경영 전략이나 영업 활동에 필요한 구체적인 방안까지 찾아주고 있다.

도대체 얼마나 많은 데이터가 생산되는가

이것이 가능하게 된 것은 매일 쏟아지는 방대한 데이터 덕분이다. 인터넷과 스마트폰의 확산과 SNS 활성화, 멀티미디어 콘텐츠의 증가, 사물 인터넷의 확대 등으로 데이터의 양이 최근 폭발적으로 증가하고 있다. 더구나 스마트 헬스케어, 스마트 홈, 스마트 시티, 스마트 공장 등 사물 인터넷을 기반으로 수집되는 데이터는 향후 더욱더 급속하게 증가할 것으로 보인다. 1분간 트위터에서는 9만 8,000개의 트윗이 만들어지고, 페이스북에는 69만 5,000개의 글과 사진이 올라오며 1억 6,800여 만 개의 이메일이 송수신된다. 이는 고화질 영화 2,000억 개 분량의 어마 어마한 양이다.[5] 국가 간 데이터의 자유로운 이동을 연구하는 BSA(소프 트웨어연합)라는 국제 민간기구에서 내놓은 자료에 따르면 하루에 병원 에서만 약 665테라바이트(1테라바이트=1,024기가바이트)의 정보가 증가하 고, 매일 운항하는 2만 5,000여 대의 항공기에서는 각 항공기마다 0.5테 라바이트의 자료가 생성된다고 한다.[6]

인류의 역사 이래 쓰인 모든 책을 한곳에 모았을 때 약 1억 3,000만 권 정도가 될 것으로 추정되는데, 오늘날 우리가 매초 생산하는 콘텐츠 의 양은 이의 1,000배, 하루 생산하는 양은 8,000만 배에 달한다. 최근 의 데이터 생산량은 전문가들의 예측을 터무니없이 빗나가게 할 정도 로 빠르게 증가하고 있다. 2008년에 전문가들은 2015년에 전 세계 인터 넷 프로토콜 네트워크 데이터 양이 1제타바이트(약 1조 1,000억 기가바이 트) 정도가 될 것이라고 예측하였지만, 실제로는 예상치의 10배에 해당 하는 수치인 10제타바이트였다.[7]

4차 산업혁명 시대의 원유, 빅데이터를 가진 자와 못 가진 자

통신과 인터넷을 통해 쌓이는 모든 자료는 빅데이터 분석을 통해 유 용한 정보로 가공된다. 인공지능 또한 빅데이터라는 '재료'가 없이는 제 대로 작동할 수 없다. 빅데이터는 이제 4차 산업혁명 시대의 원유나 마찬가지이다. 구글, 애플, 페이스북, 아마존 등 글로벌 기업들은 물론이고 각 나라의 통신 업체들까지 모두 이 원유를 열심히 캐고 있는 중이다. 이를 재료로 다양한 부가가치를 창출하고 새로운 비즈니스를 만들어 낼 수 있기 때문이다. 4차 산업혁명 시대의 원유를 확보한 기업과 그렇지 못한 기업은 승자와 패자로 나누어질 게 분명하다.

인공지능

인공지능Artificial Intelligence이란 인간의 두뇌처럼 컴퓨터가 스스로 학습하고 사고하고 추론할 수 있도록 하는 정보 기술이다. 이전의 컴퓨터처럼 미리 프로그램된 순서대로만 작업을 하는 것이 아니고 컴퓨터가 인간의 지능적인 행동을 모방할 수 있도록 한 것이다.

인공지능을 만들려는 인간의 연구는 상당히 오래전부터 시작되었지만 연구 개발에 대한 붐과 침체가 상당 기간 반복되는 등 우여곡절이 많았다. 1940년대부터 인간처럼 생각하는 기계에 대한 관심을 갖고 연구가 시작되었고, 1950년에는 앨런 튜링Alan Turing에 의해 튜링 테스트가 고안되었다. 1956년에는 인공지능의 아버지라 불리는 존 매카시John McCarthy가 인공지능이라는 용어를 처음 사용하였다.

이후 인공지능에 대한 연구가 활발해지면서 1960~1970년대에는 완전한 지능을 가진 기계가 20년 안에 출현할 것이라는 낙관론이 펼쳐지기도 했다. 그러나 복잡한 문제를 해결해야 하는 기술 개발이 실제 한계

제퍼디 퀴즈쇼에 출현한 인공지능 왓슨

에 부딪히자 연구 개발 투자가 감소하면서 침체에 빠졌다.

1980년대 들어 특정 지식의 범위 내에서 문제를 해결하는 것을 목적으로 '전문가 시스템'이라는 인공지능이 개발되어 활용되기 시작하면서 다시 활기를 되찾은 듯했다. 1984년에는 존 홉필드John Hopfield와 데이비드 럼멜하트David Rumelhart가 이전에 나왔던 신경망 이론을 새롭게 증명하기도 했다. 하지만 1980년대 후반기부터 애플이나 IBM의 데스크탑 컴퓨터들의 성능이 좋아지자 전문가 시스템에 대한 활용과 투자가 줄어들었고 인공지능에 대한 관심이 다시 시들해졌다.

그러다 1990년대 이후 용량과 처리 능력이 뛰어난 컴퓨터 덕분에 다시 특정 문제에 대한 지능적 해결을 목표로 인공지능의 개발이 활기를 띠면서 세상을 놀라게 하는 성과들이 나오기 시작했다. 1997년에는 딥

블루Deep Blue라는 인공지능이 당시 세계 체스 챔피언 가리 카스파로프
Garry Kasparov를 이겼다. 2005년에는 DARPA 그랜드 챌린지에서 131마
일의 사막 도로를 자동으로 운전하기도 했다. 2011년에는 IBM의 왓슨
Watson이 제퍼디 퀴즈쇼에서 인간 최고의 실력자를 누르고 우승하는 성
과를 냈다. 그리고 2016년 3월 알파고가 등장하고 하루가 다르게 진화
하면서 최근 급속하게 실용화 단계로 접어들고 있다.

알파고, 인간 바둑계를 평정하고 홀연히 떠나다

인공지능 하면 '알파고'가 떠오를 정도로 알파고는 널리 알려진 인공
지능의 대표 선수다. 2016년 3월 이세돌 9단을 4대 1로 이기면서 세상
을 떠들썩하게 했던 사건이 직접적인 계기가 되었다. 알파고는 뒤이어
2016년 12월부터 2017년 1월 사이에 한국의 바둑 랭킹 1위 박정환 9단,
중국의 랭킹 1위 커제 9단, 일본의 랭킹 1위 이야마 유타 9단 등 세계의
바둑 고수들을 상대로 내리 60연승을 거두었다. 세계 랭킹 1위 자리에
오른 알파고는 2017년 5월에도 커제 9단을 가볍게 다시 누르고 바둑계
를 홀연히 떠나 버렸다. 그래서 이세돌은 졸지에 인공지능을 이긴 첫 번
째 인간이자 마지막 인간이 되었다.

중국의 커제 9단은 "인류가 수천 년 동안 실전을 통해 진화시킨 바둑
을 인공지능은 아주 짧은 순간에 모든 정보를 분석하고 이기는 방법을
터득해 버렸다"고 말했다. 2015년에 처음 만들어진 알파고가 단 2년 만

에 3000년 역사의 인간 바둑을 정복해 버린 것이다. 그런데 이세돌 9단과 대결한 알파고(알파고 리Alphago Lee)와 2017년 5월 커제 9단과 겨룬 알파고(알파고 마스터Alphago Master)는 다른 버전이다. 사람이 두었던 수많은 바둑 기보를 모범 답안으로 삼아 연습했던 알파고 리와 달리, 알파고 마스터는 기보 외에 자기 자신과 수백만 건 이상의 대국을 하면서 인간의 바둑계에는 없는 새로운 수를 스스로 발굴하면서 더 강해졌다.

2017년 10월에는 이들보다 더 센 '알파고 제로Alphago Zero'가 등장했다. 알파고들끼리 대국을 벌인 결과 알파고 제로는 알파고 리에게는 100전 100승, 알파고 마스터와의 대국에서는 89승 11패를 거두었다. 알파고 제로는 바둑의 규칙 이외에는 기보 등 인간의 자료와 지식을 전혀 제공받지 않고 혼자 바둑의 이치를 깨우쳤다. 앞으로 인간의 도움 없이 스스로 학습하는 인공지능의 진화가 얼마나 무섭게 진행될 것인지를 짐작할 수 있게 하는 사례가 아닐 수 없다. 알파고를 개발한 딥마인드DeepMind의 최고경영자 데미스 하사비스Demis Hassabis에 따르면 이제 알파고는 특정 영역을 넘어 범용 인공지능으로 개발될 것으로 보인다.*

....

* 알파고를 개발한 딥마인드에 따르면 이제 알파고는 범용 AI로서 의료, 과학, 공학 분야 등으로 영역을 확대하여 인간 사회의 문제를 해결하는 도구로 활용할 것이라고 한다.

인공지능 의사, 면접관, 어드바이저가 인간의 직업을 탐내다

알파고처럼 특정 분야에 특화된 인공지능은 이제 여러 분야에서 개발되어 활용되는 단계로 접어들고 있다. 의료 분야에서는 IBM의 왓슨이 암 진단을 하고 치료 방법까지 추천하는 수준에 와 있다. 왓슨은 의학 교과서와 의학 전문지 590여 종 1,500만 쪽 분량의 암 치료 연구 자료를 이미 학습한 상태이다. 또 매일 발표되는 120건이 넘는 방대한 논문을 실시간으로 수집하여 습득하고 활용까지 하고 있다.

미국 뉴욕에 있는 마운트시나이 병원은 정신병 환자를 조기 진단하는 인공지능 언어 분석 시스템을 개발하였다. 이 인공지능은 사람이 구사하는 언어에서 정신병의 징후를 찾아내 발병 여부를 판단하는데, 72퍼센트의 정확도로 정신병 환자를 구별해 내고, 또래에 비해 복잡한 언어 구사 능력이 떨어지는 청소년이 2년 이내에 정신병에 걸릴 확률을 83퍼센트의 정확도로 알아맞힌다.

일본에서는 인공지능이 채용 심사 면접관 역할도 하고 있다. 이 인공지능은 과거 합격한 인재 정보를 바탕으로 지원자 중 조건에 부합하지 않는 구직자를 가려내고 적성 검사와 면접에도 참여한다. 인공지능은 감정에 치우치지 않고 학연이나 지연 같은 면접관의 주관적 평가도 방지할 수 있다.[8] 인공지능이 인간을 평가하여 취업 여부까지 결정하는 시대가 다가온 것이다. 금융 투자 분야에서는 이미 실전에 투입되어 사람보다 높은 투자 실적을 거두고 있는 인공지능 어드바이저도 많다. 각 증권사나 자산운용사 등이 주로 운용해 오고 있지만, 최근에는 신한은

행(엠폴리오), 국민은행(케이봇쌤) 등 은행권에서도 고객의 투자 성향이나 금액, 기존의 이력 등을 인공지능이 분석하여 안정적인 수익을 올릴 수 있도록 서비스를 제공하고 있다. 많은 파생상품을 만들어 내기도 했던 첨단 금융 기법은 대부분 금융 공학을 기반으로 한다. 그런데 이러한 분야에 빠르고 정확하게 계산하고 수많은 데이터를 스스로 학습하는 인공지능이 사람보다 유리한 것은 어찌 보면 당연하다. 더욱이 인공지능은 사람처럼 감정에 휘둘리지 않고 투자를 할 수 있다.

2018년 1월 한국정보화진흥원은 조선 왕조의 왕명 출납과 행정 사무 등을 기록한 『승정원일기』를 번역하는 인공지능 기반의 '고전 문헌 자동 번역 시스템'의 개발을 완료하였다. 다국어 자동 통·번역을 지원하는 지능형 언어 처리 기업인 시스트란인터내셔널이 2017년 6월에 시작하여 6개월 만에 완성한 것이다. 이를 활용할 경우 번역 기간을 27년이나 단축할 수 있을 것으로 보고 있다.

생활 속으로 빠르게 들어오고 있는 인공지능

인공지능은 이제 기술 개발 단계를 넘어 생활 속 제품에 탑재되어 활용되는 단계로 빠르게 진화하고 있다. 2018년 1월 미국 라스베이거스에서 열린 세계가전전시회는 이러한 경향을 확실하게 보여 주었다. 텔레비전, 냉장고, 에어컨 등의 전통 가전 기기는 기본이고 전등, 디스플레이, 공기청정기, 밥솥, 커피포트, 샤워기와 수도꼭지에 이르기까지 인공지능이 광범위하게 탑재되고 있다. 2018년 세계가전전시회는 IT 기업들의 인공지능 플랫폼 각축장이 되었다. '알렉사', '헤이 구글'을 외치면 여기저기에서 제품들이 응답할 만큼 아마존의 알렉사Alexa와 구글의 어시스턴트 Assistant가 인공지능 시장을 양분하는 절대 강자로 자리를 잡아가는 모양새다.

LG 전자, 필립스 등 많은 업체들이 제품에 알렉사와 어시스턴트를 탑재하고 있다. 그러다 보니 거실, 주방의 가전 기기는 물론 욕실 등의 일상 용품에까지 이러한 인공지능이 들어가고 있다. 사람에게 말을 하듯 욕실에 있는 '베르데라 음성 조명 거울Verdera Voice Lighted Mirror'이라는 스마트 거울에게 "알렉사, 조명을 밝게 해 줘", "오늘의 날씨와 교통 상황을 알려 줘"라고 말을 하면 바로 조치하고 알려 준다. 스마트폰과 연결되어 있는 '뷰직스 블레이드Vuzix Blade'라는 스마트 안경에 "알렉사, 지금 받은 문자 메시지 보여 줘"라고 하면 스마트폰을 열지 않아도 증강현실로 구현된 문자를 바로 볼 수 있다. 구글 어시스턴트가 탑재된 스마트폰을 차량에 연결하고 "헤이 구글, 내비게이션 켜 줘"라고 말하면 어시스턴트는 "어디로 갈까요?"라고 묻고, "자주 가는 백화점으로 가 줘"라고 말을 하면 그 백화점을 목적지로 설정한다.

아마존과 구글의 아성에 삼성의 빅스비Bixby, 마이크로소프트의 코타나Cotana, 알리바바의 이티 브레인ET BRAIN, 바이두의 듀얼 오에스Duer OS 등이 도전장을 내밀고 있다. 중국은 정부의 적극적인 지원 속에서 인공지능 기술 수준이 빠르게 성장하고 있다. 여기에 힘입어 '중국의 구글'로 불리는 바이두가 인공지능 플랫폼 Duer OS을 2017년 출시하여 6개월 만에 130개가 넘는 업체와 파트너십을 맺기도 하였다. 삼성전자는 스마트폰과 태블릿 등 모바일에만 탑재되었던 빅스비를 냉장고, 텔레비전 등의 가전제품으로 확대시키고 있고, 2020년까지 자사의 모든 스마트 기기에 '빅스비'를 탑재한다는 계획이다.

이처럼 알파고로 우리를 놀라게 했던 인공지능은 사람들의 예측보다 더욱 빠른 기술 진보로 상용화의 급물살을 타고 있다. 자율 주행차, 드론, 로봇 등 신기술에는 물론이고 주변의 생활 제품에도 인공지능이 들어가는 중이다. 더욱이 인공지능은 이 같은 제조업 물품뿐 아니라 물류, 유통, 마케팅, 의료, 금융 등 다양한 서비스 분야로도 확대되고 있다. 그 결과 인공지능 시장이 급속하게 성장할 것이라는 예측이 나오고 있다. 한국무역협회 국제무역연구원이 2018년 1월 발표한 '우리 기업의 인공지능을 활용한 비즈니스 모델' 보고서에 따르면 세계 인지·인공지능 시스템 시장 규모가 2016년 80억 달러(약 8조 5,680억 원)에서 2020년 470억 달러(약 50조 3,605억 원)로 급팽창할 것으로 예상했다.

이제는 인공지능을 빼놓고는 4차 산업혁명을 얘기할 수 없다. 인공지능은 모든 소프트웨어를 움직이고, 사물들의 뇌가 되고, 혈액이 되어 생명을 불어넣는 역할을 하게 될 것으로 예상된다. 그렇기 때문에 많은 기업과 국가가 인공지능 시장을 선점하기 위한 경쟁을 치열하게 벌이고 있는 것이다.

핀테크

핀테크FinTech란 금융-Finance과 기술Tcehnology이 결합된 용어이다. 인터넷과 모바일 등 IT 기술을 기반으로 결제, 송금, 이체, 자산 관리, 크라우드 펀딩, 디지털 화폐, 데이터 분석 등 여러 금융 서비스를 제공하는 산업을 말한다. 이런 포괄적 의미의 핀테크 개념은 기존의 금융 서비스보다 그 범위가 훨씬 확대된다. SNS를 통한 송금이나 지급 결제, 크라우드 펀딩처럼 비금융 기관이 IT 기술을 활용하여 금융 서비스를 제공하는 것이 우선 주목을 받았다. 이처럼 금융 기관을 통하지 않는 혁신적인 금융 서비스는 물론 기존의 금융 기관이 새로운 IT 기술을 도입하여 기존의 서비스를 혁신하여 제공하는 것도 핀테크의 범위에 포함하기도 한다. 또 고객으로부터 수집된 데이터를 분석하여 유용한 부가가치를 창출하는 빅데이터 분석이나 보다 효율적이고 혁신적인 금융 서비스를 위한 소프트웨어 및 금융 플랫폼 사업들도 핀테크의 범주에 포함할 수 있을 것이다.

기존 금융 거래 방식의 벽을 허무는 핀테크

친구나 직장 동료들과 함께 식사나 술을 마신 후 비용을 각자 부담하는 경우가 많다. 이런 경우 요즘 미국에서는 "벤모 미Venmo me"라는 말을 한다고 한다. 미국의 벤모Venmo라는 업체의 간편 송금 앱이 인기를 끌면서 더치페이의 의미로 쓰고 있는 것이다. 이 업체가 이렇게 송금한 금액이 2016년에만 176억 달러(약 19조 2,500억 원)로 이전 연도보다 거의 50퍼센트가 증가했다. 우리나라에도 토스Toss라는 간편 송금 앱을 운영하는 업체가 있다. '비바리퍼블리카'라는 스타트업이다. 앱을 출시한 지 3년 만에 가입자가 640만 명에 이르고 송금액은 월 1조 원에 달하고 있다. 이 업체는 글로벌 회계·컨설팅 기업인 KPMG 인터내셔널이 선정한 세계 100대 핀테크 기업에 우리나라 기업 중 유일하게 35위에 올랐다. 페이팔 등으로부터 875억 원의 자금을 투자받기도 했다. 2017년 7월 미국의 한 스타트업체는 달러화, 파운드화, 유로화 등을 송금할 수 있는 앱을 출시하고 메신저인 '왓츠앱'을 통해서도 간편하게 해외 송금을 할 수 있게 하였다. 이 서비스는 무료로 다른 국가에 무제한 송금이 가능하고 인공지능을 활용해 거래 위험을 분석하는 시스템을 구축해서 운영하고 있다.

이처럼 최근 핀테크 기업들이 속속 등장하여 기존의 금융 거래 방식을 허무는 서비스를 내놓고 있다. 송금 수수료가 무료이거나 매우 저렴하고 며칠씩 걸리던 해외 송금도 스마트폰 앱에서 터치 한번으로 간단하게 처리된다. 바쁜 현대인에게 시간과 비용의 절약과 간편함을 제공하는 서비스는 소비자를 끌어올 수 있는 가장 큰 유인이다. 그러니 이용자가 급증하는 것은 당연하다. 송금하기 위해 현금이나 통장, 신용카드를 들고 은행에 가지 않아도 되고, 거래마다 번거로웠던 공인인증서나 OTP를 사용하지 않아도 된다. 금융 기관을 거치지 않고 송금이나 결제를 하고, 은행이 아닌 P2P 거래를 통해 대출을 주고받을 수도 있다. 또

은행으로부터 대출을 받지 않아도 크라우드 펀딩으로 자금을 조달하는 것도 가능하다. 각 지역에 영업점이 있을 필요가 없고 소수의 기술 인력만으로도 운영되기 때문에 핀테크로 제공하는 서비스는 기존의 금융 서비스보다 비용이 몇 배 더 싼 편이다. 빠르고, 간편하고, 저렴하니 누가 마다하겠는가.

핀테크의 핵심은 IT 기술이다. 그렇기 때문에 기존의 금융 기관이 아닌 IT 기업이 핀테크 혁신의 주역이 되고 있다. 기존 금융 기관들도 이전부터 IT 기술을 활용하여 인터넷 뱅킹이나 모바일 뱅킹 등의 금융 서비스를 제공해 왔지만 그건 어디까지나 금융이 중심이었다. 그렇기 때문에 이전의 조직과 거래 방식을 유지하면서 여기에 IT 기술을 접목하는 정도였다.

핀테크는 이와 정반대다. IT 기술이 중심이고 여기에 금융을 결합한 것이다 그러므로 금융 기관 같은 조직이나 거래 방식이 완전히 무시되고, 철저하게 기술적 기반, 즉 SNS, 빅데이터, 사물 인터넷, 플랫폼, 인공지능, 블록체인* 등의 신기술들이 활용되어 금융 서비스가 만들어지고

....

* 블록체인(Blockchain)이란 거래 정보에 해당하는 블록(block)들이 연결(chain)된다는 의미이다. 온라인상에서 새로운 거래가 발생할 때마다 그 거래 정보 집합체인 블록이 만들어지면 모든 거래 참여자에게 전송되어 상호 검증된 후 이 블록이 기존 장부에 잇따라 연결되는 원리이다. 이해를 돕기 위해 사례를 하나 들어보자. 과일이 거래되는 도매시장이 있다. 도매상들끼리 사고팔거나 외상 거래도 이루어지고, 창고에 보관도 하고 이를 빌려 가기도 한다. 이때 모든 거래는 기록관이 장부에 기록하고 안전하게 보관하기 위해 금고에 보관한다. 그런데 누군가 금고를 열고 장부를 조작(해킹)하여 거래 내역을 지우거나 과일을 빼돌릴 수 있다. 이것이 기존의 금융 거래 방식이다. 블록체인은 도매시장에 참여하는 모든 거래자가 모여 거래 내역을 확인하고 즉시 자신의 장부에

거래가 이루어진다. 특히 핀테크의 핵심 기술인 블록체인 기술은 기존의 금융 개념을 완전히 바꿔 놓고 있다. 앞에서 언급했듯이 은행이나 신용카드사 등을 거치지 않은 송금과 결제, 거래 인증, P2P 대출, 비트코인 같은 암호화폐 거래 등도 블록체인을 기반으로 하고 있다. 블록체인 기술은 핀테크에서 중요하기 때문에 좀 더 자세히 살필 필요가 있다.

금융 거래에서 가장 중요한 것은 거래 장부이다. 여기에는 매일 엄청난 양의 거래 데이터가 쌓이게 된다. 금융 기관들은 이를 안전하게 보관하고 접근에는 철저한 인증 절차를 거치게 한다. 또 해킹을 방지하기 위해 수많은 예산과 인력을 투입하고 있다. 하지만 블록체인 기술은 이런 노력을 필요 없게 만들어 버린다. 무결점의 신뢰가 보장되는 '분산된 공개 장부'라는 원리 때문이다. 거래 정보는 어느 한곳에 저장되지 않고, 전 세계에 퍼져 있는 개인용 컴퓨터에 분산되어 있다. 네트워크로 연결되어 있어서 누구나 어느 때라도 지켜볼 수 있다. 금융 기관들의 중앙 서버가 필요 없게 되고, 거래 내역을 감독하거나 관리할 필요도 없으며, 해킹 방지를 위한 온갖 보안 조치도 불필요하게 만든다. 『블록체인 혁명』의 저자 돈 탭스콧과 알렉스 탭스콧은 블록체인 기술이 금융 시장의 독점을 깨뜨리고 현재의 금융 시스템이 오래가지 못하게 할 것이라고 말하기도 했다. 핀테크의 여러 기술을 활용한 금융 서비스가 빠른

....

기록한다. 블록체인을 '분산 원장' 또는 '공공 거래 장부'라고 부르는 것도 이 때문이다. 기록관(공인 인증기관)이 필요 없고 실시간으로 거래 정보가 기록·보관되므로 비용과 시간이 절약된다. 또한 거래 내역을 조작하기 위해서는 모든 사람들의 장부를 훔쳐야 하기 때문에 해킹도 불가능하다.

속도로 확산되고 있는 만큼 기존의 금융 거래 방식의 벽도 허물어지고 있는 것이다.

영국이 암호화폐를 법정화폐로 인정한 가운데, 2017년 4월 일본정부와 미국의 주은행감독협의체CSBS는 암호화폐가 법정화폐는 아니지만 가치 저장과 거래 수단으로 사용될 수 있는 화폐로 정의하였다. 이어 2017년 9월에 국제결제은행BIS은 각국의 중앙은행이 암호화폐를 발행할 것을 권고한 바 있고, 크리스틴 라가르드 IMF 총재는 암호화폐가 점차 법정화폐를 대체할 것이라고 역설하기도 했다.

이러한 영향으로 지난해 비트코인 등 암호화폐 가격이 급등했고 세계 각지에서 과도한 투기적 양상으로 번져 갔다. 심한 가격 변동과 해킹, 시세 조작 등으로 피해자가 속출하고, 자금 세탁, 탈세와 같은 불법적 행위까지 야기되자 국내외에서 규제의 필요성이 강하게 제기되고 있다. 중국이 암호화폐 거래소를 폐쇄하였고, 베트남, 인도네시아, 말레이시아, 필리핀, 인도 등이 규제에 나서고 있다. 반면 영국, 미국, 스위스, 스웨덴, 일본 등의 국가들은 암호화폐를 상품이나 지급 수단으로 인정하여 거래를 합법화하고 있다. 미국은 비트코인을 시카고 옵션거래소와 상품거래소에 상장하였고, 일본은 비트코인을 결제 수단으로 사용하도록 허용하였다. 스위스는 비트코인, 이더리움, 라이트코인 등의 거래를 허용한 것은 물론 암호화폐 및 블록체인 기업들이 모이는 '크립토밸리'가 형성되도록 지원하고 있다.

우리나라는 지난해 '김치 프리미엄'이라는 신조어까지 등장할 정도로 주부, 노인, 대학생들까지 암호화폐 투자에 뛰어 들어 비트코인 가격이 한때 다른 나라보다 50퍼센트 높게 거래되는 광풍이 일기도 하였다. 이러한 투기적 거래를 막기 위해 정부에서는 지난해 9월 ICO^{Initial Coin Offering}를 금지하겠다고 발표하고 12월에는 거래소 폐쇄까지 거론하기도 하였다. 이어 2018년 1월에는 암호화폐 거래는 규제하되 블록체인 기술은 진흥하겠다는 입장을 보이면서 암호화폐 거래실명제와 자금 세탁 방지, 외국인과 미성년자 거래 금지 등을 골자로 하는 '가상화폐 가이드 라인'을 발표하여 2018년 1월 30일부터 시행하고 있다.

아직 암호화폐 규제에 대한 각 국가들의 입장이 상반되고 전문가들조차 찬반 양론이 팽팽한 상황이기 때문에 암호화폐의 미래를 쉽게 예단할 수는 없다. 하지만 공개형 블록체인을 만드는 데 참여한 대가로 주어지는 암호화폐의 거래가 활성화되지 않는다면 차세대 인터넷 혁명에 버금가는 블록체인 기술의 발전은 기대할 수 없다. 블록체인 기술은 금융뿐 아니라 의료, 유통, 물류, 공공 부문 등 다양한 분야에 활용되어 4차 산업혁명 시대의 혁신을 몰고 올 것이다. 그래서 세계경제포럼은 2023년쯤 가면 전 세계 GDP의 10퍼센트가 블록체인 기술에 의해서 운영될 것이라는 예측까지 하고 있다. 암호화폐는 중간에 금융기관이 필요 없고, 국경도 없이 거래되고 사용되는 특성을 가지고 있다. 만약에 어떤 국가에서 암호화폐 거래에 대한 규제를 강화한다면, 그 나라의 투자자들이 규제가 없는 나라로 이동하여 외화 유출을 초래할 뿐 아니라 그 나라의 블록체인 산업도 다른 나라에 빼앗길 수 있다. 그렇게 때문에 암호화폐를 금지하거나 위축시키기보다는 투자자를 보호하고 불법 자금은 차단하는 건전한 투자 환경을 만들면서 암호화폐가 블록체인 산업을 견인할 수 있는 방향으로 관리하고 육성할 필요가 있다.

금융은 필요하지만, 은행은 사라진다?

2017년에는 국내 처음으로 출범한 인터넷 전문 은행들이 돌풍을 일으키기도 했다. 인터넷 전문 은행은 기존의 금융 거래 방식과 달리 온라인 계좌 개설과 대출, 메신저를 통한 간편 송금 등 IT 기술과 모바일 플랫폼을 기반으로 서비스를 제공하기 때문에 핀테크의 한 범주에 넣을 수 있다.

2017년 4월 출범한 케이뱅크는 출범 당시 예금 5천 억 원, 대출 4천억 원을 2017년 목표로 잡았지만 두 달 만에 목표를 달성하였다. 또 점유율 95퍼센트의 국민 메신저 카카오톡을 기반으로 2017년 7월 서비스를 시작한 카카오뱅크는 1개월 만에 예금 1조 9,580억 원, 대출 1조 4,090억 원의 놀라운 성과를 냈다. 많은 사람들이 온라인 거래에 익숙해졌고 수수료가 기존 은행보다 낮은 것도 높은 성과의 요인이다. 또한 심야 시간이나 일요일에도 대출을 받을 수 있고 365일 24시간 언제 어디서나 금융 서비스가 가능하다는 점도 기존 은행과 차별화된 점이다.

이런 인터넷 전문 은행이 기존의 은행들과 가장 다른 점은 각 지역에 영업점이 하나도 없다는 것이다. 지금 금융권에 불고 있는 큰 변화, 즉 은행 점포들이 사라지고 있는 것과 맥이 닿는 부분이다. "금융은 필요하지만 은행은 사라질 것"이라고 말했던 빌 게이츠의 예측이 현실로 다가오는 것 같다. 실제 우리나라보다 일찍 핀테크를 도입한 선진국들은 은행 지점들이 크게 감소하는 모습을 보여 주고 있다. 지난 5년간 유럽에서는 2만 개가 넘는 은행 지점들이 문을 닫았다. 영국에서는 1990년 이후 영국 내 전체 은행 지점의 약 40퍼센트가 감소했고, 덴마크는 최근 4년간 전체 은행 지점의 3분의 1, 네덜란드는 4분의 1이 각각 문을 닫았다. 스페인도 2009년 이후 은행 지점 숫자가 17퍼센트, 독일은 8퍼센트의 은행 지점들이 감소하였다.[9] 우리나라는 유럽보다 늦은 2014년 말 이후 핀테크가 도입되고 있지만 최근 금융권에 급속한 변화가 일고 있다. 지난해 은행권에서만 4,000여 명이 감원되었고, 2017년에는 150개 정도의 점포가 폐쇄되었다.[10] 시티은행은 전국 126개 영업점 중 101개를 줄일 계획이었지만 노조의 반대로 90개를 줄이기로 한 바 있다.

　금융 거래 환경의 변화에 대응한 은행들의 자구책이지만 이러한 추세는 계속될 것이다. 비대면 거래가 확산되는데다 핀테크 기업들의 성장이 가팔라질 것으로 예상되기 때문이다. 그 결과 은행은 많은 유지 비용이 들어가는 영업점을 축소하여 경영 효율을 더 높이려 하고 있다. 다만 디지털 기기에 익숙하지 않은 고령자의 불편을 초래한다는 또 다른 문제가 남아 있긴 하다. 앞으로 우리나라는 급격한 고령화가 진행될 것으로 예상되고 있어서 더욱더 많은 사람들이 금융 서비스에서 소외되는 현상이 발생할 수 있다. 금융 서비스는 국민 생활에 있어서 필수불가결한 요소이기 때문에 공공 서비스의 일종으로 볼 수 있다. 예전에 많은 공적 자금을 들이면서까지 은행들을 살려낸 것도 이 때문이다. 완전한 민간 영역이 아닌 이상 기술적 효율성에만 맞춰 모든 문제를 해결할 수는 없다. 공익과 사익의 적절한 타협이 이루어지는 지점에서 계속 유지되는 영업점도 있어야 한다. 하지만 궁극적으로는 디지털 시대가 심화되고 있기 때문에 누구나 스마트 기기와 친해져야 한다. 고령자라고 해서 예외는 아니다. 앞으로 디지털 평생교육이 필요하다. 이는 국가나 사회, 기업이 나서야 할 문제다.

가상현실과 증강현실

가상현실Virtual Reality과 증강현실Augment Reality 기술은 둘 다 시각적으로 무언가를 보여 주는 기술이라는 점에서는 비슷하지만 보이는 내용에 실재 현실이 존재하는가에 따라 차이가 있다. 증강현실은 현실의 이미지나 배경 위에 가상의 이미지를 겹쳐서 보여 주는 컴퓨터 그래픽 기술이다. 반면 가상현실은 눈앞에 존재하지 않는 환경이나 상황을 컴퓨터로 만들어서 이것이 존재하는 것처럼 보이게 하는 기술이다. 즉, 증강현실은 현실에 기반을 둔 것이지만 가상현실은 모두 창조된 가상 세계이다.

증강현실 기술은 지리와 위치 정보를 송수신할 수 있는 GPS와 중력 센서, 이 정보에 따른 상세 정보가 저장된 위치 정보 시스템, 애플리케이션, IT 기기 그리고 인터넷 환경 등이 갖춰져야 한다. 사용자가 애플리케이션을 실행하여 거리나 건물 등을 비추면 이러한 기반 기술들이 정보를 주고받으면서 가상의 이미지를 화면에 보여 주게 된다.

가상현실 기술은 3차원 시뮬레이션을 통해 실제와 같은 효과를 부여

증강현실

하려는 것으로 HMD Head Mounted Display나 데이터 장갑과 같은 특수 장비를 통해 실제와 같은 생생함을 느끼게 하는 '몰입형 가상현실'이 대표적이다. 로봇을 이용하여 먼 곳의 공간에 있는 것처럼 느끼게 하는 '원거리 로보틱스tele-robotics'나 컴퓨터 모니터에 입체 안경 등을 장착한 '데스크탑 가상현실', 카메라로 촬영한 자신의 모습을 가상공간에 나타나게 하여 그곳에 존재하는 것처럼 느끼게 하는 '3인칭 가상현실' 등이 있다.

초현실 시대가 오고 있다

얼마 전 '가난한 딸바보 아빠가 준비한 롤러코스터 체험'이라는 제목의 뉴스가 방송에서 소개된 적이 있다.[11] 아빠가 텔레비전을 켜니 롤러코스터가 움직이는 화면이 재생된다. 아빠는 어린 딸을 바구니에 태우고 화면 속 움직이는 롤러코스터에 맞춰 바구니를 흔든다. 놀이공원을 가지 않고도 롤러코스터 체험을 하게 도와주고 있는 것이다. 딸이 디즈니 월드에 가고 싶어 했지만 1인당 15만 원에 달하는 입장료가 부담이 되어 아빠가 생각해 낸 아이디어라고 한다.

하지만 앞으로는 가상현실 기술로 이보다 훨씬 더 생생한 체험을 딸에게 보여 줄 날도 곧 올 것 같다. 미국 플로리다주의 한 놀이공원에는 잠수함을 타고 바다 속을 탐험하는 가상현실 롤러코스트가 등장해서 해저 탐험을 맛볼 수 있다고 한다. VR 기기를 쓰기만 하면 상어 떼가 우글대는 바닷속이나 아프리카 대평원, 백두산 천지, 나이아가라 폭포 속처럼 어떠한 장소든 실감나는 체험을 할 수 있다. 머잖아 이러한 놀이기구가 도시 한복판 VR 기기방에도 생길 것이다.

현재 가상현실이나 증강현실 기술은 게임에서 가장 많이 활용되고 있지만 유통과 쇼핑, 여행 관광, 의료, 교육 훈련, 산업 현장, 문화 체험 등 다양한 분야에서 구현되어 활용되기 시작하고 있다.

2016년부터 글로벌 경매회사 소더비는 고객이 직접 보지 않고도 VR 기기를 통해 부동산 매물을 보고 구입할 수 있도록 하고 있다. 미국의 유통업체 로스는 홀로룸Holoroom이라는 서비스로 고객이 가상공간에서 벽지, 가구 등의 집 안 인테리어를 체험한 후 고를 수 있도록 했다.[12] 현대차 등 자동차 업계는 신차 마케팅에 VR 콘텐츠를 활용하여 차량 내외부를 소비자가 볼 수 있게 하고 있다. 2017년 10월 산업통상자원부는 소비자가 유명 거리 상권, 전통 시장, 백화점 등을 가상현실 속에서 체험하고 상품을 구매할 수 있게 하는 'VR 쇼핑몰'을 만들어 '코리아 세일 페스타'에 공개하기도 했다.

이제 시작 단계이지만 가상현실 기술은 제품을 직접 보고 체험하는 것과 같은 효과를 주기 때문에 지금의 온라인 구매를 더욱 촉진할 것으로 보인다. 알리바바의 마윈 전 회장은 "향후 가상현실 쇼핑의 비중이 40퍼센트까지 확대될 것"이라고 전망한 바 있다.

2016년 선풍적 인기를 누렸던 포켓몬고는 증강현실을 이용한 대표적인 게임이다. 영화 「아이언맨」에서 주인공이 헬멧에 달린 디스플레이를 통해 외부 환경과 그에 대한 정보를 띄워서 보고, 연구실에서 설계도면을 홀로그램으로 보는 것도 증강현실 기술이다. 실제로 증강현실 기술을 활용하고 있는 곳도 있다. 런던박물관의 스트리트 뮤지엄이다. 런던 시내에서 앱을 실행시키면 그 지역의 옛 모습을 3D로 표현한 영상과 관련 역사적 정보를 확인할 수 있다.

증강현실 기술은 특히 쇼핑 분야에서 활발하게 도입되고 있다. 이케아는 가구를 놓을 위치에 카탈로그를 놓고 앱을 실행시켜 소비자가 원하는 가구와 인테리어가 어울리는지를 확인해 보고 구매할 수 있게 하고 있다. 자신의 체형과 비슷한 가상의 마네킹에 옷을 입혀 보는 '가상 피팅앱'이나 가상의 가전제품을 자신의 거실에 배치해 보고 어울리는지 확인해 볼 수 있는 아마존의 프로덕트 프리뷰Product Preview도 증강현실 활용 기술들이다.[13]

가상현실과 증강현실 기술은 앞으로 의료 분야에서도 매우 유용하게 사용될 것 같다. 가상현실 치료는 사회 공포증, 조현병 등 사회생활에 애로를 겪는 사람들을 대상으로 인성 재활 치료에 활용되기도 한다. 환자는 현실과 비슷한 다양한 가상현실 세계에서 정상적인 사회성 훈련을 받는다.[14] 또 육안으로는 확인하기 곤란한 환자의 뇌, 간, 췌장 등과 같은 인체 내부 장기의 수술에도 증강현실 기술이 활용될 수 있다. 이러한 장기에 발병한 암 등의 병변을 실제 크기 이미지의 홀로그램으로 구현해서 의사들이 사전에 협진을 함으로써 수술의 정확성을 높일 수 있는 것이다. 또 가상 수술이나 해부학 실습 등 의학 교육에도 널리 활용되고, 원격의료 서비스에도 활용될 것이다.

하지만 가상현실이나 증강현실 기술은 초대용량의 데이터가 초고속으로 전송될 때 현실감 있게 구현이 가능하다. 따라서 지금보다 수십 배 또는 수백 배 빠른 속도로 영상 데이터를 보낼 수 있는 5세대 이동통신기술이 필수적이다.

"증강현실을 구현하기까지 시간이 조금 걸리겠지만 일단 적용이 되기 시작하면 우리는 증강현실 없이는 생활할 수 없게 될 것이다. 지금 우리가 전화 없이는 살 수 없는 것 같은 상황이 될 것이다"고 애플의 팀 쿡이 말한 것처럼 앞으로 수년 뒤에는 우리가 상상하는 것들, 영화에서나 봤던 많은 장면들을 현실에서 보게 될 것으로 예상된다.

로봇

로봇robot이란 어떤 작업이나 조작을 자동적으로 하는 기계 또는 인간과 비슷한 형태로 만들어져 스스로 일을 처리하는 기계 장치를 말한다. 'robot'이라는 용어는 체코슬로바키아의 소설가 카렐 차페크Karel Capek가 1920년에 발표한 희곡 『R.U.RRossum's Universal Robots』에서 처음 사용하였는데 체코어로 노동을 뜻하는 'robotar'가 어원이다. 즉, 로봇은 인간의 노동을 대신해서 일을 하는 기계라고 할 수 있다. 1950년에 아이작 아시모프Isaac Asimov는 로봇의 행동을 규제하는 로봇의 3원칙을 제안하기도 하였다.*

로봇의 종류를 얘기할 때 '산업용 로봇'과 '지능형 로봇'으로 구분하기도 하고 '산업용 로봇'과 '서비스용 로봇'으로 구분하기도 한다. 전자의 구분 기준은 미리 입력된 프로그램에 따라 작업을 수행하는지, 스스로 환경을 인식하고 판단하여 기능을 수행하는지에 따른 구분이다. 최근에는 센서 기반의 인식과 인공지능 기능이 추가되면서 산업용 로봇도 지능형 로봇으로 진화하고 있는 중이다. 후자는 로봇의 활용에 따른 구분이다.

산업용 로봇은 제조용 로봇이라고도 하는데 산업 현장에서 조립, 기계 가공, 검사 측정, 프레스, 수지 가공, 용접 등 제조 공장의 자동화에 주로 사용되는 로봇이다. 이러한 산업용 로봇이 개인, 가정 및 전문 분야의 서비스 업종에까지 확장되어 활용되는 로봇이 서비스용 로봇이다.

....

* 로봇의 3원칙은 다음과 같다. ① 로봇은 인간에게 해를 끼쳐서는 안 되며, 위험에 처해 있는 인간을 방관해서도 안 된다. ② 로봇은 인간의 명령에 반드시 복종해야 한다. ③ 로봇은 자기 자신을 보호해야만 한다.

서비스용 로봇은 다시 개인 서비스 로봇과 전문 서비스 로봇으로 나눌 수 있다. 청소용, 오락용, 간병용, 교육용 등의 분야에서 활용되는 로봇이 전자이고 의료용, 국방용, 건설용, 경찰용 등의 분야에서 활용되고 있는 로봇이 후자이다.

현실이 된 로봇과 우리의 일자리 문제

영화 「스타워즈」 시리즈에 등장하는 로봇 R2D2와 C3PO는 주인공 다스 베이더와 제다이만큼이나 관객들의 사랑을 받았다. 어쩌면 주인공들보다 더 오랫동안 사람들의 기억에 남아 사랑을 받아 오고 있는지도 모른다. 이 두 로봇은 단순한 기계가 아니라 인간과 감정을 교류하고 소통하면서 자신들의 역할을 충실히 해낸 로봇들이다. 인간은 늘 이런 로봇을 꿈꾸어 왔다.

우리 인간이 신화에 나오는 신을 자신들과 닮은 모습으로 만들었듯, 로봇도 인간을 닮은 모습으로 만들려고 노력해 왔다. 게다가 그 역할과 감정까지도 인간과 같게 하려는 중이다. 이러한 로봇들이 점점 현실 속에 나타나고 있다. 사람과 대화를 나누고 감정을 읽고 놀아 주기도 하며, 특정 임무를 알아서 수행하기도 한다. 경비 로봇, 농부 로봇, 요리 로봇, 간병 로봇, 바리스타 로봇 등 종류도 다양하다.

"저기, 기분 전환용으로 간단한 게임이 있는데, 놀고 싶으면 저한테 말해 주세요." 페퍼라는 로봇이 고객에게 다가가서 하는 말이다. 페퍼는 일본 소프트뱅크가 2015년부터 발매를 한 세계 최초의 감정 인식 로봇이다. 인공지능이 탑재되어 기쁨이나 슬픔 등 사람들의 표정과 기분을 읽고 거기에 맞춰 대화를 나눌 수 있다. 페퍼는 일반 가정은 물론 은행, 초밥집, 커피숍 등에서 고객을 안내하고 응대하는 도우미로 활동하고 있다. 병원이나 요양원에서는 환자와 대화하고 놀이나 게임을 주도하기도 하며 환자가 잠자는 동안 관찰하는 간병인 역할도 한다.

페퍼 로봇

이탈리아 과학기술원에서는 2004년부터 '아이컵 프로젝트'를 진행하고 있다. '아이컵'이라는 로봇에 인공지능을 탑재시켜 꾸준히 학습을 시키고 있는데 현재 마지막 단계에 와 있다고 한다. 최종 단계는 영화에서처럼 일상에서 인간을 시중 드는 휴머노이드 로봇으로 집안일을 하는 가사 도우미 로봇으로 활동할 것이라고 한다.[15] 지금 세계 곳곳에서 이런 개인 서비스 로봇의 개발이 활발하다. 센서 기술과 인공지능의 급속한 발전으로 갈수록 똑똑해져 가는 로봇은 인간의 모습뿐만 아니라 행동이나 재능도 인간을 닮아 가고 있다.

전문 서비스 로봇의 진화도 빠르게 이루어지고 있다. 호주 시드니대학 연구팀은 2015년부터 립파RIPPA라는 농업용 로봇을 개발 중인데 사람의 명령 없이도 자율적으로 잡초를 제거하고 작물에 비료와 물을 줄 수 있다. 미국의 코발트 로봇틱스Cobalt Robotics라는 기업은 경비 로봇을 개발했다. 건물을 순찰하고 사람이 있으면 신분증을 요구한다. 카메라와 스캐너로 신분증을 확인하고 사진도 찍어 둔다. 아랍에미리트는 두바이에 배치할 경찰 로봇을 개발하고 있다. 2030년까지 전체 경찰의 25퍼센트까지 확대할 계획이라고 한다.[16] 이스라엘은 전투 로봇 도고Dogo를 개발하여 실전 배치하고 있다. 일명 킬러 로봇으로 불리는 이 로봇은 인질 구출 등에 투입되는데 정찰을 기본 임무로 하며 적을 만나면 조정자의 명령에 따라 실탄을 발사하여 적을 제압하기도 한다.

4차 산업혁명이 지닌 본질적 특징 가운데 하나가 융합이다. 각 기술들이 서로 결합하여 더욱더 기술적 시너지를 일으키는 것이다. 로봇에 사물 인터넷, 가상현실, 인공지능 등 모든 기술들이 들어온다. 특히 인공지능은 로봇에 생명을 불어넣어 로봇 스스로 판단하고 주어진 역할을 수행할 수 있게 한다.

이제 인공지능이라는 뇌를 얻게 된 로봇은 이전까지 단순히 인간의 작업을 돕는 산업용 로봇 시대에서 인간과 상호 교류가 가능한 지능형 서비스 로봇 시대로 접어들고 있다. 4차 산업혁명 시대에 로봇은 공장에서 나와 가정으로, 사무실로, 쇼핑 매장으로 들어와 인간과 소통하고 협업하는 존재가 될 것으로 보인다.

시장조사업체 IHS 마킷은 2015년부터 2020년까지 이러한 서비스 로봇의 보급이 연평균 46퍼센트씩 증가할 것이라고 전망했다. 2020년 이후에는 다양한 애플리케이션과 결합한 상용 모델이 확산될 것이기 때문에 이보다 더 빠른 속도로 시장이 확대될 것으로 보인다.[17]

문제는 우리 인간의 일자리이다. 일자리 측면에서 보면 로봇의 확대는 마냥 반길 수만은 없다. 더욱 지능화되고 고도화된 자동화 로봇이 산업 현장에서 근로자를 대체하고 식당이나 가게 등 서비스업 매장에서는 단순·반복 업무를 수행하는 근로자와 아르바이트 일자리를 빼앗을 수 있다는 우려가 나오고 있다.

생체 인증 기술

생체 인증Biometrics 기술은 사람마다 지니고 있는 고유한 생체 정보를 이용해서 신원을 확인하거나 본인을 인증하는 기술이다. 생체 정보에는 지문, 홍채, 정맥, 얼굴 및 음성 등이 활용되고 있다.

현재까지 가장 널리 쓰이고 있는 건 지문 인증이다. 설치 기기의 비용이 저렴하고 간편해서다. 그러나 지문 인증은 이물질이 묻으면 인식이 어렵거나 복제 등을 통해 위조할 수 있다는 단점이 있다.

얼굴 인증은 카메라로 찍은 얼굴을 분석하여 인식하는 방식이다. 금융 거래에서보다는 주로 건물 출입, 범죄 용의자 식별 등에 사용된다. 그러나 조명이나 영상 각도 등에 따라 인식이 안 될 수 있고, 성형 수술, 노화, 변장 등에 취약할 수 있다.

지문 인증이나 얼굴 인증보다 오류율은 낮고 보안성은 높은 방법이 정맥 인증과 홍채 인증이다. 정맥 인증은 손등이나 손바닥 등의 혈관 패턴을 인식하는 방식이다. 지문 인증과 얼굴 인증보다 사용자의 부담감이 적고 복제가 불가능하여 보안성도 뛰어나다. 다만 시스템 구축에 비용이 더 들어가는 게 단점이다. 최근에 더욱 주목받는 기술은 홍채 인증 기술이다. 홍채는 일란성 쌍둥이도 다르고 같은 사람이더라도 양쪽 눈의 홍채 패턴이 다르다. 지문 패턴이 40여 가지인 반면 홍채는 패턴이 270개가 넘을 만큼 다양하여 20억 명 가운데 한 명 정도가 유사할 정도라고 한다. 또한 생후 18개월 전후 형성되면 평생 변하지 않고 위조가 불가능하기 때문에 생체 인증 가운데 보안성이 가장 뛰어나다고 할 수 있다.

몸이 열쇠인 세상이 되다

잠실에 있는 한 편의점 입구에는 바이오 인식 스피드게이트가 설치되어 있다. 편의점 앞에서 미리 정맥 정보를 등록한 사람은 이 게이트의 리더기에 손만 올리면 문이 열린다. 그런데 매장 안에 들어가 보면 직원은 보이지 않는다. 그럼에도 물건을 구입하는 것은 아무 문제가 없다. 필요한 물품을 들고 와서 무인 계산대에 올리면 된다. 결제 금액이 모니터에 뜨면 전화번호를 입력하고 스캐너에 손을 대면 단 1초 만에 결제가 끝난다. 현금, 카드, 핸드폰 등 다른 결제 수단이 없어도 정맥 인증만으로 본인 인식과 결제까지 한 것이다.

2015년 애플의 아이폰이나 구글의 안드로이드 페이에 지문 인증 기

생체 인증 기술이 발전하면 더 이상의 신분증은 필요 없을 것이다.

술이 적용된 후 지금은 거의 모든 스마트폰에 지문 인증이 일반화되고 있다. 음성 인증과 얼굴 인증, 손바닥 정맥 및 홍채 인증 등의 기술을 신분 확인과 결제, 뱅킹 서비스에 활용하는 사례가 크게 증가하고 있는 것이다. 이러한 생체 인증 기술들이 핀테크 활성화에 크게 한몫을 하고 있다. 현재 사용되는 공인인증서나 OTP는 비밀번호를 잊어버리거나 누출될 수 있고, 분실이나 도난의 위험도 있다. 더구나 매년 갱신해야 하기 때문에 이용자를 번거롭게 만든다. 하지만 생체 인증 방식은 이러한 위험성과 번거로움을 현저히 줄어들게 한다. 해킹이나 다른 사람에 의해 무단으로 사용되는 일을 방지할 수 있다는 것도 장점이다.

생체 인증 기술은 금융 분야에서뿐만 아니라 건물의 출입 확인이나 출입국 관리에도 활용되고 있다. 이제는 몸 자체가 열쇠가 되고 비밀번호가 되고 신분증이 되는 시대가 돼 가고 있다. 현재 미국, 영국, 캐나다,

독일, 일본 등에서는 공항 출입국 관리에 지문 인증이나 얼굴 인증이 활용되고 있고, 싱가포르는 2018년부터 공항과 항만 출입국 관리에 홍채 인증을 도입할 계획이다. 인도는 2010년부터 전 국민을 대상으로 홍채와 지문 정보로 신분증을 발급하는 '아드하르 프로젝트' 계획을 수행하고 있다.

문제가 있어도 갈 길은 간다

미국의 시장조사기업 AMI는 생체 인증 기술이 2020년에 48억 대의 스마트 모바일 디바이스에 적용될 것으로 보고 있다. 또 다른 시장조사 기관 트랙티카Tractica는 2015년 20억 달러(약 2조 2,354억 원) 규모인 세계 생체 인증 기술 시장이 매년 25.3퍼센트씩 성장하여 2024년에는 149억 달러 규모로 커질 것으로 보고 있다.

또 한국정보화진흥원의 보고서에 따르면 우리나라도 2014년 1,867억 원 규모인 생체 인증 제품 매출액이 연평균 9.2퍼센트씩 증가하여 2018년에는 4,147억 원으로 성장할 것으로 전망하고 있다. 특히 생체 인증 기술 중 홍채 인증은 매출이 연평균 94.7퍼센트씩 증가할 만큼 크게 성장할 것으로 예상하고 있다. 홍채 인증 기술은 뛰어난 보안성과 정확성으로 금융 산업뿐만 아니라 연구 시설이나 군사 시설 등 보안이 요구되는 시설에도 적용될 수 있을 것으로 보인다. 또 스마트폰 등의 홍채 인증 센서를 통해 사람의 건강 상태를 확인하고 관리할 수 있어 의료 산업에까지 시장이 확대될 수 있다.

그렇다고 생체 인증이 문제가 없는 것은 아니다. 영화 「데몰리션 맨」을 보면, 홍채 인증으로 보안 장치가 되어 있는 문을 열기 위해 피해자의 눈을 도려내는 장면이 나온다. 물론 생체 인증이 영화에서처럼 이렇게 극단적으로 악용되지는 않겠지만 현실적으로 신체에 상처나 질병이 생기거나 선천적으로 신체에 결손이 있는 사람은 생체 인증 방식을 사용하지 못하는 문제가 발생할 수 있다. 또 지문의 경우 제삼자에 의해 복제되어 사용되는 등 생체 정보가 누출되어 악용될 경우 이를 대체 생성하는 것이 불가능하여 지문을 사용하지 못하는 문제가 생길 수도 있다. 2017년 12월 통합 보안 관리 업체 이글루시큐리티는 '2018년 보안 위협·기술 전망 보고서'를 통해 앞으로 생체 정보 기반 인증 시스템을 무력화시키려는 사이버 공격이 크게 증가할 것이라는 전망을 내놓기도 했다.

하지만 현재도 신분증이나 여권의 위조, 현행 공인인증서의 해킹 사고가 수없이 발생함에도 불구하고 대부분의 국가가 이를 계속 사용하고 있다. 늘 그래 왔듯 신기술의 개발과 도입은 그 누구도 막지 못했다. 생체 정보에 대한 보안을 강화하고 부작용을 최소화하는 것이 최선이다.

사물 인터넷
___

사물 인터넷Internet of Things이란 사물에 인터넷 기능과 센서를 부착하여 각종 정보를 수집하거나 공유하는 지능형 네트워킹 기술이나 환경을 의미한다. 인터넷에 연결된 사물이 사람으로부터 정보를 얻거나 사람의 개입 없이도 사물끼리 서로 소통하면서 데이터를 주고받고 정보를 처리하는 인터넷 기술이라 할 수 있다.

이를 구현하기 위해서는 몇 가지 필수적인 기술 요소를 갖춰야 한다. 우선 센싱sensing 기술이 필요하다. 센싱 기술은 유무형의 주변 사물들과 환경으로부터 데이터를 수집하는 역할을 한다. 다음으로는 이렇게 수집한 정보를 인테넷에 연결되도록 지원하는 유무선 통신과 네트워크 인프라 기술이 필요하다. 또 각 사물에서 수집된 정보가 전달되거나 취합되면 이를 해당 서비스 분야에 적합하게 정보를 가공·처리할 수 있는 기술도 있어야 한다. 여기에는 실시간으로 수집되는 대량의 데이터를 분석할 수 있는 빅데이터와 인공지능 기술도 적용될 수 있다. 해킹이나 정보 유출을 방지하는 보안 기술도 갖춰야 할 핵심 기술이다.

영화보다 빠른 현실. 상상을 앞지르다

2002년에 만들어진 영화 「마이너리티 리포트」를 보면 주인공 존 앤더튼(톰 크루즈)이 쇼핑몰을 지나가는 모습이 나온다. 주변의 광고판들은 사람들을 알아보고 말을 건넨다. 맥주 회사 광고판은 그의 기분을 분석한 뒤 "존 앤더튼 씨, 당신은 맥주가 필요하군요"라고 조언까지 한다. 주인공은 무인 자동차를 타고 이동하고 몸에 부착된 웨어러블을 통해 통신한다. 집에 들어가면 불이 스스로 켜지고 주인공의 말 한마디로 비디오가 작동한다.

스필버그 감독이 상상한 2054년의 일상이다. 그런데 여기에 등장하는 물건들에는 모두 사물 인터넷 기술이 접목되어 있는 것을 알 수 있다. 광고판, 무인 자동차, 웨어러블, 전등, 비디오 등과 같은 사물들이 모두 인터넷에 연결되어 사람이나 주변의 움직임을 포착하고 각자의 기능을 수행하고 있는 것이다.

하지만 현실은 영화보다 훨씬 앞당겨 이러한 모습들을 구현하고 있다. 벌써부터 사물 인터넷이 접목된 제품들이 등장하고 있기 때문이다. 국내의 한 업체가 개발한 거울은 터치를 하면 피부 측정기가 된다. 주름과 모공, 잡티까지 인식하여 분석한다. 피부 상태를 점수로 표시하고 피부 관리 방법까지 추천한다. 아기의 심박수와 혈중 산소 농도, 수면 상태, 피부의 온도 등을 측정해 부모의 스마트폰으로 전송해 주는 '스마트 양말'도 있다. 아기의 소변으로 각종 질병이나 건강 상태를 진단하여 부모와 의사에게 전달하는 '스마트 기저귀'도 개발되어 있다. 이 밖에도 스마트 만보계·체중계·포크·칫솔·슬리퍼·방석 등 사물 인터넷을 기반으로 하는 스마트 헬스 케어 제품들이 속속 출시되고 있다.

사물들, 연결되면 똑똑해진다

최근에는 사물 인터넷과 인공지능이 탑재된 스마트홈 기기들이 나오

© LG전자

사물 인터넷이 적용된 냉장고. 미래에는 냉장고뿐만 아니라 모든 기기에 인터넷이 접목되어 만물 인터넷 시대가 열릴 것이다.

고 있다. 냉장고의 경우 음성 인식으로 인터넷 검색, 쇼핑, 일정 확인도 가능하고 텔레비전, 영화, 라디오도 탑재되어 있다. 간단한 레시피 검색이나 결제까지 가능하다. 에어컨, 공기청정기, 전기밥솥, 보일러, 가스 밸브, 도어락 등 거의 모든 제품에 사물 인터넷이 연결되어 스마트 가전으로 변신하고 있다. 스마트폰을 통하여 음성만으로 집 안의 가전제품들을 작동시킬 수 있고, 냉난방이나 가스 밸브 상태를 확인하여 조치할 수도 있다.

산업계에서는 공장의 생산 설비나 부품, 제품 등에 사물 인터넷이 연결되고 있다. 이것이 바로 4차 산업혁명의 핵심이라 할 수 있는 스마트 공장의 구현이다. 각각의 사물을 네트워크화하여 원재료나 상품 등을 실시간으로 관찰하고 기계 장치 등을 효율적으로 관리하여 생산성을 높일 수 있도록 하는 것이다. 물류 분야에서는 배송 제품에 센서를 부착하여 위치와 보관 상태 등을 실시간으로 추적하여 효율적이면서도 안전하게 배송이 되도록 하고 있다. 농업 분야에서는 농지에 온도, 습도, 강우량 등을 측정할 수 있는 센서를 설치해 스마트폰이나 PC에서 확인해 농작물을 관리하고 있다. 축산업의 경우에도 가축의 몸 속에 센서를 부착하여 가축의 건강 상태를 모니터링하고 질병을 예방할 수 있다.

공공시설에도 이미 사물 인터넷이 활용되고 있다. 미국의 샌프란시스코에서는 지능형 주차 IoT 서비스를 시행하고 있다. 운전자의 목적지 주변에 주차 공간이 있는 주차장과 가격을 알려 주고 주차 후에는 자동 결제와 정산까지 할 수 있다. 이는 도심 교통 체증을 줄이는데도 크게 기여한다. 스페인의 바르셀로나에서는 가로등에 센서를 설치하여 인구 밀집도를 파악하고 조명 세기를 조절하여 연간 약 30퍼센트의 에너지를 절감하고 있다. 미국 신시내티에서는 쓰레기 종량제 프로그램에 사물 인터넷을 적용시킨 결과 쓰레기 배출량이 17퍼센트가 감소한 반면 재활용은 49퍼센트나 증가했다. 국내 고속도로의 하이패스도 일찍부터 사물 인터넷이 적용되어 자동 결제는 물론 자동 충전까지 되는 시스템을 구축해 놓고 있다.

특히 헬스케어는 미래에 사물 인터넷이 크게 활용될 수 있는 분야이다. 사물 인터넷이 연결된 웨어러블 기기들을 사용하여 혈당이나 혈압 등을 수시로 체크하여 건강 관리를 할 수 있다. 사후 치료보다는 사전 예방 차원의 의료 개념이 가능한 것이다. 이를 통해 의료비에 쏟아붓는 비용을 절감할 수 있다. 한국보건사회연구원에 따르면 모바일 헬스케어 솔루션이 도입될 경우 의료 기관의 진료 시간이 20.8퍼센트가 줄어들고, 교통비와 기회비용은 연 4조 3,550억 원이 절감될 수 있을 것으로 보고 있다.

만물 인터넷의 도래

앞서 소개한 사례들은 이제 시작 단계이다. 미국의 통신 장비 업체인 시스코는 2020년에 이르면 인터넷에 연결된 사물이 500억 개에 달할 것으로 보고 있다. 2030~2040년경에 가서는 1조 5,000억 개가 연결될 것으로 전망한다. 사물 인터넷은 4차 산업혁명 시대를 초연결 사회로 만들 것이다. 우리 주변에 있는 책상과 의자, 소파, 침대 스탠드등, 냉장고, 세탁기, 텔레비전, 자동차까지도 인터넷으로 연결되어 서로 소통하는 세상이 되고 있다.

하지만 4차 산업혁명은 여기에서 그치지 않는다. 사물 인터넷을 넘어 바야흐로 만물 인터넷Internet of Everything 시대로 가고 있다. 사물 인터넷이 확장되어 만물 인터넷으로 진화해 가는 것이다. 사물 인터넷이 사용자가 설정한 범위 내 사물들 간의 연결과 소통 개념이라면, 만물 인터넷은 연결 대상이 확대되어 사물뿐 아니라 사람, 데이터, 프로세스 등의 상호 연결과 유기적 소통의 개념이다. 사물 인터넷이 해당 사물의 기능에 한정된 서비스가 제공되는 것이라면, 만물 인터넷은 사람의 상태와 행동에 따른 정보가 축적되고 분석되어 사물들이 이에 최적화된 서비스를 스스로 판단하여 제공한다는 점에서 다르다. 좀 더 사람 중심의 경험과 가치가 서비스되는 환경이 되는 것이다. 이미 일부 기업에서는 이런 만물 인터넷 개념의 서비스가 시도되고 있다.

5G(5세대) 이동통신

5세대 이동통신5th generation mobile communication은 앞으로 4세대 이동통신LTE Advanced을 이을 차세대 이동통신이다. 국제전기통신연합ITU이 정한 5G의 공식 기술 명칭은 'IMTInternational Mobile Telecommunication-2020'이다. ITU가 내세운 5G의 성능 비전은 최대 다운로드 속도 초당 20기가바이트, 전송 지연 시간 1밀리초(ms=0.001초), 반경 1킬로미터 이내에 있는 사물 인터넷 기기 100만 개와 동시 연결 등이다.

전송 속도로 보면 일반 LTE(최저 100Mbps)보다는 약 200배가 빠르고, LTE-A(300Mbps)보다는 70배가 빠른 속도다. 현재 4G는 800메가헤르츠MHz에서 2.6기가헤르츠GHz 사이의 대역 주파수를 사용하고 있는데, 5G는 24.25기가헤르츠에서 86기가헤르츠 사이의 대역 주파수를 확보할 것이라고 한다.

1984년에 등장한 1세대1G는 음성 통화만 할 수 있었던 아날로그 이동통신으로 당시 포니 자동차보다 비싼 고가폰이었다. 2000년에 디지털로 전환된 2세대2G는 문자 전송이 가능해졌고 이때부터 핸드폰의 대중화 시대가 열렸다. 2006년부터는 인터넷과 영상통화가 가능한 3세대 3G 이동통신이 시작되었고 2007년 아이폰이 등장하였다. 3G보다 훨씬 빠른 속도로 스트리밍 동영상을 시청할 수 있게 된 4세대4G는 2011년에 출현하여 LTE, LTE-A로 진화해 지금에 이르고 있다.

5G, 4차 산업혁명 기술들이 지나갈 100차선 고속도로

세계 최초로 5G 이동통신을 선보인 2018년 평창동계올림픽에서는 이전과는 다른 중계방송을 볼 수 있었다. 시범 서비스였기 때문에 체험관에서 제공하는 가상현실 기기를 통해서였지만, 시청자가 마치 직접 경기에 참여한 것과 같은 느낌을 주는 생생한 체험을 하게 해 준 것이다. 시속 135킬로미터 이상으로 빠르게 질주하는 봅슬레이에 달린 카메라가 찍은 영상을 전송받아 짜릿한 속도감을 만끽할 수 있었다. 스키점프를 타고 시원하게 하늘을 날기도 했다. 쇼트트랙, 피겨스케이트, 크로스컨트리 등의 경기 장면을 여러 대의 카메라로 촬영한 360도 고화질 영상을 통해서는 내가 응원하는 선수의 경기 모습만을 다양한 각도, 시점, 위치에서 입체적으로 감상할 수 있었다.

이 같은 일이 가능하게 한 것이 바로 고용량 데이터를 초고속으로 보낼 수 있는 5세대 이동통신 기술 때문이다.*

5G는 초연결·초현실 사회를 구현하는데 없어서는 안 될 핵심 기술이다. 아무리 좋은 물건이 있더라도 이를 실은 차량이 지나갈 큰 도로가 없다면 다른 지역에서는 그 물건을 받아볼 수가 없다. 마찬가지로 아무

....
* 우리나라는 평창동계올림픽에 5G 이동통신을 시범 운영하여 국제 표준으로 채택 가능성을 높이겠다는 계획이다. 국제전기통신연합은 2020년에 5세대 이동통신의 국제 표준화 기준을 마련하기로 하였다. 국제 표준이 정해지면 세계 통신 사업자들은 이를 따라야 하기 때문에 각 국가들은 자국이 보유한 기술이 표준화에 반영되도록 개발에 총력을 다하고 있다. 이 때문에 우리나라를 비롯 미국, 일본, 중국, 유럽 등 주요 국가들이 적극적으로 나서고 있다.

리 좋은 가상현실 영상물을 만들었다 하더라도 엄청난 양의 데이터를 신속하게 전송하지 못하면 다른 곳에서 제대로 볼 수가 없다. 가상현실 기술의 발전으로 가상으로 남극 체험을 하고 홀로그램을 띄워 놓고 교육이나 환자 진단 등을 할 수 있는 콘텐츠를 만들 수는 있다. 그러나 이 고용량 데이터를 순식간에 이동시키지 못한다면 실제로 이를 구현할 수가 없는 것이다.

지금보다 100배 많은 용량을 40배 빠르게 전송하다

앞으로 모바일과 사물 인터넷, 가상현실 기술 등의 확산으로 전 세계의 데이터 사용량이 폭발적으로 증가할 것으로 보인다. 지금보다 수십 배, 수백 배가 더 증가할 수 있다는 이야기이다. 아이폰이 처음 등장했던 2007년에는 세계 스마트폰 보급률이 2.6퍼센트에 불과했지만 2016년에는 39.4퍼센트로 증가했다. 시장조사기관인 스트레티지 애널리스틱에 따르면 2020년에는 75퍼센트까지 증가할 것이라고 한다.

사물 인터넷 기술이 접목된 스마트 공장이 증가하고 일상 생활용품과 스마트홈에도 사물 인터넷 제품들이 급속하게 확산되고 있다. 앞서 언급했듯 2020년이면 인터넷에 연결되는 사물이 500억 개에 달할 것으로 전망되고 있다. 가상현실은 최소 17대의 카메라로 동시에 촬영하여 360도 입체 영상을 만들어 구현하는 기술인데, 대용량의 데이터를 초고속으로 전송할 수 있어야만 가능하다. 또한 2020년쯤 상용화된다는 자율 주행차도 주변 차량이나 도로망과 신호를 주고받으며 한 치의 오차 없이 자율 주행하기 위해서는 초대용량, 초저지연, 초고속의 통신 체계를 반드시 갖춰야 한다.

현재의 4세대 이동통신의 용량과 속도로는 이를 감당할 수 없다. 데이터 전송이 느려질 것이고 홀로그램이 제대로 구현되지 않을 것이며, 자율 주행차의 반응이 늦어 사고로 이어질 수도 있다. 이런 것들을 해결할 수 있는 것이 바로 5세대 이동통신 기술이다. 5G는 4G보다 100배 이상 되는 용량을 40배 이상 빠른 속도로 전송할 수 있다. 800메가바이트짜리 영화 1편을 내려받는데 걸리는 시간이 3G에서 7분 24초, 4G에서는 43초가 걸리지만 5G에서는 단 1초면 된다.[18] 현재도 LTE로 동영상을 보거나 자료를 다운받는데 큰 불편을 느끼지 않는다는 사람들도 있지만, LTE로는 여기까지다. 5G는 4G에서는 할 수 없는 것들을 가능하게 한다. 지금 우리가 영화에서나 볼 수 있고 상상만 하는 모습들까지도 현실에서 구현할 수 있게 될 날이 얼마 남지 않았다.

특히 5G 기술은 앞에서 얘기했듯이 다른 첨단 기술들을 구현하는 기반이 되기 때문에 다른 기술의 산업화나 일자리 창출을 촉진하는 대표적인 촉매적 혁신을 일으킬 것이다. 덕분에 지금까지 없던 직업과 많은 새로운 일자리를 만들게 될 것이다. 시장조사업체 IHS는 5G 기술로 인하여 2023년까지 2,200만 개의 새로운 일자리가 생길 것이고, 경제 유발 효과는 3조 5,000억 달러(약 3,832조 5천억 원)에 이를 것이라는 분석을 내놓기도 했다.[19]

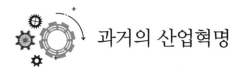

과거의 산업혁명

'4차 산업혁명'이라는 용어에는 두 가지 의미가 담겨져 있다. '4차'라는 순서적 의미와 '산업혁명'이라는 경제사적 의미이다. 우리는 산업혁명에 대해선 익히 알고 있으면서도 이를 1, 2, 3차로 구분하여 이해하고 있지는 않은 것이 일반적이다. 그래서 요즘에 많이 회자되는 4차 산업혁명이라는 말을 듣고서야 이전의 산업혁명을 1, 2, 3차로 구분한다는 것을 알게 되었다는 사람도 있다. 4차 산업혁명을 좀 더 정확하게 이해하기 위해서는 이전 산업혁명의 진행 과정과 흐름을 알아볼 필요가 있다. 1, 2, 3차 산업혁명의 연장선상에 4차 산업혁명이 있기 때문이다. 1, 2차 산업혁명의 산업화 기술들과 3차 산업혁명의 정보화 기술들이 융합되면서 새로운 혁신을 일으킨 것이 4차 산업혁명의 본질적 특징 가운데 하나이다. 그러므로 산업혁명이 처음에 어떻게 시작되었느지, 그리고 중요한 기술 혁신을 통해 이후에 어떤 단계로 진행되었는지를 살펴볼 필요가 있다.

산업혁명의 시작 : 농업혁명에 이은 인류의 두 번째 대변혁

인류에게 일어난 최초의 혁명은 농업혁명이다. 보다 정교한 석기를 사용하게 된 신석기시대와 궤를 같이하기 때문에 영국의 고고학자 고든 차일드Gordon Childe는 이를 신석기 혁명이라 불렀다. 수백만 년 동안 사냥과 채집 생활을 해 왔던 인류가 오랜 이동 생활을 끝내고 한곳에 정착하여 농경 생활을 하게 되자 인류의 삶에 많은 변화들이 일어나기 시작했다.

농업혁명 이후 인류는 농사를 짓기 위한 농기구와 농산물을 담기 위한 그릇, 곡물을 갈고 요리하기 위한 각종 주방용품과 옷감을 짜는 도구 등을 만들어 사용했다. 이런 과정 속에서 분업이 등장하였는데, 이것이 바로 수공업의 출발점이라고 할 수 있다. 신석기인들이 정착과 농경 생활을 하게 되자 출생률이 높아지고 인구가 증가하게 되었다. 자연스럽게 생활 단위가 가족 단위에서 씨족 단위로 확대되었고, 이는 이후 부족 사회와 국가가 등장할 수 있는 기반이 되었다. 생산성 증가로 인한 잉여 생산물을 다른 지역과 교환하는 사회적 분업이 나타난 것도 이때부터이다.

동물의 가축화도 이때 시작되었다. 소나 말 등 축력을 경작에 이용

산업혁명 시기의 공장 풍경

함으로써 농업 생산성이 향상되었을 뿐 아니라 고기, 버터, 모피 등은 식생활 등에도 중요한 영향을 미쳤다. 또한 농사의 풍년을 기원하기 위하여 태양과 자연물, 동물 등을 숭배하는 애니미즘, 토테미즘, 샤머니즘이 출현했고, 이는 신앙과 종교가 탄생하는 계기가 되었다. 이처럼 정착 농업은 이전과는 근본적으로 다른 획기적인 변화를 가져 왔을 뿐 아니라 이 같은 변화들은 이후 문명사회로 나아가기 위한 토대가 되었다.

농업혁명 이후 인류가 경제 생활 측면에서 또 한 번 커다란 변화를 맞이한 것이 산업혁명이다. 유럽의 근대 역사는 정치와 경제 분야에서 발생한 두 개의 커다란 혁명과 함께 출발하는데, 정치적으로는 프랑스대혁명이고 경제적으로는 바로 이 산업혁명이다.

1789년에 일어난 프랑스대혁명은 시민들이 왕과 귀족의 봉건적 특권을 무너뜨린 사건이었다. 이때 시민들은 모든 인간은 태어날 때부터 자유와 평등의 권리를 가지며, 사상과 언론의 자유는 물론 압제에 저항할 권리도 국민의 당연한 권리라고 선언하게 된다. 이러한 혁명 이념이 당시 왕정 체제였던 주변 나라들에 퍼지면서 유럽의 정치 체제와 봉건적 신분 구조에 큰 변화를 야기하게 된다.

이와 비슷한 시기에 영국에서 일어난 것이 산업혁명이다. 산업혁명이 영국에서 가장 먼저 시작된 배경으로는 풍부한 노동력과 상품 시장의 확대를 들 수 있다. 영국에는 명예혁명 등으로 일찍이 봉건제도가 붕괴되면서 형성된 자유 농민층이 많았다. 이들 중 상당수의 농민들이 엔클로저 운동으로 인해 임금 노동자로 전환되고, 이 시대에 급속하게 증가한 인구는 공장 노동자로 활용될 수 있는 기반이 된다.

한편 17세기 이후 강력하게 추진된 영국의 중상주의 정책은 해외 팽창으로 이어지게 된다. 그리하여 1700년대 초에는 네덜란드와 프랑스를 누르고 해상권을 장악하게 되고, 결국 많은 식민지를 개척하여 해외시장을 거의 독점하다시피 한다. 그 결과 영국은 다른 나라들보다 더 빠른 시기에 풍부한 노동력을 바탕으로 해외시장과의 교역품을 만드는 공장제 수공업이 자연스럽게 발달할 수 있었다. 이런 배경속에서 생산성을 향상시키는 혁신적인 기계들이 발명되고, 면방직 공업을 시작으로 석탄, 철도 등 산업 전반에서 대전환이 일어나게 된다.

정치혁명이 왕과 귀족 등 소수 특권층의 신분 질서에 국한된 변혁이라면, 산업혁명은 일반 대중들의 일상생활과 삶 전반을 송두리째 변화시킨 것이었다. 이런 측면에서 산업혁명이 정치혁명보다 인간 생활에 더 근본적인 변화를 가져왔다고 할 수 있다. 수많은 기계들의 발명으로 공장제 공업이 출현하여 산업 전반으로 확대되고 농업, 상업, 교통 등에서도 혁신적 변화가 일어났다. 급격하게 증가한 인구*는 도시로 집중되는 반면, 농촌의 중소농과 가내수공업자 대부분은 몰락했다. 농사일을 하던 농부나 자영 수공업자들이 도시의 공장에서 작업을 하는 노동자가 되면서 귀족과의 봉건적 신분 관계 대신 자본가와 임금노동자라는 자본주의 계급 관계를 형성했다. 삶의 터전이 바뀌고 직업과 하는 일이 완전히 달라졌으며 이전에 전혀 경험하지 못한 생활 방식이 생겨난 것이다.

1차 산업혁명 : 인간의 노동을 대체하는 기계의 등장

1차 산업혁명은 통상 1760년경부터 1860년까지의 초기 산업화 과정을 말한다. 산업혁명은 식민지 등에서 수요가 폭증했던 면방직 분야에서 획기적인 기계들이 발명되면서 촉발되었다. 1733년에 영국의 존

....

* 이 시기 생산성 증가로 생활 수준은 향상되고 의학과 위생의 발전으로 사망률이 급격히 줄어들었다. 당연히 인구는 급증하였다. 그 결과 1800년 당시 800만이던 잉글랜드 인구가 1900년에 가서는 2,400만 명으로 3배나 증가했으며, 다른 서구 유럽들도 산업화가 시작되면서 인구가 폭발적으로 늘어나게 되었다.

케이John Kay가 천을 짜는 기계(방직기)인 '나는 북직기Flying shuttle'를 발명하였으나 방직공들의 저항으로 널리 보급되지는 않고 있었다. 그러나 1750년대에 면직물 수요가 급증하게 되자 이 기계가 널리 보급되면서 면사의 생산성이 크게 증가하였다. 그러나 실을 뽑아내는 방적 분야는 기계화가 되지 않아 실이 부족한 현상이 야기되었다. 이를 해소하기 위한 방안으로 실을 생산하는 방적공 양성소가 운영되었고 고아원이나 구빈소에서도 방적공 양성 훈련이 실시되었다. 하지만 이런 수공업으로는 실 부족 문제를 해결할 수 없었다. 근본적인 해결은 기계였다. 1764년에 영국의 제임스 하그리브스James Hargreaves가 사람보다 몇 백 배 빠른 속도로 실을 뽑아내는 제니 방적기를 발명하였고, 이어 리처드 아크라이트Richard Arkwright의 수력 방적기, 그리고 이 둘을 결합한 뮬 방적기가 새뮤얼 크럼프턴Samuel Crompton에 의해 발명되었다. 이러한 기술들이 대규모 생산 공장에 적용되면서 방적 분야 생산성이 급증하게 되었다.

결정적으로 산업혁명의 기폭제 역할을 한 것은 제임스 와트James Watt가 발명한 증기기관이다. 증기기관이 영국 전역의 방직공장에 동력을 제공하게 되면서 면방직 산업의 생산량이 비약적으로 증가하게 되었는데, 1764년을 기준으로 면사 생산량이 1794년에는 30배, 1844년에는 80배까지 폭증하게 되었다.[20] 그 결과 1750년 전 세계 제조업에서 영국 제조업이 차지하는 비중은 2퍼센트였으나 1880년에는 23퍼센트까지 확대되었다.[21] 와트의 증기기관은 면직물 산업뿐만 아니라 탄광에도 투입되어 석탄 산업과 철광 산업을 발전시키게 되었다. 또한 증기기관차나 증기선에도 활용되어 대량의 장거리 운송이 가능하게 되면서 철도 산업을 발달시켰으며, 다른 여러 산업 분야에도 활용됨으로써 산업화를 더욱 촉진시켰다.

영국의 산업혁명이 무르익으면서 이 기술들은 유럽 대륙으로 건너가게 된다. 1810년대에는 프랑스와 벨기에가, 1840년대에는 독일과 미국이 산업혁명을 시작하여 1860~1870년대까지 이들 국가들의 1차 산업혁명이 완료된다. 후발 국가들이 이처럼 짧은 기간에 산업혁명을 완성하게 된 것은 영국에서 수십 년 동안 실패와 실험을 거듭하면서 성공한 기술들을 도입하여 각국 정부가 적극적으로 산업화 정책을 펼쳤기 때문이다. 이러한 정부 주도의 산업화 정책은 매우 효율적이어서 일본이 1870년대부터 1910년 사이에 산업혁명을 빠르게 완성하였고, 1960년대에 뒤늦게 산업화를 시작한 우리나라의 경우에도 수십 년 만에 1, 2차 산업혁명은 물론 3차 정보화혁명까지 달성할 수 있었다. 하지만 4차 산업혁명 시대에도 이 같은 추격 전략이 통할지는 의문이다.

1차 산업혁명이 인류의 생활과 인간의 노동에 미친 변화로는 크게 두 가지를 꼽을 수 있다. 첫 번째는 농업사회에서 산업사회로 전환되었다는 것이고, 남은 하나는 사람의 노동을 대체하는 기계가 등장했다는 점이다. 1만 년 전부터 농경이 시작된 이래 세계의 거의 모든 나라는 인구의 대부분이 농업에 종사하며 살아왔다. 국민의 대부분은 가장 중요한 생산자였지만 대표적인 피지배계급에 속했다. 귀족과의

제임스 와트의 증기기관

예속적 관계에서 거주 이전의 자유를 제한받았고, 풍족한 생활을 하는 사람은 많지 않았다. 이런 농업 사회에서 생활에 필요한 물건은 직접 만들어 쓰거나 소수의 장인과 수공업자의 손에 의해 만들어져 제공되었다.

그러나 주된 생산이 농산물에서 산업 제품으로 바뀌는 산업사회가 되자 국민의 대부분이 노동자로 전환되었다. 소수의 자본가와 다수의 노동자로 신분 구조가 재편된 것이다. 산업사회의 생산자인 노동자는 농촌과는 전혀 다른 문화와 사회 구조를 가진 도시에서 생활을 하게 되었다. 가족 구조가 변하고 자급자족의 소비 생활은 모든 생필품을 시장에서 구입하여 소비하는 생활 방식으로 바뀌었다.

손이나 도구가 아닌 기계를 사용하여 공장에서 대량 생산하는 방식으로 전환되면서 사회에 커다란 변화가 일어나게 되었다. 처음으로 기계가 등장하자 숙련된 가내수공업자들이 일자리를 잃게 되었다. 인간의 노동이 기계에 의해서 밀려나기 시작한 첫 사례가 된 것이다. 하지만 이 시기에 기계의 출현은 인류에게 풍요와 발전의 원동력이 되었다. 기계는 모든 산업의 생산성을 크게 향상시키면서도 더 많은 일자리를 만들어 냈다. 시장은 넓었고 물건은 만들어지기만 하면 팔렸기 때문이다. 산업화를 이룩한 국가들의 경제는 큰 성장을 거듭했고, 개인들은 소득이 증가하여 궁핍으로부터 해방되고 일반 대중이 물질적 풍요를 누릴 수 있는 시대로 접어드는 첫발을 내딛게 되었다.

2차 산업혁명 : 대량생산 체제와 중산층의 형성

2차 산업혁명은 1870년경부터 1930년까지의 시기에 일어났던 산업화이다. 자본주의의 흐름으로 볼 때 1차 산업혁명 시기가 자유경쟁의 원리가 적용된 산업자본주의 시기였다면, 2차 산업혁명은 자유경쟁의 결과 산업자본의 독점화가 이루어진 독점자본주의로 접어든 시기이다.

1차 산업혁명이 영국을 중심으로 일어난 것이라면 2차 산업혁명은 선도국 영국의 산업혁명을 빠르게 따라잡은 미국, 독일, 프랑스 등의 후발 국가들이 기술 혁신에 가세하면서 일어났다. 산업 구조도 소비재 중심의 경공업에서 생산재 중심의 중화학 공업으로 이동하였다. 1차 산업혁명에서는 섬유를 필두로 석탄, 제철, 증기기관 분야가 주요 산업이었다면, 2차 산업혁명 기간에는 과학의 발전으로 물리학이나 화학 등이 산업에 응용되어 완전히 새로운 산업, 즉 화학, 전기, 통신, 석유, 자동차, 철강 분야가 주력 산업으로 등장하였다.

공업 발전이 더욱 확산되고 심화되면서 독점자본에 의한 대기업이 출현하고 카르텔cartel이나 트러스트trust와 같은 기업 집단이 형성되었다. 독점적 대기업과 기업 연합이 성립되기 위해서는 막대한 자본이 필요했다. 이로 인해 거대 은행 기관이 개입하게 되어 은행 자본과 기업의 유착이 형성되었다. 자본 조달의 방편으로 독일과 미국을 중심으로 주식회사가 중요한 기업의 형태로 나타났다.

독점자본주의가 들어서면서 산업혁명에 성공한 서구 열강들은 해외의 상품 시장 개척에 적극 나서게 된다. 이들 국가들은 상품의 확실한 수요처를 확보하기 위해 다른 국가나 민족을 종속시켜 지배하는 식민지주의 정책을 표방하게 된다. 그 결과 제국주의가 나타났다. 아프리카의 거의 모든 국가, 중동, 태평양, 동남아의 많은 국가들이 식민지가 되었고 중국까지 반식민지로 전락하는 등 열강의 식민지 확보를 위한 각축전은 치열하게 전개되었다.

역사는 반복되는 것인지도 모른다. 최근 한반도 주변 강국들에게서 신제국주의적 모습이 엿보이고 있기 때문이다. 미국의 트럼프 행정부는 신보호주의를 노골화하고 있고, 일본은 헌법을 개정하여 군국주의로 회귀하려는 시도를 계속하고 있다. 중국은 2001년부터 741억 달러를 투자하며 아프리카 대륙으로 진출하는 한편 일본, 베트남과는 영토 분쟁을 일으키는 중이다. 러시아는 2016년 크림반도를 강제로 합병하고 우크라이나 내전에도 개입하고 있다. 식민지에서 자국의 상품을 판매하고 식량과 자원을 수탈하는 것이 제국주의의 본질임을 생각할 때, 우리가 디지털 시대에 거대 IT 제국 기업들의 식민지가 될 수 있다는 점도 우려되는 부분이다. 구글, 페이스북, 아마존의 상품과 서비스를 이용하면서 개인의 정보와 데이터를 그들이 수집해 가는 것도 또 하나의 디지털 신제국주의적 현상이라 할 수 있다.

2차 산업혁명이 1차 산업혁명과 다른 가장 큰 변화를 꼽으라면 증기 에너지가 전기 에너지로 전환된 점이다. 전기는 증기를 대체하여 가정에서 전등과 가전제품에 사용되고 공장의 동력원으로 이용되었다. 전기 조명 덕분에 공장이나 상점, 식당이 저녁까지 운영 시간을 연장할 수 있게 되었고, 산업 전반으로 확산되면서 생산성을 향상시키고 경제 성장을 이끌었다. 그 결과 2차 산업혁명은 1차 산업혁명 때보다 더 빠르게 세상을 바꾸어 갔다.

2차 산업혁명의 엔진 역할을 한 것으로는 자동차 산업을 들 수 있다. 포드가 자동차 생산에 전기 동력을 이용한 컨베이어시스템을 구축한 것은 획기적인 사건이었다. 대량 생산 시스템이 도입되자 생산 비용이 대폭 절감되어 포드의 T형 자동차는 1908년 1,950달러였던 생산 단가를 1927년 290달러까지 낮출 수 있었다. 이와는 반대로 노

포드 자동차의 조립 라인

동자들의 임금은 대폭 인상하여 1914년 이전 2~3달러를 지급하던 하루 임금을 1919년 6달러, 1929년에는 7달러까지 지급하였다. 이렇게 혁신을 이루어 낸 포드 시스템은 다른 산업으로 확산되면서 자본주의를 새로운 대량 생산 체제로 전환시켰다. 아울러 노동자의 임금 인상은 중산층을 형성하는 계기가 되었다. 소비 여력이 생긴 중산층이 증가하자 1916년 340만 대였던 미국의 등록 자동차 수는 1930년에는 2,300만 대로 크게 증가하게 되어 인구 100명당 19대를 보유할 정도였다. 자동차뿐 아니라 1929년 당시 미국 노동자들은 100가구당 전기다리미는 98가구, 재봉틀은 76가구, 진공청소기는 51가구가 보유할 정도로 소비 수요가 급증하였다. 대중 소비 시대가 열리기 시작한 것이다.

자동차 산업이 연관 산업에 미친 영향은 막대했다. 자동차 산업은 1926년 미국 철광업 제품의 14퍼센트, 판유리의 50퍼센트, 고무 제품의 85퍼센트, 니켈 제품의 28퍼센트, 주석 제품의 21퍼센트를 차지했고, 자동차의 판매와 정비, 타이어 등에 관련된 분야에만 4백만 명 이상의 고용을 창출하였다.[22] 자동차가 도시 외곽 지역까지 사람이나 화물을 빠르게 운송할 수 있게 되고 전기와 전화 인프라가 확대되는 가운데, 새로 발명된 라디오와 텔레비전이 원거리로 방송을 전송하게 되자 상업과 주거 지역이 외곽으로 뻗어 나가 거대 도시들이 등장하기 시작한 것도 이 시기에 일어난 일이다.

🗼 3차 산업혁명 : 정보화 시대의 개막과 다양한 가치의 추구

3차 산업혁명은 최초로 인터넷이 연결된 1969년을 시작점으로 잡는다. 미국의 4개 대학의 컴퓨터를 연결하는 아르파넷 프로젝트가 출발한 해이기 때문이다.* 이전까지는 단순히 계산만 하던 컴퓨터가 서로 연결되어 정보와 자료를 주고받을 수 있는 네트워크 역사가 시작된 것이다.

....

* 아르파넷(ARPAnet-Advanced Research Projects Agency Network)은 1969년에 미국의 UCLA, UCSB, 스탠퍼드연구소, 유타대학 등 4개 대학을 통신망으로 연결한 프로젝트이다.

에니악

1946년에 최초의 컴퓨터 에니악ENIAC이 발명된 이후 컴퓨터는 1970년
대 중반까지 주로 정부 기관이나 대기업 등에서 사용되었다. 크고 가격
이 비싸고 전문가만 다룰 수 있었기 때문이다. 그러다 1975년에 MITs
회사가 알테어 8800Altair 8800이라는 최초의 PC를 개발하고, 1977년
에는 스티브 잡스와 스티브 워즈니악이 설립한 애플컴퓨터가 '애플II'
라는 세계 최초의 완제품 PC를 출시하면서 개인용 PC 시대가 개막되
었다.* 1981년 IBM이 자사의 PC와 호환되는 컴퓨터를 만들 수 있도록

....
* 1976년 스티브 잡스는 '잡스의 차고'에서 세계 최초의 8비트 PC '애플 I'을 조립하
는 데 성공한다. 이때 잡스가 사과를 한 입 베어 문 후 지은 이름이 '애플(Apple)'
이라는 제품명이라고 한다.

아키텍처를 개방하자 많은 업체들 간의 경쟁으로 PC의 성능은 획기적으로 향상되었다. PC는 크기가 작고 가격이 저렴하였기 때문에 중소기업이나 자영업자, 초중등학교의 교육 현장은 물론 개인에게까지 보급이 확대되면서 PC의 대중화 시대가 열리게 된 것이다.

먼저 언급했던 아르파넷이 1986년 미국 국립과학재단이 구축한 NSFnetNational Science Foundation Network**에 흡수되면서 거대한 네트워크망의 기반이 형성되었다. 하지만 정부가 지원하는 NSFnet은 학술 연구나 교육 분야에 국한되었기 때문에 상업용 인터넷망 구축이 필요하였다. 그래서 1991년 미국의 통신사업자들이 CIXCommercial Internet Exchange라는 상업용 인터넷 교환망을 구축하게 된다. 이어 전 세계에 연결된 컴퓨터들을 통해 사람들이 서로 정보를 공유할 수 있는 공간인 월드 와이드 웹World Wide Web 서비스가 시작되었다.

이렇게 전 세계에 빠르게 보급된 개인용 컴퓨터에 모든 사람이 접근하여 이용할 수 있는 인터넷이 연결되면서 정보화혁명의 기술적 기반이 갖춰지게 되었다. 정보화혁명이 본격적으로 시작될 수 있는 기틀이 마련된 것이다. IT의 급속한 발전으로 컴퓨터의 저장과 처리 능력이 크게 향상되고 자료의 전송 속도가 빨라지게 되자 이 같은 IT 기술들이 산업계에 혁신을 일으켰다. 디지털 컴퓨터의 정교한 계산 능

....
** 미국의 연구 기관, 대학, 도서관 등을 상호 연결하여 과학기술 분야의 연구와 교육을 지원하기 위한 광역 정보 통신망이다.

력은 사무의 자동화를 촉발시켰고, 공장에 산업용 로봇 같은 고도화된 생산 시스템이 구축되면서 보다 효율적인 대량 생산이 가능해진 것이다.

3차 산업혁명이 도래하면서 산업 구조는 크게 바뀌었다. 이전의 철도와 섬유, 철강, 화학, 중공업, 자동차 등의 제조업 중심에서 정보 통신, 반도체, 미디어, 유통, 금융, 레저 등으로 산업의 중심이 이동한 것이다.

직업 구조에서도 변화가 일어났다. 제조업에 정교한 자동화 시스템이 도입되면서 제조 현장 종사자가 줄어들었다. 반면 정보화 관련 직종과 기획, 경영, 디자인, 연구 및 조사, 영업 등의 화이트칼라 직업들이 새롭게 생겨나고, 소득 증가와 다양한 서비스 수요의 증가로 인하여 새로운 서비스 산업의 종사자가 큰 폭으로 증가했다. 정보화 사회에 들어서 지식과 정보를 통해 가치를 창출하고 이를 상품화하는 서비스 산업들이 확대된 결과였다.

이러한 정보화 시대가 개막되면서 이전의 산업화 시대(1, 2차 산업혁명)와는 확연히 다른 모습들이 나타났다. 양을 중시하고 규격화된 대량 생산 방식의 산업화 시대와는 달리 질을 중시하고 탈규격화된 다품종 소량 생산 방식이 나타난 것이다. 획일화된 가치와 물질적 생활 수준의 향상을 추구하던 시대에서 다양화된 개인적 가치와 정신적 욕구를 추구하는 시대로 접어들었다.

또한 정보화 시대가 되자 경제가 전체적으로 성장하는데도 고용이 늘어나지 않은 '고용 없는 성장' 현상이 나타나게 되었다. 노동자의 임금 수준이 낮은 해외로 공장을 이전한 것도 하나의 원인이지만, 주된 이유는 기업들이 생산성을 높이기 위해 IT 기술을 도입하면서 노동자의 채용을 줄였기 때문이다. 성장과 고용의 비례 관계가 무너진 결과는 부의 불균형과 중산층 붕괴를 초래했다. 이 지점에서 4차 산업혁명이 시작되고 있다.

🏭 산업혁명이 변화시킨 세상

1차 산업혁명이 식량이나 의류 등과 같은 생존에 필수적인 재화를 주로 생산한 시기였다면, 2차 산업혁명은 냉장고, 세탁기, 라디오, 텔레비전, 전기, 자동차처럼 일반 대중에게 생활의 편리함을 제공하는 재화를 생산하는 시기였다. 3차 산업혁명은 이전에 없던 전혀 새로운 세상을 만들었다. 1, 2차 산업혁명 시대가 눈에 보이는 실물의 세상이었다면, 3차 산업혁명 시대에는 눈에 보이지 않는 가상의 세상을 만들었다. 1, 2차 산업혁명이 대량 생산과 물질 사회, 오프라인 경제의 시대였다면, 3차 산업혁명은 다품종 소량 생산과 지식·정보 사회, 온라인 경제의 시대를 열었다. 물질이 아닌 정보나 지식, 콘텐츠와 같은 가상의 서비스에 경제적 가치를 부여했고, 시간과 공간의 제약을 뛰어넘어 세계 어디에서든 실시간으로 대화하고 거래할 수 있는 환경을 만들었다.

1, 2, 3차 산업혁명을 거치면서 상품과 자원 시장의 확보를 위해 국가들 간에 치열한 다툼이 벌어졌고 세계대전까지 치르기도 하였다. 하지만 세계경제는 계속 성장하였고 개인들의 소득도 꾸준히 증가하여 오늘날 일반 대중들이 풍요의 시대를 맞이할 수 있게 된 것이 주지의 사실이다. 이처럼 산업혁명의 가장 큰 의의를 꼽으라면, 기술적 진보와 경제·사회적 발전이 끊임없이 진행되어 오늘에 이르고 있다는 점을 들 수 있다.

인류가 문명사회를 만든 이후 산업혁명 이전까지는 수천 년간 빈곤이 반복되는 역사가 이어져 왔다. 토머스 맬서스Thomas Malthus는 그의 저서 『인구론』에서 소득이 증가하더라도 인구 증가로 다시 소득이 감소하는 악순환에 빠져 인류는 영원히 가난으로부터 벗어나지 못할 것이라고 예언하기도 했다. 그러나 산업혁명은 인류를 이런 '맬서스 트랩Malthusian trap'에서 벗어날 수 있게 하였다. 산업혁명 이후 인구가 증가하였지만 소득 역시 늘어나고 다시 인구가 증가하는 선순환이 계속되고 있는 것이다. 유엔 자료에 따르면 1750년 7억 3천만 명이던 세계 인구는 1850년 11억 7천 명, 1950년 25억 명, 2000년 62억 5천 명으로 증가하였다. 이렇게 인구가 급증하였음에도 유럽 국가들은 1870년부터 1913년까지 1인당 실질 GDP가 매년 평균 1.33퍼센트씩 증가하였고, 1913년에서 1950년까지는 매년 0.7퍼센트, 1950년부터 1973년까지는 매년 4.05퍼센트가 증가하였다.[*]

🏛 기술 혁신의 동기나 결과는 항상 노동력 절감에 있다

1, 2, 3차 산업혁명을 관통하는 원리가 있다. 기술 혁신의 동기나 결과는 항상 값비싼 노동력의 절감에 있다는 것이다. 산업혁명이 일어나기 전에 영국은 노동자의 임금이 매우 높았다. 다른 서부 유럽 국가들보다 자본에 대한 노동 가격이 약 60퍼센트나 높은 수준이었다. 이 때문에 영국의 기업들은 혁신적인 기술을 발명하여 노동력을 기계로 대체함으로써 훨씬 더 많은 이윤을 가져가길 원했다. 반대로 노동력이 싼 다른 유럽 국가나 인도, 중국 등은 노동을 대체하는 기계를 도입할 이유가 없었다. 이것이 영국에서 산업혁명이 먼저 촉발된 직접적인 이유이다.

이후 계속되는 혁신 기술들은 자본의 한계 효율을 높이는 방향으로 전개되어 노동력을 절감할 수 있는 곳이면 어디에나 들어갔다. 특히 정보화 시대로 접어들면서는 컴퓨터가 등장하여 보다 효율적이고 다양한 방식의 자동화 시스템이 갖추어짐으로써 노동을 빠르게 대체해 나갔다. 결국 노동은 새로운 분야(주로 서비스업)를 찾아 나서야만 했다.

....

* 같은 기간 미국은 연간 평균 1.82퍼센트, 1.61퍼센트, 2.45퍼센트, 1.96퍼센트, 1.95퍼센트씩, 남아메리카는 각각 1.82퍼센트, 1.43퍼센트, 2.58퍼센트, 0.69퍼센트, 1.46퍼센트씩, 동아시아 4개국(한국, 대만, 홍콩, 싱가폴)은 각각 0.79퍼센트, 0.29퍼센트, 5.98퍼센트, 6.13퍼센트, 4.83퍼센트씩 증가하였다(출처: 『경제사(세계화와 세계 경제의 역사)』, 송병건 지음, 도서출판 해남, 2014).

이같이 250년 전부터 이어져 온 기업들의 노동 절약형 이윤 추구의 흐름은 다가오는 4차 산업혁명 시대에도 거세게 밀려올 것이다. 그렇기 때문에 많은 사람들이 더욱 광범위한 분야에까지 기계(인공지능, 로봇 등)가 인간의 노동을 대체할 것이라는 우려를 하고 있다.

나가는글
....

다가올 편리와 풍요의 시대

4차 산업혁명에 대해 사람들은 기대보다는 일자리가 없어질 것이라는 걱정을 먼저 한다. 대량 실업을 우려하는 목소리가 많기 때문일 것이다. 이 때문에 4차 산업혁명이 가져올 긍정적인 측면은 묻혀 버리는 경향이 있다. 하지만 4차 산업혁명은 분명 인류에게 많은 편리함과 풍요로움을 선사하고 보다 높은 삶의 질을 제공할 것이다.

손 하나 까딱 안 하고도 산다

사물 인터넷이 일상화된 세상을 상상해 보자. 퇴근 후 집에 들어오면 조명이 켜지고 기분에 맞는 음악도 틀어 준다. 로봇이 스스로 커피를 끓이고 청소를 하고 냉장고 식품 상태를 확인하여 떨어진 식품은 주문도 한다. 더 나아가 사물 인터넷은 사람의 생각이나 몸 상태를 인식하고 알아서 처리해 준다. 웨어러블 디바이스가 혈압, 맥박, 체지방 등 건강 관련 정보를 수집하고 얼굴 인식이나 홍채 인증으로 신원을 확인하고 결제까지 처리할 수 있다. 가스나 난방 계량기 숫자를 알려 줄 필요도 없다. 일상생활이 지금보다 훨씬 편리해지는 것이다.

장애인과 고령자, 이동의 자유를 얻다

자율 주행차가 상용화되는 시기에는 장애인이나 고령자 등이 혜택을 보게 될 것이다. 시각과 청각 장애, 다리나 팔이 불편한 사람들은 직접 운전하기가 쉽지 않다. 대중교통으로 이동하는 것도 불편한 것은 마찬가지다. 하지만 자율 주행차는 이들이 다른 사람의 도움 없이도 원하는 곳으로 이동할 수 있게 해 준다. 자율 주행차를 소유하지 않아도 된다. 자율 주행 택시를 이용하면 되기 때문이다. 장애인이나 고령자뿐 아니라 임산부, 외국인 관광객, 영유아 동반자, 운전이 서툰 운전자 등과 같은 교통 약자들에게도 자율 주행차는 이동의 편리성을 제공할 것이다.

돈 안 들이고 북극과 아마존을 탐험하다

5G를 기반으로 구현되는 가상현실과 증강현실 기술은 상상을 현실로 만들어 낸다. 이 기술들은 돈이 없고 시간이 없어 가 보지 못한 유명 여행지를 현실처럼 체험하고 느낄 수 있게 해 준다. 대영박물관이나 루브르박물관에 가서 작품들을 감상하고 북극이나 태평양 바다 속을 탐험할 수도 있다. 아프리카 정글과 아마존을 여행하다 말고 바로 디즈니랜드나 해리포터 테마파크 놀이도 실감나게 즐길 수 있다. 학교에서는 홀로그램을 띄워 놓고 교실에서 생생하게 현장 실습을 할 수 있다.

증강현실 기술은 시각장애인의 사회 활동을 돕는 역할도 할 것이다. 증강현실 헤드셋 기기를 착용하면 시력을 증폭시켜 다른 사람의 도움 없이도 스스로 길을 찾고 사람의 얼굴도 알아볼 수 있게 된다. 한 사용자는 이를 통하여 일자리를 얻고 혼자 여행도 할 수 있게 되었다고 한다. 펜을 들고 쓸 수 없는 뇌성마비나 척추 장애를 가진 환자가 3D 프린터로 만든 맞춤형 보조 기구 덕분에 그림을 그리고 화가의 꿈을 키울 수 있게 된 사례도 있다.

1인 1로봇 시대가 열린다

가장 급속하게 진보를 거듭하고 있는 인공지능은 모든 사람에게 많은 편리성을 제공할 것이다. 거의 모든 기술들이 인공지능과 결합할 것으로 예상된다. 벌써 스피커 형태나 스마트폰에 탑재된 인공지능이 상용화되고 있다. 인공지능 로봇은 가사를 돕는다. 일본의 감성 로봇 페퍼는 요양 시설에서 노인들과 놀아 주고 간병인으로서 활동한다. 앞으로 각 가정에 가사도우미 로봇을 한 대씩은 두게 될 것이다. 각 방에는 사람과 자연스럽게 대화하는 인공지능 로봇이 애완견을 대신할 수도 있다. 이제 로봇이 비서가 되고 친구가 되고 애인도 될 것이다. 인공지능의 발전 속도로 봤을 때 멀지 않은 미래에 스마트폰 한 대 값으로 이런 로봇을 살 수 있을 것이다.

가난한 나라 사람들도 인터넷을 하는 세상이 된다

페이스북은 초대형 드론(아퀼라)를 띄워 세계 모든 지역에 무료 인터넷을 보급하겠다는 '인터넷.org' 프로젝트를 추진하고 있다. 궁극적으로 자사의 이익을 위한 상업적 이유에서 나온 것이겠지만, 통신 시설이 열악한 아프리카나 서남아시아 등지에 사는 가난한 사람들도 인터넷을 쓸 수 있게 하겠다는 것이다. EU나 미국 등 세계 여러 국가들도 무료 와이파이 망을 구축하여 인터넷 무료 시대를 열 계획이다. 인터넷이 보급되면 이런 국가들에게는 발전의 계기가 될 것이다. 인터넷을 통해 세상의 모습들을 바로 볼 수 있게 되고, 인터넷으로 교육을 받을 수 있고, 가난에서 벗어날 수 있는 방법을 찾을 수도 있다.

싸게 공유하면서 수입을 창출하다

여행객은 비싼 호텔이 아니더라도 다양한 지역에서 현지인의 집에 묵을 수 있다. 또한 세계 어디에서든 스마트폰 앱을 열어 현지 시민이 운전하는 차를 택시보다 저렴한 비용으로 이용할 수 있다. 이 같은 공유 경제는 이용자에게만 편의를 제공하는 것이 아니다. 집과 차를 소유한 사람은 간단히 등록만 함으로써 수입을 얻을 수 있다. 집과 차만이 아니다. 자전거, 옷, 신발, 우산, 재능이나 지식까지 우리가 일상에서 사용하는 모든 유·무형의 자산을 점점 더 많이 서로 공유하면서 자원의 효율성과 사람들의 편의성을 높일 수 있다.

진정한 소비자 주권의 시대가 오다

4차 산업혁명 시대에는 전 세계가 네트워크화된 IT 환경에서 소비자의 요구에 맞춰 즉각적인 맞춤형 상품과 서비스가 제공되는 온디맨드On-Demand 경제가 지배하게 된다. 현재 소비자와 공급자를 연결하는 다양한 플랫폼들이 생겨나고 있다. 이를 통하여 좋은 아이디어와 제품을 가진 사람은 전 세계 어디에 있는 누구와도 손쉽게 거래를 할 수 있다. 소비자에게는 더 많은 선택의 기회가 제공된다. 세계에서 가장 인기 있는 상품을 살 수도 있고, 상품의 질이나 가격 등을 비교하여 가장 좋은 것을 고를 수도 있다. 나에게 필요한 상품을 알리바바, 엣시, 아마존 등에서 얼마든지 살 수 있다. 심지어 내가 디자인하거나 내가 원하는 상품을 주문하면 곧바로 만들어 주는 맞춤형 제조가 스마트 공장이나 3D 프린터로 가능해졌다. 4차 산업혁명은 진정한 소비자 주권이 실현될 수 있는 시대가 될 것이다.

일은 로봇에게 맡기고, 여가를 즐기다

『기계와의 경쟁』의 저자이기도 한 에릭 브릴욜프슨 교수는 그의 저서에서 "디지털 정보의 경제학은 결핍이 아니라 풍요다. 인터넷은 모든 정보를 가장 빠르고 효율적이며 낮은 비용으로 전 세계에 분배하는 네트워크다"고 하였다. 미래학자 제러미 리프킨은 온라인이 지배하는 초연결 사회에는 한계비용이 제로에 가까워질 것이라고 예측했다. 앞으로는 저비용으로도 편리함과 풍요로움을 누릴 수 있는 시대가 될 것이다.

지금까지 하기 싫어도 어쩔 수 없이 누군가 해야 했던 일들, 힘들고 위험한 일들을 이제 로봇에게 넘기고 우리는 좀 더 즐겁고 행복할 수 있는 일에 시간을 보낼 수 있는 세상이 열리게 될 것이다. 과거 로마시대 사람들이 자신들의 일을 노예에게 넘기고 자신들은 문학과 예술 등으로 로마 문화를 꽃피웠듯, 4차 산업혁명 시대에 우리 인간이 로봇에게 일을 맡긴다면 지금보다 한 차원 높은 인류의 문화를 꽃피울 수 있다.

주

...

1부 4차 산업혁명이 몰고 올 직업 세계의 변화

1 "2030년, 로봇 트럭에 일자리 200만 개 대체", 아시아경제, 2017. 6. 5.

2 "英 일자리 3분의 1, 로봇이 대체…생산성·빈부 격차↑", 뉴스1, 2017. 3. 27.

3 "AI로 대체된 인력…신흥시장 일자리 3분의 2 위협", 뉴스1, 2016. 11. 11.

4 「아세안의 성장과 일자리에 중대한 영향을 미치는 기술 변화 산업」ILO 보고서, 2016. 7. 7.

5 「기술 변화에 따른 일자리 영향 연구」, 한국고용정보원 보고서, 2017. 1. 3.

6 『증강현실』 브렛 킹 외 지음, 백승윤·김정아 옮김, 미래의 창, 2016.

7 『증강현실』 브렛 킹 외 지음, 백승윤·김정아 옮김, 미래의 창, 2016.

8 『기계와의 경쟁』, 에릭 브린욜프슨·앤드루 매카피 지음, 정지훈·류현정 옮김, 틔움출판, 2013.

9 ILO, http://www.ilo.org/ilostat, (「2017 KLI 해외노동통계」, 한국노동연구원)에서 재인용.

10 「선진국 진입에 따른 제조업 일자리 감소 현상 및 대응 방안」(STEPI INSIGHT 제134호, 2014. 1. 15.), 과학기술정책연구원.

11 제조업 종사자는 ILO의 http://www.ilo.org/ilostat, 서비스업 종사자는 OECD의 http://stats.oecd.org/ (「2017 KLI 해외노동통계」, 한국노동연구원)에서 재인용.

12 자료: 통계청, 「경제활동인구조사」 각 연도.

13 "서비스업 무인화 바람…식당·맥줏집까지", KBS, 2016. 1. 25.

14 "아마존고→세븐일레븐까지, 무인편의점에 사용되는 기술은?", 이코노미스트, 2017.

5. 22.

15 "인간의 손재주와 로봇이 만나 생산성 혁명", 한국경제, 2017. 6. 19.

16 "21세기는 1인 기업의 시대…MBA도 창업교육에 초점", 한국경제, 2014. 10. 13.

17 『메이커의 시대』, 박영숙 지음, 한국경제신문, 2015.

18 "[이민화 칼럼] 4차 산업혁명의 교육 혁신", 이투데이, 2017. 5. 29.

19 『증강현실』, 브렛 킹 외 지음, 백승윤·김정아 옮김, 미래의창, 2016.

20 『기계와의 경쟁』, 에릭 브린욜프슨·앤드루 매카피 지음, 정지훈·류현정 옮김, 틔움출판, 2013.

21 『클라우스 슈밥의 제4차 산업혁명』, 클라우스 슈밥 지음, 송경진 옮김, 새로운 현재, 2016.

22 『2016 다보스리포트』, 김정욱 외 지음, 매경출판, 2016.

23 "로봇혁명이 바꾼 '세계공장 지형'…中도 美에 생산기지", 매일경제, 2016. 1. 20.

24 "바리스타, 바텐더, 쉐프 로봇 등장…내 일자리는?", 노컷뉴스, 2017. 3. 13.

25 "주인님, 가스불 꺼야죠…생활패턴 분석해 잔소리하는 로봇", 아시아경제, 2016. 5. 21.

26 "로봇, 우리의 친구가 될 수 있을까?", KBS 특별기획, 로봇, 2016. 11. 3.

27 "로봇, 우리의 친구가 될 수 있을까?", KBS 특별기획, 로봇, 2016. 11. 3.

28 "똑똑해지는 인공지능…단순 기계인가 별도 인격체인가", 동아일보, 2017. 2. 25.

29 『위 제너레이션』, 레이철 보츠먼·루 로저스 지음, 이은진 옮김, 모멘텀, 2011.

30 "기업가치 1조 7000억 원…中 자전거 공유 업체 '모바이크'", 이코노미조선, 2017. 4. 4.

31 "실물재화에서 재능까지…중국은 '대공유 시대'", 플래텀, 2017. 6. 2.

32 "'옷·자동차 안 사고 빌려 써요', 공유경제 주축이 된 청년들", 한국일보, 2016. 6. 22.

33 『티핑 포인트』, 말콤 글래드웰 지음, 임옥희 옮김, 21세기북스, 2004.

34 「신기술이 세상을 바꾸는 순간」, 미래창조과학부 과학기술예측위원회·한국과학기술기획평가원, 2017.

35 방송통신위원회(문화저널21, "KT 아이폰 도입 3년, 스마트 혁명으로 세상을 바꾸다", 2012. 11. 25.)

36 "Deep Shift: Technology Tipping Points and Societal Impact", 세계경제포럼(2015. 9.), 「기술이 세상을 바꾸는 세상」, 미래창조과학부 과학기술예측위원회·한국과학기술기획평가원(2017), 『클라우스 슈밥의 제4차 산업혁명』(클라우스 슈밥 지음, 송경진

옮김, 새로운현재, 2016).

2부 4차 산업혁명 시대의 일자리, 어떻게 대응할 것인가

1　『10년 후 대한민국, 미래 일자리의 길을 찾다』, 미래창조과학부 미래준비위원회·KISTEP·KAIST 지음, 지식공감, 2017.

2　"캘리포니아주 '로봇세' 도입 논의 점화하나?", 로봇신문, 2017. 8. 29.

3　"European parliament calls for robot law, rejects robot tax", REUTERS, 2017. 2. 17.

4　"로봇세 논의, 당장 시작해야 한다", 중앙일보, 2017. 10. 26.

5　「최근 소비행태 변화 양상과 세정 개선 방안」, 국회예산정책처, 2017. 1.

6　"크라우드 워크: 새로운 노동형태-사용자는 사라지는가", 국제노동브리프, 2016. 8월호, 한국노동연구원

7　『메이커의 시대』, 박영숙 지음, 한국경제신문, 2015.

8　"韓 청년 "창업 실패 두려워"…中은 혁신 창업 선호, 연합뉴스, 2015. 12. 2.

9　「주요 선진국의 제4차 산업혁명 정책동향」(2016, 정보통신기술진흥센터), 「제4차 산업혁명: 주요국의 대응현황을 중심으로」(2016. 8, 한국은행), 「4차 산업혁명을 준비하는 주요국의 표준정책 분석 및 시사점」(2017. 5, 한국표준협회).

10　"아이디어·투자·인력 창업 3박자…美 10대 '유니콘' 고용창출 2만 명", 문화일보, 2017. 4. 12.

11　"4차 산업혁명의 시대, 우리의 생존전략, 3부, 인공지능 현재와 미래", KBS, 2016. 11. 3.

12　"국내외 직업비교 분석 및 분야별 창직연구(上)", 한국고용정보원, 2013. 10.

13　『증강현실』 브렛 킹 외 지음, 백승윤·김정아 옮김, 미래의창, 2016.

14　『누구를 위한 미래인가』, 앨빈 토플러 지음, 청림출판, 2012.

15　"4차 산업혁명 눈 앞인데…창의적 인재 韓 떠난다", 머니투데이, 2017. 4. 30.

16　"소니의 부활엔 AI의 '눈'이 있었다…4차 산업혁명 전선에 '센서'가 뜬다", 중앙일보, 2017. 5. 28.

17　"한국의 노동생산성이 가장 낮은 이유는…", 조선pub, 2014. 4. 15.

18　"'건방지게 신입이 휴가?' 상사 괴롭힘에 사표 내고 싶어요", 한국일보, 2017. 8. 2.

19 『디지털 노마드』, 도유진 지음, 남해의봄날, 2017.

20 『인사비전 2045』, 인사혁신처 지음, 지식공감, 2017.

21 "긱 이코노미 동향과 시사점", 한국정보통신산업연합회, FKII Issur Report 2017-1, 2017. 5.

22 "Gig Economy 시대(미국의 독립형 일자리경제 현황과 분석)", DIGIECO 보고서, 2017. 1. 2.

23 "2017 보통사람 금융생활 보고서", 신한은행, 2017. 3.

3부   4차 산업혁명 시대의 유망 직업과 위협받을 직업

1 「2006년 10대 유망 신직업」: 취업-인사포털 인쿠르트와 경력개발연구소(쿠키뉴스, 2006. 4. 18.), 「직업전망 지표 개발」 보고서 "유망직업 순위": 한국직업능력개발원(동아일보, 2009. 1. 5.).

2 "The Future of Jobs-Employments, Skills and Workforce Strategy for the Fourth Industrial Revolution", 세계경제포럼, 2016.

3 "시드는 증권가의 꽃⋯기피 직업된 애널", 프라임경제, 2017. 8. 22.

4 "오늘 만나다, 미래를", KBS 1, 2015. 4. 20. 토마스 프레이 특별 강연.

5 「기술변화에 따른 일자리 영향 연구」, 한국고용정보원, 2016. 10.

6 The Future of Employment: How susceptible are jobs to automation. (Michael Osborne and Carl Frey, Oxford Martin School, 2015)(영국; Figures on UK job numbers and average wages from the Office for National Statistics and Deloitte UK.)(한국; 2015 고용형태별 근로실태조사, 통계청, 2016).

7 "펀드매니저 위협하는 로봇, 중국 로보어드바이저 18% 수익률도", 뉴스핌, 2016. 12. 23.

8 "인공지능 시스템, 암 진단 정확성 높인다", KTV국민방송, 2017. 10. 23.

9 "[미래직업 리포트] 암 수술하는 'AI 외과의사' 10년 안에 나온다", 중앙일보, 2017. 10. 13.

10 "미디어 혁신과 저널리즘", KBS 뉴스, 2016. 1. 5.

11 "[기고] 로봇저널리즘의 잠재력", 매일경제, 2017. 2. 3.

12 "인공지능이 작곡한 음악, 당신을 울게 만든다?", 글로벌이코노믹, 2017. 3. 11.

13 "집 근처 은행은 점점 찾기 힘들고… '디지털금융 소외' 노년층, 갈 곳이 없다", 한국경제, 2017. 5. 4.

14 "'로봇 바리스타'가 커피 만든다…시제품 첫 출시", 연합뉴스TV, 2017. 8. 29.

15 "로봇은 바리스타를 대신할 수 있을까?", 헤럴드경제, 2017. 5. 1.

16 "요리·결제까지 '척척', 바리스타도 위협하는 로봇 시대…", 리얼푸드, 2017. 3. 27.

17 "샐러드 만드는 로봇", 전자신문, 2017. 4. 6.

18 2016년 3월 27일 자 SBS뉴스

19 "다가오는 자율 주행차, 손해보험 업계 변화올까", 비즈트리뷴, 2016. 12. 12.

20 "KT, 원주서 'IoT 원격검침' 시범 서비스", ZDNet Korea, 2016. 11. 14.

21 「글로벌 물류기술주간동향」, 한국교통연구원(437호), 2016. 3. 15.

22 "인력 부족 日, 쇼핑몰 청소 업무 이제 로봇이 하나", 세계일보, 2016. 10. 16.

23 "고층빌딩 청소하는 로봇 싱가포르에 등장, '고령화 사회'에 적합", 에듀동아, 2017. 3. 29.

24 "[3D프린터] ⑤ 자동차에서 치과까지, 제조혁신 바람", 블로터, 2015. 5. 11.

4부 4차 산업혁명과 그 혁신기술들

1 "2020년 상용화 자율 주행차 시대 온다", 한경BUSINESS, 2017. 5. 22.

2 "류창둥 징둥닷컴 회장 '드론으로 택배 혁명 일으킬 것'", 이데일리, 2017. 6. 20.

3 "30분 만에 피카추 인형 뚝딱…3D 프린터 대중화 성큼", 중앙일보, 2017. 12. 5.

4 "코리아텍 직업능력심사평가원, 빅데이터로 부정훈련 의심사례 차단", 브릿지경제, 2017. 5. 2.

5 "빅데이터 대기업 전유물? '서비스' 中企 강세", 중기이코노미, 2017. 6. 26.

6 "세계는 데이터 혁명 中", 미래한국, 2017. 7. 11.

7 『증강현실』 브렛 킹 외 지음, 백승윤·김정아 옮김, 미래의창, 2016.

8 "日 AI면접관…'AI가 서류심사 HR 테크 본격'", 세계일보, 2017. 6. 14.

9 "IT 만난 금융, 결제·송금·대출·투자에 핀테크 혁명 확산 현금 사라지고, 美 은행 3년

후 매출 30% 감소 위기", 이코노미조선, 2017. 3.

10 "4000명 감원 한파에 이어 점포 감축…새해 은행 점포 150개 사라진다", 조선비즈, 2017. 1. 2.

11 "가난한 딸바보 아빠가 준비한 롤러코스터 체험", YTN, 2017. 7. 7.

12 "부동산 중개에서 포르노까지 'VR 콘텐츠 혁명'", 한경비즈니스, 2016. 7. 26.

13 "포켓몬고 인기 원동력 증강현실, 모바일 쇼핑 지도 바꾼다", 전자신문, 2017. 1. 19.

14 "[And 건강] 가상현실 헤맸더니 마비됐던 팔이 움직이네!", 국민일보, 2017. 6. 6.

15 "로봇, 우리의 친구가 될 수 있을까", KBS 스페셜, 2016. 11. 3.

16 "두바이, 2030년까지 무인 '로봇경찰서' 만든다", 블로터, 2017. 5. 23.

17 "로봇이 사람 일자리 대체?…상상이 현실로", 전자신문, 2016. 10. 20.

18 "[산업다큐 4.0-미래성장 보고서2] '상상을 현실로' 5G가 온다", 한국경제 TV, 2016. 1. 5. 유튜브.

19 "시위 당겨진 글로벌 5G 경쟁 韓·美·中·日 통신사 5G 상용화 잰걸음", 매경이코노미, 2017. 11. 10.

20 「산업혁명과 산업화의 역사적 의미에 관한 고찰」, 이병련, 史叢(第54輯), 2001, 高大史學會.

21 『세계 경제사』, 로버트 C. 앨런 지음, 이강국 옮김, 교유서가, 2017.

22 『경제사개설』(김호범 지음, 박영사, 2015) pp. 288~300 참고.